gu�ide

导读

德里达《声音与现象》

Derrida's Voice and Phenomenon:
An Edinburgh Philosophical Guide

[美] 弗农·W. 西斯尼 (Vernon W. Cisney) 著

孔锐才 译

重庆大学出版社

目　录

致 谢

　　首先,言语无法表达我对家人给予的灵感和支持的感激之情。我的妻子乔迪(Jody)从一开始就和我一起踏上了这段旅程,她慷慨地容忍我无数次工作到夜深;当我精神疲惫时,她不知疲倦地激励我。感谢我的孩子雅各布(Jacob)和海莉(Hayley),他们总能融化我的心,让我欢笑,即使在事情变得无比繁杂的时候。我爱你们,你们是我写作的动因。

　　我还要对爱丁堡大学出版社致以深切的感激,特别是卡罗尔·麦克唐纳(Carol Macdonald)。感谢他们给予我这个机会,在我要求延期时表现出无限的耐心,对我的工作提供诸多支持,并在这个项目和其他事情上给予帮助。

　　另外,我要感谢迈克尔·纳斯(Michael Naas)。我在开始写这本书的早期阶段与他谈过这个项目,他的热情支持给予了我无限鼓励。

　　最后,如果没有伦纳德·劳勒(Leonard Lawlor)的帮助和友谊,这本书是不可能完成的。在伦纳德·劳勒组织的孟菲斯大学2006年春季研讨会中,我第一次深刻地了解到德里达的思想。该研讨会以德里达作品中的动物性为中心,正是这次研讨会让我开始对德里达着迷。伦纳德·劳勒2002年的著作《德里达和胡塞尔:现象学的基本问题》(*Derrida and Husserl: The Basic Problem of Phenomenology*)一直以来,以及在写作本书期间,都是我的试金石。我毫不怀疑,正是伦纳德·劳勒从一开始对这个项目的支持才让爱丁堡大学出版社接受它。他给书本早期手稿提供了反馈,并在整个过程中的每一步给予我有力的帮助。我非常感谢伦纳德·劳勒的指导和支持,尤其为我们之间的友谊感到自豪。

作者说明

以下是读者在阅读本书时应该了解的几点。它们大致按照自身的重要性排序。

（1）在整个文本中，对《声音与现象》（*Voice and Phenomenon*）文本的引用将包含三个页码。第一个页码引用的是伦纳德·劳勒2011年对雅克·德里达《声音与现象》（*La Voix et le phénomène*）的翻译，英文书名为 *Voice and Phenomenon：Introduction to the Problem of the Sign in Husserl's Phenomenology*（《声音与现象：胡塞尔现象学中的符号问题介绍》）。第二个页码引用的是大卫·B.艾利森（David B. Allison）1973年的翻译，英文书名为 *Speech and Phenomena，and Other Essays on Husserl's Theory of Sign*（《话语与现象，以及关于胡塞尔符号理论的其他文章》）。最后，第三个页码将读者引向原初法语文本中的相应页码。因此，书中的标准引用如下所示：*VP*, p. 19/22/23。

（2）《声音与现象》引用格式的唯一例外是参考伦纳德·劳勒上述作品的译者介绍或他2011年的翻译注释，两者仅出现在2011年版本的文本中。对伦纳德·劳勒材料的引用仅包括一个页码，因此如下所示：*VP*, p. xxiv。

（3）任何对德里达文本的引用都将出现在本书的正文中。

（4）引用胡塞尔的文本将采用两种格式之一。在本书的部分内容中，我完全引用胡塞尔而没有分析《声音与现象》（例如：本导读的介绍和第一章），我采用了文中引用的格式。然而，一旦我们在第二章进入对德里达的分析，即使是引用胡塞尔的文本，我在文中引用时也会标明《声音与现象》中的相关页码，然后加上一个说明胡塞尔文本相应地方的尾注。

（5）所有关于其他作者的别的引用都放在注释中。

丛书编者前言

　　对我们来说，这套丛书的编写原则简单而明确：对于那些初次接触哲学经典的读者来说，他们最迫切需要的便是帮助他们阅读/解读（reading）这些关键性文本，即帮助他们理解古老的或不自然的（artificial）写作风格，把握论证中的关节处和转折点，澄清很多哲学著作中的晦涩词汇；还需要帮助他们剖析初次阅读时感到畏惧和迷惑的某些部分，这些部分所表达的观点可能不是那么显而易见。本丛书中的每本书都旨在带着你循序渐进地阅读经典文本，解释复杂的术语和费解的段落，以便你把握每位思想家在其行文中的思考方式。

　　在设计方面，我们意在让丛书中的每本书，都对应于世界各大学对于经典文本的实际教学方式，并专门附上了有关大学层次论文写作或测验问题的帮助性指导。每本书都应该跟经典文本一起阅读，我们的目标是让你阅读（read）哲学文本时能够信心十足和认识深刻。这将使你对经典文本及相关的各种不同意见做出自己的评判。我们希望你感受到自己能够参与伟大的哲学对话，而不是仅仅做一名知识丰富、见闻广博的信息窃听者。

道格拉斯·伯纳姆
Douglas Burnham

为什么阅读此书?

本书是关于雅克·德里达1967年的经典作品《声音与现象》的导读,它旨在提供几个主要功能。首先,它的目的是从历史的角度将德里达的文本特定地置于德里达的作品整体之中,同时也将其放在大陆哲学的语境中总体性地加以考察。但更重要的是,此导读的目的是帮助新读者阅读并理解20世纪哲学中一个具有开创意义但极其艰深的文本。

《声音与现象》的艰深源于诸多因素。首先,从某种意义上说,德里达的思想是寄生性的。它产生于德里达对西方哲学传统的热爱和承诺,以及对这一传统所创造和遇到的所有问题的关注。因此,德里达自己的思想虽然具有高度的原创性和独特性,但通常是在传统思想家和文本中持续地以沉浸式的形式进行写作,而他自己的诸概念也发端于此。这意味着,德里达预先假定他的读者对这些思想家及其在该传统中的历史角色非常熟悉。例如,在《声音与现象》中,德里达的主要对话者是"现象学"哲学流派创始人埃德蒙德·胡塞尔(Edmund Husserl)(关于这一流派和胡塞尔,我将在下面作进一步讨论）。因此，为了阅读《声音与现象》，读者必须至少熟悉埃德蒙德·胡塞尔，以及由他而生的传统概念框架。不了解这一领域便很难深入地阅读德里达的这部作品。

　　其次，《声音与现象》的艰深在于德里达经常在分析中接纳和探索矛盾的思路。这并非如他最激烈的批评者所说的那样，是为了显示他的聪明才智，或是出于他要摧毁所继承的哲学经典的叛逆欲望。事实上，恰恰相反。德里达的主要论证一直在证明，哲学传统是由其矛盾的承诺所构成和定义的，尽管这些承诺拥有对立的立场，但其所处的文本语言需要这些矛盾的承诺。而他的独创性很大程度上源于这样一个事实：尽管大多数其他历史评论家试图以预设的意识形态和作者一致性的名义，来淡化或忽略这些承诺中的某个，但德里达以忠于文本语言和文本所处的传统为名义，勾勒并扩展了矛盾承诺的双方。这样，虽然标准的历史哲学评论工作试图证明一个哲学家坚持一个特定的立场，因此任何明显地支持相反立场的主张都只是看起来如此。但德里达的"解构主义"（一个尚待探讨的术语）解读将试图表明，哲学家的文本确实表现出对特定立场的承诺，但同时也表现出对相反立场同样有力而必要的承诺。因此，虽然作者可能希望致力于支持一个特定的概念或观点，而排除同其相反的立场，但他用以写作的语言会依据语言自身的规则运作，同时将他同对立的观点和立场系在一起。而且，这种对立元素是哲学家思考中必不可少的构成因素。但这要求我们质疑一直被认为是不言自明的东西，它既关于作者意图，也关于我们阅读文本的方式。

　　德里达在分析中致力于揭示一种普遍意义（meaningfulness）的可能性——因此也是所有被构建而成的经验语言（包括传统的语言）——背后的不同力量之间的相互作用；但是，如果我们不能在一定程度上接受矛盾的思考方式，这种分析是不可能成功的。因此,德里达在阅读过程中所经历的曲折道路往往是非常难以追随的,他甚至创造出新概念,以便思考这些转折。对于那些不熟悉他风格的读者,这增加了阅读的难度。对于这种揭示出意义的内在差异性结构的启示性分析策略,德里达以一个颇具争议的名称来命名:"解构"(deconstruction)。

最后一点可能对于入门者来说是最令人沮丧的。这就是德里达几乎从不表明自己的立场,至少不是传统"非此即彼"意义上的立场。当我们阅读哲学文本时,通常希望可以分析其论证,并确定作者在任何特定哲学问题上的立场。例如,什么是知识、思想或感觉的更确定的基础?灵魂是不朽的还是与身体一起消亡的?什么应该是道德决断及其后果或背后意图的基础?在标准的哲学文本中,我们想知道作者的立场,并评估他们对该立场的论证,从而能评估其论证是否有效合理,进而可考虑我们是否有充分理由认同这一立场。除了极少数的例外情况,德里达根本就不会以这种方式写作。通常情况下,当人们认为德里达可能在某个方面有固定的立场时,他的思路会出现意想不到的转变,而且这个可能的立场会随之消失。德里达在所有作品中不断展示的是——《声音与现象》是其中一个最好的例子——在我们的哲学问题和二元论选择形成的方式背后,首先就隐藏着基础的承诺和假设。因此他的工作将试图重振审问和思考行为本身。于是,就像是一位现代苏格拉底,德里达是现代性背后的牛虻[1],质疑其假设,提出问题,并且永远不会满足于寻求削弱复杂性的现成答案,因为此复杂性是现实世界固有的特征。正因为如此,德里达的思想是丰满而令人兴奋的,它是名副其实的充满可能性的海洋。但对于第一次阅读的读者来说,他的作品似乎也无可救药地令人沮丧。

考虑到这一切,我将尽可能提供阅读《声音与现象》所需的历史和哲学背景。我不会假设读者熟悉弗里德里希·尼采(Friedrich

Nietzsche)、埃德蒙德·胡塞尔、伊曼努尔·列维纳斯(Emmanuel Levinas)、现象学、马丁·海德格尔(Martin Heidegger)、延异、踪迹、增补等词语和历史。相反,我将在适当的时候,以全面而简洁的方式向读者解释理解德里达的文本需要掌握的要点,以便在讨论完胡塞尔之后就能马上进入。此外,我将力求全面地澄清德里达所揭示的各种矛盾概念的必要性。因此,我将帮助读者弄清楚德里达的承诺是什么,揭示他作品背后的利害关系,从而勾勒出一条贯穿其一生的总体思考轨迹。如果读者能付出适度的耐心和勤奋,阅读完这部作品后,他们将拥有必要的工具,不仅能理解《声音与现象》,我相信他们也能明白德里达所有思想的支柱,并且入门大陆哲学。现在,让我们简要介绍一下德里达是谁,以及他所研究的问题。

生平和作品[2]

　　雅克·德里达(Jacques Derrida)是 20 世纪最重要的哲学家之一,其影响力继续延伸到 21 世纪。在其传播过程中,他的思想打破了传统学术和学派界限。德里达属于罕见的哲学家类型,他的作品在艺术、文学理论、电影、建筑以及其他领域都有着深远的影响,不管这种影响是积极的还是消极的。无论在文化上还是在智性上,德里达本人就代表着多种影响的汇合。童年时,德里达被父母称为"杰基"(Jackie),他于 1930 年出生在阿尔及利亚首都阿尔及尔市郊比阿尔(El Biar)的一个塞法迪[3]犹太人家庭。阿尔及利亚位于北非,西部不远是直布罗陀海峡,将北非与欧洲西南部分开。阿尔及利亚位于历史上两个帝国宗教(天主教和伊斯兰教)的交汇处,这样的地理位置,以及它所带来的漫长而动荡的征服历史,为阿尔及利亚提供了丰富的文化混合性。在德里达的童年时期,阿尔及利亚属于法国的一个省,这是 1830 年至 1848 年法国征服期间的结果。1870 年,阿尔及利亚犹太人获得了法国公民身份。因此,德里达的成长经历是一个融合过程,见证了非洲、阿拉伯、基督教、犹太和法国文化,以及一定程度的美国流行文化的彼此交织。他的父母因为喜欢美国演员杰基·库根(Jackie Coogan)而给他改名"杰基"。年轻时,德里达将自己的名字改为"雅克",认为这听起来更像正宗的法国名字,显得更加精致高雅。上述的文化折中主义是德里达后来为之自豪的事实,他称自己为"最纯正的私生子"(*The Post Card*, p. 84)。在第二次世界大战期间,阿尔及利亚由维希政府统治,德里达面临强烈的反犹主义,包括长达一年之久没有资格到中学(lycée)[4] 上学。他在阿尔伯特·加缪(Albert Camus)、安德烈·纪德(André Gide)、让-雅克·卢梭(Jean-Jacques Rousseau)和弗里德里希·尼采等的作品中找到了慰藉,同时开始欣赏智性生活颠覆性和反叛的一面。

在哲学上,德里达的背景也同样多元。作为一名年轻的学生,德里达对法国文学着迷,有兴趣以文学研究为业。通过一系列的巧合事件,在他从收音机中听到来自阿尔及利亚的阿尔伯特·加缪从巴黎高师(ENS)毕业后取得了国际性的成功,于是将目光投向这所著名学校。巴黎高师是一所极具竞争力的法国大学,对入学学生进行严格挑选,致力于培养出法国的教授和教育工作者。阿兰·斯威夫特(Alan Schrift)写道,"在哲学语境和在更广泛的学术界中,最重要的精英大学毫无疑问是巴黎高师"。他还补充道:

> 直到 20 世纪中叶,取得学术成功的必然要求是从巴黎高师毕业……在哲学系取得学术成功尤其如此。[5]

除了加缪外,巴黎高师还产生了几代法国知识界的学术名人,其中包括让·伊波利特(Jean Hyppolite)、西蒙娜·德·波伏瓦

（Simone de Beauvoir）、亨利·柏格森（Henri Bergson）、让-保罗·萨特（Jean-Paul Sartre）、乔治·康吉莱姆（Georges Canguilhem）、路易·阿尔都塞（Louis Althusser）和莫里斯·梅洛-庞蒂（Maurice Merleau-Ponty）。德里达花了三年时间准备，参加了两次入学考试，才于1952年进入巴黎高师，开始了对胡塞尔现象学的漫长研究历程。1954年，他完成了关于胡塞尔作品的论文《胡塞尔哲学中的起源问题》（*The Problem of Genesis in Husserl's Philosophy*），该论文最后于1990年出版。1962年，他出版了对胡塞尔后期文章《几何学的起源》（The Origin of Geometry）的翻译（和长达170页的批评性"介绍"），并继续在1967年《声音与现象》面世前发表了大量关于胡塞尔的文章。

　　1967年是德里达的一个分水岭。这年，他不仅发表了《声音与现象》，还出版了另外两个开创性的文本，为后来被称为解构的课题奠定了基础。其中一个文本是《书写与差异》（*Writing and Difference*），它汇集了德里达的许多开创性文章，对跟他同时代的以及对他产生过影响的思想展开讨论。其中，大部分文章最初是在1960年代早期公开发表（通常是在他所批评的德高望重的学者在场的情况下被宣读的），向学术界宣布了他正作为学术明星冉冉升起。这一时期的另一个重要文本是《论文字学》（*Of Grammatology*）。在该作品中，德里达概述了一种书写的"科学"。更准确地说，这是对科学本身的可能性（或"科学的科学性［scientificity］"）的沉思，以及关于真理之意义的探索。这三个文本共同在欧洲文化和学术界中引入了解构思想。正如我们将要论证的那样，在这三者中，最重要的是《声音与现象》，这是德里达花费近二十年，在现象学传统中研究的结晶。

　　1968年1月，德里达在法国哲学学会（Société française de philosophie）发表了现在被认为是很著名的名为《延异》（*Différance*）

的演讲。在这个讲座中,他用简短而有条理的语言阐述了在此之前他的文本分析所依据的论证结构。德里达学者约翰·卡普托(John Caputo)诙谐地认为,这个讲座"对于最忠诚的解构主义者来说","具有类似于耶稣登山宝训的地位"[6]。这个评价是中肯的,因为该作品提供了对解构理论基础的罕见一瞥,而且没有大量地沉浸在特定文本或思想家中,因此,对于那些希望掌握德里达思想核心的人来说,它是一块恒定的试金石。可以说,该讲座清楚地表明,德里达现在已经成为一个成熟的哲学家,完全登上了学术舞台。1972 年是德里达第二次出版大量作品的年份。那年他发表了第二本论文和讲座的合集(其中包括《延异》的讲座),题为《哲学的边缘》(*Margins of Philosophy*)。该作品揭示了比《书写与差异》更庞大的影响体系。此时德里达更多地关注马丁·海德格尔的作品,[7]并展示了他与弗里德里希·尼采更明确的联系。[8]此外,其中包含的一些文章(特别是《人的终结》[The Ends of Man])更明显地体现出德里达思想潜藏的政治暗流,这将在他未来的整个工作中成为明显特征。1972 年的其他两个文本是《播散》(*Dissemination*)和《立场》(*Positions*)。《播散》除了包含与书名同名的文章外,还包括德里达对柏拉图最详细的讨论——《柏拉图的药》(*Plato's Pharmacy*)。《立场》是一本简短但非常重要的访谈集,其中德里达回答了关于解构思想的策略和利害关系等更尖锐的问题。

　　在此之后,德里达一发不可收拾。他在国际上已声名鹊起,获得了大多学院哲学家无法拥有的媒体和文化知名度。在这十年中,德里达开始在美国任教,间歇性地在耶鲁大学、康奈尔大学、约翰斯·霍普金斯大学、加州大学伯克利分校和纽约的社会研究新学院担任职务,并与加州大学欧文分校建立了终身关系,今天德里达的档案馆就设在该校。

　　德里达在 1970 年代的生活和工作中出现了两个显著发展。首

7　先,德里达从1974年到1980年的作品呈现出一种更具嬉戏性的文学风格。鉴于德里达个人在文学传统中的背景以及对文学的喜爱,这可能并不令人惊讶。然而,出乎意料的是,他此时的书写具有极端嬉戏性质,这引发了迄今为止最激烈的批评。其次,在出版和实践中,德里达的作品更直接地透露出政治性,这两个发展与1974年出版的《丧钟》(Glas)密切相关。由于诸多原因,该文具有十分重要的意义。首先,它是德里达最明确的哲学性文学作品。该文本分为两列,其中左边是德里达对德国哲学家格奥尔格·威廉·弗里德里希·黑格尔最详尽的批评,右栏则致力于解读法国诗人兼剧作家让·热内(Jean Genet)的文本。作为开篇的两栏文本,看起来都是从句子的中间开始,在书本结尾,两栏文字都回到了其开端,这是在模仿詹姆斯·乔伊斯(James Joyce)的小说《芬尼根的守灵夜》(Finnegans Wake)。有时候,每一栏包含各个作者的大篇幅引文,散布着德里达的评论和互动,采用不同的字体和文本尺寸,有时将评论插入正文内部创建的空白处;并且随着文本的推进,每一栏与另一栏在主题上相关。它展示了作者视角的多元性,而且设计巧妙,以揭示哲学与文学(以及文学与哲学)之间的相互污染。然而,有趣的是,文中没有任何让人感到其刻意而用力地来达到这种效果的地方。出于这些原因,《丧钟》是德里达对书写行为最具述行性的(performatively)纯粹示范,早在他早期出版的作品中,他一直试图在他要与之进行对话的文本中展示出该书写行为。其次,正是在该文中,德里达同黑格尔就家庭的问题深入交流,开始解决家庭关系和责任问题,以及诸如民族国家、国家和婚姻等制度的问题。这也是德里达开始明确地阐述卡尔·马克思哲学文本最初的地点之一,随后他将在《马克思的幽灵》(Specters of Marx)中更全面地展开研究。换言之,在他所有作品中最具文学"嬉戏性"的文本中,他开始将自己的思想和解构能力用于更具有政治性的、所谓"现实世界"的舞台中。

因此,德里达在同一年(1974 年)顺理成章地开始与朋友讨论组建一支致力于在法国教育系统中保存和增强哲学教学的团队。他与莎拉 · 考夫曼(Sarah Kofman)、让-吕克 · 南希(Jean-Luc Nancy)和菲利普 · 拉库-拉巴特(Phillipe Lacoue-Labarthe)一起组织了一个初步会议。在 1975 年,哲学教学研究小组(Groupe de Recherches sur l' Enseignement Philosophique,GREPH)正式成立。该小组的重点是将希望扩展哲学教学的各级教育工作者聚集在一起。更具体地说,他们尤其看重最早期、儿童和青年级别的教学指导,并相应地反对行政和政治力量日益削减现存的哲学教学职位。对 GREPH 的参与揭示了德里达哲学取向的激进一面,同时证明解构与其批评者所说的相反:解构并未与所谓的"现实生活"脱节,而是在由机构掌控的任何领域中进行干预和运作。他在这个时候开始揭示,在文本建构中表现出的"解构性"同样适用于所有建构,包括政治、宗教、教育、规训机制等。德里达参与这一小组期间所写的作品收集在两卷本的《哲学的权利》(*Right to Philosophy*)中。

整个 1980 年代,德里达开始更大量地发表关于海德格尔思想的作品,撰写了一系列文章和讲座稿(《宗族》[Geschlecht] Ⅰ-Ⅳ),讨论了海德格尔哲学中的各种差异:性别差异、"自然"与"技术"之间的差异,以及"动物"与"人"之间的差异。在 1987 年,德里达出版了《论精神:海德格尔与问题》(*Of Spirit*:*Heidegger and the Question*),讨论海德格尔使用"Geist"(精神)一词的问题,以及该词语与他和纳粹关系的具体联系。接着,在 1990 年代,德里达的作品开始讨论三个重叠的领域:政治、道德和宗教。[9] 1989 年,在本杰明 · 卡多佐法学院(Benjamin N. Cardozo School of Law)题为"解构与正义的可能性"的会议上,德里达发表了《法律的强力:权威的神秘基础》(Force of Law:The Mystical Foundation of Authority)。

他在其中提出了让人惊讶的主张："解构是正义"，并且"解构是作为对不可能之物的体验而成为可能的……"（'The Force of Law'，p. 243）。法律是任何政治或政府制度的基本结构要素，但是，正如德里达毕生的思考都是致力于论证意义性质的内在差异性（因而意义是"不可决断的"），法律本身和这些法律的具体应用本身就是建构，因而根据它们本身的定义，总是可以被解构的；或者，换言之，纯粹的正义本身是无法实现的。因此，我们必须不断地寻求它。他解释说，解构是对"无限正义"（'The Force of Law'，p. 248）永不满足的追求。

9　　　　这个"无限正义"概念很好地开启了德里达后期作品中的宗教问题，展示了这些不同领域的根本重叠，这正如他在《马克思的幽灵》中论述经验的"弥赛亚性"结构一样，但这是没有一个确定的弥赛亚的结构，一种不属于任何宗教属性的结构，一个纯粹开放的结构，即他所谓的"即将到来的民主"。纯粹的民主，就像纯粹的正义一样，是不可能的，因此，它需要我们不懈地追求，且它永远在到来中。几乎在同一时间，他出版了《死亡的礼物》（*The Gift of Death*），这是他思考索伦·克尔凯郭尔（Søren Kierkegaard）[10]以及圣经中关于亚伯拉罕故事的主要作品之一。在该作品中，他分析了"责任"概念所固有的矛盾结构（这种责任意味着同时用自己的声音说话，并且回答所身处的社会的要求），关于信仰问题及其与疯狂的关系以及其对全然的他者（the *wholly other*）的开放性。这种纯粹开放性的结构启发了他后来关于动物性、好客、世界主义和宽恕的作品。[11]在生命最后的年月中，德里达继续发表有影响力的原创性作品。其中包括《哀悼的作品》（*The Work of Mourning*，2001），德里达在其中收集了他对每个同时代作家去世的反思；《论世界主义与宽恕》（*On Cosmopolitanism and Forgiveness*，2001），其中德里达表达了宽恕的绝境本性（即纯粹的宽恕只能适用于不可宽恕的情况，因为一种可以宽恕的行为会产生一种经济上的含糊性,以致该行为好像可以以某种方式得到纠正或更正一样);《流氓:理性二论》(*Rougues：Two Essays on Reason*, 2003),其中德里达再次讨论关于法律和例外问题,将这个讨论中的责任概念与哲学传统的继承问题联系起来;《动物故我在》(*The Animal That Therefore I Am*, 2006),该作品在他死后出版,却是基于德里达在1997—2003 年发表的文章和所作的讲座。其中他积极地解构了西方传统在"动物"和人类之间所作的根本区别。对动物的思考从他在1980 年代讨论海德格尔的文本《宗族》中开始,它也质问了激进主义者颁布动物权利宪章的愿望。这种质问不是要维持人类对动物所拥有的主权(sovereignty)的特殊性(并且他说,我们必须支持动物权利诉求背后的动机),而是因为仅仅将"权利"(right)的概念扩展到动物身上的做法并没有从根本上挑战"主权"的概念(在虐待动物的议题上,"主权"概念是最根本的问题所在)。2002 年,德里达被诊断出患有胰腺癌,并于 2004 年 10 月 8 日去世。最后,我们注意到德里达的思想从始至终是在某种程度上关于西方"主权"概念的解构性反思,主权是一种自我同一性的概念,它将"自我",或者说"主体"、"灵魂"的无中介纯洁性作为一个人的上帝和主人。在某种程度上(在心理、政治、道德、宗教等层面上),这种主权概念都带来了最严重的暴力和不公正。对主权的解构始于他对胡塞尔的长期研究,其高潮就是 1967 年发表的《声音与现象》。

10

《声音与现象》

正如我们将在第一章中指出的,在德里达思想走向成熟的时期,胡塞尔现象学触及法国学术文化的每个方面。在法国学界,对胡塞尔的理解存在两个不同的标准流派。然而,德里达对胡塞尔的讨论方式与这两个流派存在有趣的碰撞和分歧。正如米歇尔·

福柯(Michel Foucault)所指出的那样,[12]胡塞尔在法国的接受导致
两个基本截然不同的流派:一个根植于主体,一个植根于科学的科
学性(前者导致存在主义,后者主要促成了结构主义流派)。德里
达的作品明确地将这两个表面上不同的流派相互联系起来,让它
们彼此暴露对方存在的问题。正如刚才所讨论的那样,德里达于
1949 年开始研究胡塞尔,1952 年他在巴黎高师安定下来,并于
1953 年开始写关于胡塞尔的作品。他于 1954 年完成了关于胡塞
尔的论文《胡塞尔哲学中的起源问题》,并在 1962 年将胡塞尔后期
的文章《几何学的起源》翻译成法语,为其写了一个详尽的介绍。
1963 年,他写了一篇关于胡塞尔现象学心理学的评论,并于 1964
年发表了《暴力与形而上学》(Violence and Metaphysics),文中他
为胡塞尔(和海德格尔)辩护,反对法国著名现象学家伊曼努尔·
列维纳斯在其作品《总体与无限》(Totality and Infity)中提出的批
评。1965 年,德里达写了《〈起源与结构〉和现象学》("Genesis and
Structure" and Phenomenology),并在同年写了关于胡塞尔《现象
学观念》(The Idea of Phenomenology)和《巴黎讲座》(The Paris Lectures)
两本书英译本的评论。1966 年,德里达写了《现象学与形而上学的
封闭》(Phenomenology and Metaphysical Closure)一文,批判了胡
塞尔的现象学纯化了形而上学的教条和预设。在 1967 年,他写了
《形式与意义:关于语言现象学的一个注释》(Form and Meaning:
A Note on the Phenomenology of Language)。在这些年里,德里达
还持续阅读和评论著名胡塞尔学者和学生的文本,如欧根·芬克
(Eugen Fink)、J. N. 莫汉蒂(J. N. Mohanty)和罗伯特·索科罗斯
基(Robert Sokolowski)。在 1954 年至 1967 年,德里达所写、所发
表和所宣读的关于胡塞尔和现象学传统的作品远多于在其他领域
和研究其他人物的作品的总和。对胡塞尔的深入研究最终迎来了
1967 年《声音与现象》的出版,此后,德里达不再针对胡塞尔的作品

发表特定文章。

学界不应低估这一文本的重要性。因为这个文本意味着德里达对胡塞尔长期研究的终结或完成，它是一个探索胡塞尔思想的宝库，也是整个未来解构事业的开端。在这部作品中，德里达总结了近二十年对胡塞尔思想的研究，虽然他在余生中多次提到胡塞尔，但主要是在没有修改的情况下使用在《声音与现象》中阐述的观点。与此同时，正是在这部作品中，他首先发现并阐述了在未来许多年中支配他思想的术语、概念、结构和策略，例如，延异、增补、踪迹、元书写和在场形而上学等。在1967年发表的三个文本中，德里达认为《声音与现象》：

> 也许是我最喜欢的文章。毫无疑问，我可以把它作为其他两部作品中任意一个的长注释。《论文字学》参考了它，并且精简了它思想的展开。但是，在经典的哲学建构中，《声音与现象》将会是首位的：因为它质问了语音（voice）和拼音书写（phonetic writing）的特权问题，并考察了其与整个西方历史的关系。它的质问方式具有律法意义上的决定性，但我无法在这里详细阐明原因。例如，这段历史可以是形而上学的历史，也可以是最具现代性、批判性和警惕性的形而上学形式：胡塞尔的先验现象学（transcendental phenomenology）。（*Positions*, pp. 4-5[13]）

通过这项研究胡塞尔的巅峰之作，德里达成为德里达；正是在这里，他找到了自己的声音并清楚地阐明了他将用"解构"这个名字命名的课题。因此，我们可以再次借用伦纳德·劳勒对德里达的解释，他写道："《声音与现象》包含德里达整个思想的起源性结构。"（*VP*, p.xi）

12   结　论

　　本书旨在帮助第一次阅读《声音与现象》的读者。第一章讨论了《声音与现象》的历史语境。它首先说明胡塞尔作品本身的历史重要性，该思想出现在 19 世纪"基础危机"的背景下，随后形成和影响了整个法国学术传统，而德里达正是在此传统中出现的。此外，我们将以概要的方式处理胡塞尔思想的关键要素，这些要素将在整个《声音与现象》的文本中成为德里达思考的重点。然后，第二章继续对《声音与现象》的文本本身进行详尽的评论，从《逻辑研究（第一卷）》的指示（indication）/表达（expression）的区别开始，并以结束该作品的增补结构为结尾。最后，第三章为那些希望进一步研究德里达的读者提供了有用的建议，这既针对《声音与现象》本身，也包括他后来的作品。它提供了两个术语表，第一个定义了胡塞尔和《声音与现象》的关键术语；第二个阐述德里达后期作品中讨论的一些更重要的概念。此外，它还为读者列出了进阶阅读的二手文献，并为第一次以德里达为论文写作主题并遇到困难的读者提供了实用建议。

　　尽管如此，本书仍然只是一本读者指南，它应该与《声音与现象》一起阅读。它本身并不可以替代阅读原初文本的行为。在 1960 年代出现在法国的一代思想家（德里达、德勒兹、福柯等）中，没有人像德里达一样拥抱并强调责任的概念。阅读德里达的文本就是为了更好地理解责任的意义，我们继承了一个传统（文学、伦理、文化、形而上学、哲学），我们有责任保持对此传统的忠诚。然而，正如德里达对胡塞尔的解读所表明的那样，最忠诚的态度通常包含一种必要的不忠。正是本着这种精神，我们才能开始对《声音与现象》进行忠诚的阅读。

注释

1. 在《申辩篇》(*The Apology*)中,苏格拉底著名的辩词是向陪审员宣称雅典是一座伟大的城市,就像一匹高大的马匹,由于体积庞大而变得迟钝;而他,苏格拉底,是神派来惹恼这匹马的人,让它恢复斗争的朝气,或换句话说,教它再次照顾好自己的灵魂。

2. 写作本节时参考了以下资料:Leonard Lawlor,'Jacques Derrida',*The Stanford Encyclopedia of Philosophy*, Fall 2011edn, Edward N. Zalta (ed.), < http://plato. stanford. edu/archives/fall2011/entries/derrida/> (last accessed 27 November 2013);Benoît Peeters, *Derrida*, trans. Andrew Brown (Cambridge:Polity, 2012);Jason Powell, *Jacques Derrida:A Biography* (London and New York:Continuum, 2006)。

3. "塞法迪"(Sephardic)这个词的意思是"西班牙的",适用于居住在伊比利亚半岛的西班牙和葡萄牙犹太人后裔。1492 年伊莎贝拉(Isabella)和费迪南德(Ferdinand)发布了"驱逐令",将他们驱逐出该半岛。

4. 法国中学。

5. Alan D. Schrift, *Twentieth-Century French Philosophy:Key Themes and Thinkers* (Malden, MA:Blackwell Publishing, 2006), p. 195.

6. John D. Caputo, *The Prayers and Tears of Jacques Derrida:Religion Without Religion* (Bloomington and Indianapolis:Indiana University Press, 1997), p. 2.

7. 海德格尔的哲学贡献将在下文有更详细的讨论,但在这里,让我们简单介绍一下。海德格尔是胡塞尔的学生,并且与胡塞尔一道,是最重要的现象学思想家。1927 年,他出版了《存在与时间》(*Being and Time*),从而声名鹊起。这一作品将现象学的方法论扩展为对存在意义的更基本的考察。海德格尔也很可能是 20 世纪最具争议的哲学家。1933 年,随着希特勒上台,海德格尔迅速与新政权对齐,并被任命为弗莱堡大学的"Rektor"(相当于美国学界的"校长"[President])。他对纳粹正统观念中有害元素的认同程度至今仍是一个学术争议问题。

8. 尼采是 19 世纪晚期的德国语言学家,他在哲学方面的工作远比在语言学方面有名。尼采在1844年出生于洛肯(Röcken)一个祖辈为路德宗牧师的家庭中。他的以下观点最为著名:(1)宣称"上帝已死",也就是说,西方文化无论自己是否已经意识到这个问题,都失去了作为其价值中心的超越的绝对性(the transcendent absolute);(2)相关地,西方历史成为一个虚无主义的进程,一个生命(life)反过来对抗生活(living)的过程,它强调消极性、死亡和自我拆解;(3)对善恶概念的谱系分析方法,这是米歇尔·福柯在其真理系统的考古历史和对权力结构的谱系分析中所采用和改进了的方法;(4)"权力意志"概念,这是所有生命所固有的根本扩张动力;(5)Übermensch(Overman,超人),此概念被设定为人性发展的后人阶段,克服了自我厌恶、自我克制、怨恨和自我毁灭的倾向;(6)永恒回归,对时间本性的重新评估;(7)最后,在所有"真理"背后的根本隐喻性。尼采声称它实际上是一种欺骗(deceptions)。这些欺骗已经融合到文化中并且得到巩固,以至于文化忘记了它们刚开始时是有用的欺骗。

9. 这有点简单化,因为德里达的工作一直都是关注这些方面的问题;尽管如此,他正是在这个时候明确表明其关注点,并将三者联系在一起,形成了一系列更为直接连贯的、具有论证性的文章和演讲。

10. 19世纪的丹麦宗教思想家,他突破了当时占主导地位的黑格尔主义哲学。克尔凯郭尔作为一位哲学家,在时世几乎默默无闻,但他对20世纪早期到20世纪中期的存在主义思想家们有着深刻的影响。德里达经常表达对克尔凯郭尔的喜欢,但很少密切地讨论其思想。

11. 许多这些主题将在第三章的"绝境:德里达的后期概念"中得到更详尽的讨论。

12. 第一章将对此进行更详细的探讨。

13. 英译文经过修改。——译者注

1

历史脉络[1]

开始时的说明

由于一些非常重要的原因,在第一次阅读《声音与现象》并将其置于历史语境中是非常具有挑战性的。首先,正如我们上面所说,德里达的文本本身沉浸在对另一位思想家埃德蒙德·胡塞尔的思想体系的细致解读中,这意味着我们也必须熟悉这一思想体系。但是,除此之外,德里达自己对胡塞尔的解读产生于一个特定的法国文化和学术场景,这需要我们将其放置到具体语境中。最后,胡塞尔的思想也是激进的、革命性的,就像德里达的思想一样,它在一段特定的时间内出现,并伴随着自己的一系列危机和关怀。因此,为了真正理解德里达的关怀并理解《声音与现象》,我们要定位德里达和胡塞尔各自所处的环境。这些均是本章的目标。

基础危机[2]

严格地说,"基础危机"(crisis of foundations)这一表述指出了数学哲学的一个特定历史时期的危机,它在 19 世纪末期就已经变得明确了,并一直持续到 20 世纪。然而,这场危机的数学形式实际上是一个更大问题的缩影,即阐述意义和真理的可能性的建基的问题。它涉及哲学、伦理、逻辑和科学之间的关系。

在哲学的现代阶段,存在着一段长久的危机史。笛卡尔的《第一哲学沉思录》就是哲学试图给予自身作为基础性的、统一的学科的合法性的尝试。在 16 世纪和 17 世纪,对神学和知识论的怀疑更加普遍,而且哥白尼革命无意中质疑了教会(以及代理其观点的哲学传统)在宇宙学、本体论和知识论问题上的权威。这种恢复哲学地位的工程将在黑格尔的哲学中获得最高成就。黑格尔在 19 世纪初尝试建立一个全面的理性本体论体系。他通过一套具有严格逻辑结构的阐释,涵盖了不断展开着的意识发展的全部范围,包括科学、艺术和文化、宗教、自然和历史本身等方面。黑格尔的思想试图将历史的整体历史(the entire history of history)重新思考为一个系统性的发展过程,将每一个重要的时刻和思想家,每一次重要的排挤、对立和斗争都作为整体发展的必要部分纳入其中。这个发展、对立与和解的过程被总结为"辩证的"(dialectic)。因此,黑格尔试图一劳永逸地纠正截至笛卡尔(也包括笛卡尔在内)的这段时期中激烈地受到过根本性质疑的问题,再一次将哲学置于其合法地位,作为存在整体的统一的、系统的思想。

毫不奇怪,作为哲学中所建造的最具体系性的大厦,黑格尔主义距离其崩溃也有着最漫长的距离,并且,有许多因素导致它在 19 世纪进程中的毁灭。黑格尔的追随者路德维希·费尔巴哈(Ludwig Feuerbach)试图清除黑格尔思想中更具精神性和唯心主义的元素,而这一趋势得到卡尔·马克思和弗里德里希·恩格斯(Friedrich Engels)(两者均为黑格尔的早期追随者)的继承。马克思和恩格斯将辩证法从唯心主义转变为无神论唯物主义,重新将思想的历史进程解释为阶级斗争的历史对立与和解,这最终产生了现代工业革命,创造了一种自我异化的人类,其中包括资产阶级和一个失去权力的庞大而贫困的工人阶级,他们都在为资本主义服务。他们认为,这样的资本主义是历史发展的最后阶段。在宗教方面,克尔凯郭尔因别的原因而拒绝了黑格尔思想,尽管其理由与一些类似的无神论思想家(如亚瑟·叔本华[Arthur Schopenhauer])并无太大不同。特别是克尔凯郭尔认为,黑格尔思想绝对抽象的系统性忽视了(甚至拒绝承认)在存在中最重要的事物,那就是个体不可化约、不可替代的独一性。对于克尔凯郭尔来说,这与个体信徒与上帝的关系有关;他认为此个体是一种绝对的独一性,不被黑格尔"理性"(Rationality)所支配和同化。

17

黑格尔的体系不仅存在上述哲学裂缝,在现代早期阶段,它还受到了科学的最终打击:1859 年,查尔斯·达尔文(Charles Darwin)出版了《物种起源》(*On the Origin of Species*)。虽然黑格尔在1831 年去世,比达尔文轰动性文本的面世早了整整 28 年,但黑格尔的自然哲学却显然是反进化的(尽管是辩证的、进步的)。黑格尔允许地球上的生命可出现暂时进步,甚至也允许在同一属中的不同动物间,被实例化的特定"概念"(Concept)的差异(例如,智能设计[intelligent design]的护教者所谓的"微进化":蜘蛛进化为不同的种,但其仍然是蜘蛛)。尽管如此,他的思想拒绝从简单形式发展到更复杂形式的进化观。由于概念包含了许多特殊性(particulars),因此其可能具有各种偶然性(contingencies),但一个概念并不会成为一个完全不同的概念。因此,达尔文自然选择的科学性实现使黑格尔思想的绝对体系性陷入了混乱,并再次挑战了看似无法征服的哲学权威。

思想体系中的这些裂缝,以及马克思诊断出的工业/技术时代的自我异化,让整体文化氛围充斥着精神及意义的流失和贫瘠。19 世纪德国诗人弗里德里希·荷尔德林(Friedrich Hölderlin)写到诸神的离开,哀叹他们似乎不关心"我们是否还活着";俄国小说家费奥多·陀思妥耶夫斯基(Fyodor Dostoevsky)则在小说中表现出这种漫无目的、自我异化的精神状态,例如《地下室手记》(*Notes from Underground*)、《罪与罚》(*Crime and Punishment*)和《卡拉马佐夫兄弟》(*The Brothers Karamazov*)。弗里德里希·尼采则用强而有力的短语"上帝已死"总结这种文化上的精神崩溃,以及他所担心的伴随而来的虚无主义时代。

在数学领域也存在一种整体上的革命气息:脚下的地毯已被拉走,重建基础的必要性变得更加迫切。同样,这是诸多因素的"完美风暴"的结果。这些因素包括:由于约翰·卡尔·弗里德里希·高斯(Johann Carl Friedrich Gauss)、亚诺什·鲍耶(János Bolyai)、波恩哈德·黎曼(Bernhard Riemann)和尼古拉·罗巴切夫斯基(Nikolai Lobachevsky)在数学方面取得的进步,非欧几里德几何学出现了;关于负数的无比高涨的争议(尽管在公元前该观点被亚洲数学广泛接受,但西方数学家基本上拒绝负数,认为它是"荒谬的",此情况持续到19世纪);以及最终,卡尔·韦尔斯特拉斯(Karl Weierstrass)在微积分方面取得的进步(他在数论中动摇了微积分基础,废除了无穷小的概念),使数论本身的基础受到质疑。因此,"什么是数字?"这个问题在当时成为哲学家迫切追问的问题,这也成为哥特洛布·弗雷格(Gottlob Frege)和埃德蒙德·胡塞尔的问题。在那个时代,与科学和文化中的整体危机意识一道出现的,还涉及存在于哲学的历史性分裂之源头的问题。现在我们称这两套哲学传统为"分析哲学"和"大陆哲学"思想。

弗雷格和胡塞尔:"意义"的意义[3]

关于哥特洛布·弗雷格和埃德蒙德·胡塞尔之间的早期互

动,学界流传着一个标准版本的"故事"。1884 年,弗雷格出版了他的《算术基础》(*The Foundations of Arithmetic*),这是哲学史上的一件大事,随后在 1891 年胡塞尔出版了《算术哲学》(*Philosophy of Arithmetic*)。两位哲学家清楚地阅读并回应了对方的文本。胡塞尔的书中包含了对弗雷格的实质性批评,而且他还将自己的文本发给了弗雷格,让他评论,两者之间因而开始了对话。弗雷格于 1894 年发表了对胡塞尔作品的批评性评论,之后两人在 15 年间不再沟通。该故事认为,早期的胡塞尔支持一种危险地接近"心理主义"(psychologism)的理论,这一广义术语指的是任何一种认为某些非心理事实可以还原为心理学规律的立场。关于逻辑和数学,心理主义认为,所有逻辑运算(演绎、推理、证明等)都是在人类心灵中发生的思想过程,因此所有逻辑(广义上也包括数学)实际上是心理学领域中的一个亚种,并且因此可以还原为在经验上可观察的心灵运作。换言之,逻辑定律实际上只是关于推理的正确运用,而由于推理是一个思维过程,而思想是按照心理学的规律发生的,逻辑主张更能说明说话者的大脑状态,而不是关于先验(a priori)[4] 真理。由于可能是显而易见的原因,这些观点被哲学家广泛拒绝,因为它们似乎让数学运算(至少从毕达哥拉斯时期开始被认为揭示了永恒的真理)受制于经验上可观察到的规律。正如反心理学思想家所论证的那样,逻辑学和数学的真理(例如毕达哥拉斯定理)是永恒地(timelessly)为真的,意味着它们在人类思想意识到它们之前很久就是真的,并且在我们离开之后永远都为真。虽然,逻辑学家和几何学家在历史的某个特定时期中发现了这些真理的真理(the truth of the truths),但这并没有减损一个事实,即当我声称"在任何直角三角形中,斜边长度的平方等于另外两边长度的平方之和"时,我正在讲述几何关系的基本真理,它绝不取决于我是否认识到这个真理。

这个故事认为,事实上,早期的胡塞尔致力于一种危险地接近心理主义的立场。弗雷格读了胡塞尔的书,并对其进行了严厉的批评,之后胡塞尔为其天真的心理主义而后悔,在1900—1901年的《逻辑研究》中,他以著名的《心理主义批判》开始表示立场的改变,这将成为欧洲未来很长一段时间反对心理主义的决定性论证。然后,他开始运用现象学的方法,这在很大程度上要归功于弗雷格有用的批判性洞见。换言之,大陆哲学传统深深地受益于分析哲学传统的创始人弗雷格,在一开始就纠正了胡塞尔思想中一个令人震惊的错误,从而使现象学的基础成为可能。整个故事就是这样,但像大多数非黑即白的故事一样,它掩盖了一个更为复杂的现实。

在《算术基础》中,弗雷格宣称他在工作中"遵守三个基本原则",其中两个是:"始终将心理与逻辑、主观与客观截然分离";"永远不要忘记概念和客体之间的区别",并认为"假设一个概念可以被视为一个客体而不改变自身只是一种幻觉"[5]。对于弗雷格,概念是谓词性的(predicative),意味着它是一个分类指称,可以应用于多个客体;而一个客体(object)在世界上是一个单一的物体,可能会或不会属于这个概念。正是由于这个原因,弗雷格区分出第三个术语,即"观念"(idea),它既不同于概念又不同于客体,仅适用于主体性再现(subjective representations)。我们可以看到,当弗雷格认为人们不能在不改变概念的情况下将概念变成一个客体时,他是说,当一个概念成为一个在人类心灵中再现出来的观念时,它就会被主观领域所"腐化"。在这里,我们已经可以区分出弗雷格和胡塞尔之间的区别。从胡塞尔的职业生涯开始到生命结束,他都对一个事实感兴趣:从来就只有在作为一个客体时,一个概念才会被赋予。换言之,无论概念可能是多么客观性、观念性或全时性(omni-temporal),其都只有在认知主体的意识中才会被点亮。正是这一点让胡塞尔非常感兴趣。考虑到这一区别，让我们看看他们各自的"数字"概念，以确定早期胡塞尔在何种程度上接近或不接近某种形式的"心理主义"，因为这对于说明早期胡塞尔的兴趣和动机将非常重要。

对于弗雷格来说，"数字"的概念就是他所谓的第二序（second-order）概念，建立在可比群体的"等数性"（equinumerosity）之上。假设口袋里有几件物品：硬币、纸巾、钥匙和一包薄荷糖。如果我现在问，"我的口袋里有多少东西？"正确答案将根据我们正在谈论的内容而决定，无论这些东西是一般物品、硬币、钥匙还是薄荷糖等。确切的第一序（first-order）概念——"我口袋里的钥匙"、"我口袋里的硬币"等——将决定这里适用的数量。因此，根据弗雷格的说法，"数字"是一个第二序概念，因为它是一个根据更基本的概念而应用的概念。现在，让我们看看我们定义的等数性部分。假设我说，"我的口袋里有五便士"，这对弗雷格意味着什么？我们曾认为弗雷格主张，"我口袋里的便士"这个概念符合"五"的概念。这反过来意味着"我口袋里的便士"这个概念与无限可能的一系列概念是相当的，而五个客体从属于这些概念下；例如，"我的门廊上的蚂蚁"，"镍币中的美分"，"工作周的日子"等。换言之，对于弗雷格，我的口袋里有五便士意味着，如果我们要比较一下在我的口袋里的便士集合与工作周的天数集合，两个集合之间有直接的一对一的对应关系。"五"只是第二序概念，它可扩展到包含五个客体的所有可想到的集合。

胡塞尔极力拒绝弗雷格对数字的定义，认为"其结果只能让我们困惑，怎么会有人即便只是暂时地认为它们是正确的呢"（*Philosophy of Arithmetic*, p. 128）。对于胡塞尔来说，引用等数性作为构成定义数字元素的做法已经调用了数字的概念（也就是说，这组客体包含与其他集合相同数量的客体）。但是，这只是暗示我们知道这些集合有多少个客体,因为我们必须知道这些集合中的数字才能知道所讨论的事物是否具有相同的数字。胡塞尔认为,对于那些具有五个物体的组别来说,重要的不是其拥有相同数量的东西,而是每个组别拥有的事物都有一个确切的数量,即"五"。在《算术哲学》中,胡塞尔认为,要得出一个真实的数字概念,就需要我们分析直观过程,通过此过程,我们处理这些概念,而这些过程是通过连续计数的行为获得的。在此过程中,一组事物呈现给我们的方式是:相互联系并且将被一道计算在内,这不像那些存在于我们意识领域中的,区别于不被计算在内的事物的事物。让我们回到我们的"口袋中的物品"的例子中。假设我要从口袋中取出内部物品(薄荷糖、钥匙、纸巾和硬币),然后将它们放在桌面上。在这些物品中以便士为例子,它们以特定的相互联系的方式呈现给我,然后我的意识领域排除剩余的物品以便计算便士的数量。现在,所呈现给我们的是一个"某东西"和一个"某东西"和……,直到将五个这样的"某东西"计算在内,我从中得出"五"的概念。"五"就是一种抽象(胡塞尔使用"abstractum"一词),这个抽象来源于我对五个某些东西的群组的经验。

然而,至关重要的是要理解,我正在处理的这个将自身呈现给我的概念,对于胡塞尔来说,无论在过去还是在现在总是一种客观性(objectivity);"口袋中有五个便士"并不是一个随意的观点,而且主体并非自由地看到它或者任意地对其数数。假如我口袋里有五个便士,桌子上有两个便士,总共形成七个便士的组别。那么,决定这种组合的规则既不是武断的,也不是主观的。换言之,算术的定律、函数和运算绝不依赖于或可还原为人类心理的经验事实。胡塞尔认为,我们只是通过经验的直观行为来拥有这些概念。换言之,我可以通过两个事物的经验表达来了解"二"是什么,但是,在二和二之间的关系,或者两个二的总和是且总是等于四,这就根本不依赖于我的再现。因此,我们可以断言,即使在他的职业生涯早期,胡塞尔也没有致力于上述那种更有害的心理主义(即将这种逻辑和数学的规律还原为心理学的规律)。

那么,我们如何理解这个被广泛接受的故事? 更重要的是,我们如何理解胡塞尔表面上的后悔? 要知道,他在《逻辑研究》前言中认为"就我对心理学逻辑和知识论的坦率批判,我不得不回想起歌德的话:没有什么比一个人对刚抛弃的错误的态度更决绝的了"(*Logical Investigations*, p. 3)。针对早期胡塞尔心理主义倾向的指控是否完全没有价值,甚至是那些仅在几年之后来自胡塞尔本人的指控也是这样? 似乎并非如此,所以,让我们回到胡塞尔自己的说法:

> 在论及数学呈现的起源问题,或者在论及确实是由心理因素所决定的实践方法的详细形成时,在我看来,心理学分析的成就是清晰而富于教益的。然而,一旦说到从思维的心理联系到思维内容的逻辑统一(理论的统一),在这个问题上却没有建立起真正的连贯性和统一。(*Logical Investigations*, p. 2)[6]

然后,在《逻辑研究》中,胡塞尔再一次列举了数数的经验行为,人们从中抽象出"数字"的概念,甚至在刚引用的段落中,他在1900年仍然似乎没有认为这个说法令人不满意或不可接受,也没有撤回其在《算术哲学》中的观点。他认为确实有问题的地方是他在《算术哲学》后面的章节中发现的困难,即他所寻求的客观性的基础及其与主体的主体性的关系。

《算术哲学》的第一部分名为"多重性、统一性和整数的真实概念"(The Authentic Concepts of Multiplicity, Unity, and Whole Number),胡塞尔对真实(authentic)和不真实(inauthentic)的呈现

(presentation)进行了重要区分（这一区别在《逻辑研究》的两卷中只出现过几次，而且经过大幅度修改或批评）。根据胡塞尔的《算术哲学》，一个真实的呈现是直接呈现给主体的，而胡塞尔在这里将不真实的呈现称为"象征性的"，意思是其仅通过象征（symbols）或间接再现的方式而被给予的。胡塞尔说，真实呈现的一个例子是，当我们实际地站在一个房子面前直视它，从而有了对房子的经验，而一个象征或不真实的呈现的例子是，朋友正在向我们描述房子，因而我们在脑海中形成房子的图像。对于《算术哲学》中的胡塞尔来说，对"五"、"二"或"三"的概念进行真实的呈现是可能的。这是因为，意识能够直接一下子认识到这个特殊的群组（例如便士）属于"五"的概念；我能够以直观的方式认识到五个便士的存在。然而，随着数量的上升，这变得更加困难。我可以把八十七个事物看作八十七个事物？没有。但如果没有，那我怎么能希望有一个真正的"八十七"的概念呢？而对于胡塞尔来说，答案很简单：这是不可能的。但接下来出现的问题是，当我看到等式的再现时（例如 $53 + 34 = 87$），我怎么可能理解它的含义？我不仅可以理解它，而且我几乎可以立即认识到这是真的。胡塞尔的说法似乎在这点上有问题。

　　胡塞尔的解释是，算术是通过象征性再现的方式运作的。数字"5"是对概念"五"的象征性再现。对于少数几个概念（胡塞尔说，一直到"十二"），我可以有关于它们的真实呈现。然而，当我用数字对它们进行符号化并将它们放进算术运算时，它们会进入象征性再现（symbolic representation）领域。一旦我基本掌握了这些象征性操作的规则，我就能够计算出任意增加数值和数量的总和。因此，认为我不能触及这些概念的观点是错误的。一旦我对象征化的模式以及表示集合和区分群组的符号有了基本了解，我就有能力再现这些概念。然而，这些公式将永远只是象征性再现，因此只能是它们所指向的概念的不真实呈现。胡塞尔在《算术哲学》的第十章(第二部分的开头)中提到了这种区别,他在本书的其余部分(仅一百多页)试图解决它引起的问题,特别是数学的计数、计算和更高运算可以被建立在那些基础性的真实呈现上的方法的问题。最后,就胡塞尔而言,他得出的结果都无法令他满意:"在绝大多数情况下,我们受限于象征性的数字结构,这迫使我们以数字系统的形式,对数字领域进行一种由某种规则统领的阐述……"(*Philosophy of Arithmetic*, p. 299)

24

正如胡塞尔后来在《逻辑研究》的前言中所说的那样,问题在于那种"关系,即在进行认知的主体性和被认知内容的客观性之间的关系"(*Logical Investigations*, p. 2)。如何通过一系列象征性再现和功能,从真正被给予或不容置疑的基本性概念的基础,转变为客观和不容置疑的更高序列的知识? 换言之,思想如何从主观上被给予的事物转变为并作为客体客观性的基础? 这是胡塞尔的问题。换言之,胡塞尔在任何时候都不认为客观性实际上只是主体性的(因此是相对的)。胡塞尔从未质疑这样的数学客观性。(这就是为什么胡塞尔从不持有一种心理主义更有害的观点)这里确实是被质疑的问题是,从主体性的基础开始,个体如何达到客观性的程度。正是这个问题,胡塞尔在《算术哲学》中从未令人满意地回答,而胡塞尔认识到问题在于以下述的方式构建问题:通过调解(mediation)或再现来弥合认识主体和知识客体之间所预设的差距。认识到这种限制迫使胡塞尔摆脱了如上所述的真实与象征的区别。但更普遍地看来,他的思想开始转向对意义本身之意义的非再现性(non-representational)重构。

我们通过总结哲学中的分析哲学和大陆哲学传统之间分裂的起源来总结本节。我们已经讨论过 19 世纪中期开始在所有学科中出现的"基础危机"。文化、知识、宗教、科学、数学等各种因素的融合导致知识巨大而迅速的进步,这同时对所有主导和传统上已接受的基本原则提出质疑,其总体结果是正统观念的全面崩溃。这些危机中更显著的形式之一发生在数学领域,自柏拉图以来,数学被理解为无时间性的永恒真理的典范。两位德国哲学家哥特洛布·弗雷格和埃德蒙德·胡塞尔都试图为数学提供严格的哲学基础。弗雷格希望避免一切形式的相对主义,正如他所说的那样,他要寻求严格区分主观与客观、概念与客体的区别,并认为人们如果不以某种方式改变一个概念,就不能将其变成一个客体。他根据这些基本原则制定的方法——语言分析方法和象征性标记的严格化(该方法使逻辑领域的革命性进步成为可能)——催生了后来被称为"分析哲学"的传统,伯特兰·罗素(Bertrand Russell)、路德维希·维特根斯坦(Ludwig Wittgenstein)、鲁道夫·卡尔纳普(Rudolf Carnap)和威拉德·冯·奥曼·蒯因(Willard Van Orman Quine)继承和发扬了这一传统。

在这种哲学传统分歧的另一边是胡塞尔。对于胡塞尔来说,主体和客体之间的这种根本区别是不够严格的,因为无论知识的客观性如何客观,知识总是来自意向行为的关系性中。胡塞尔就像在他之前的笛卡尔和康德一样,试图将哲学定位为基础科学(the foundational science),其基础在于它提供了对意义的绝对解释,这为所有其他研究领域的科学研究提供了基础。他试图通过消除所有预设,废除笛卡尔所建立的思想与客体之间的断裂来实现这一目标。他所建立的哲学方法论是现象学方法,是"大陆哲学"传统的起源。马丁·海德格尔、莫里斯·梅洛-庞蒂和雅克·德里达继承和发扬了这一传统。

胡塞尔使用术语"现象学"(它首先被黑格尔使用)来描述他认为具有最严格科学形式的哲学,将其作为对意识结构和一般意义可能性的研究。以回到事物本身的名义(*Logical Investigations*,

p. 168），他认为我们必须将所有关于意识之外的客体世界之真实存在放在括号中，或悬搁起来。自笛卡尔[7]以来，哲学家思想的祸根来源于一个知识论[8]问题，即确定和保证一个人对世界的经验与世界的真实本质的对应。换言之，鉴于我对世界经验是被我的感官和认知能力过滤了的，我怎么能绝对确信我的经验能够准确地反映世界？胡塞尔思想的主旨在于他开创性地处理了这个问题。简而言之，由于哲学开始于这样一个前提，即主体在本体论上不同于其身处的客体世界（胡塞尔称此前提为"自然态度"），所以，一旦我们将思想与存在物完全分开，就无法再在主体和客体之间建立一道桥梁。这就是为什么现代时期是从笛卡尔的绝对确定性开始，并在短短135年之后结束于大卫·休谟的激进怀疑论。如果我们希望赋予哲学一个适当的角色，让其能确保其他科学所必需的绝对基本确定性，那么，我们必须纯粹而完全地留在内在性（immanence）的范围中。[9]这意味着，我们必须将关于真实（real）世界的真实存在的任何和所有问题都放在括号中（不是去怀疑或否认它，而是将其悬搁），将我们的目光放在构成意向[10]行为本身的关系上，以及使这些行为成为可能和具有意义的因素上。正如胡塞尔所说，鉴于这一经验领域是绝对肯定的，并且鉴于意义（meaningfulness）总体而言是所有科学的基础，只有现象学才能恢复哲学作为基础科学的合法地位，这是自柏拉图和亚里士多德以来，哲学所相信的自己扮演的角色。

　　在接下来的几节中，我们将看看贯穿胡塞尔余生的一些重要的区别、问题和发现；这些概念将是德里达在《声音与现象》中分析到的最中心的概念，但与此同时，在讨论它们时，我们将提供关于胡塞尔思想的介绍性概述。

指示和表达

胡塞尔《逻辑研究》第一卷开篇章节标题为"本质性的区别"，因此，我们应该首先注意"本质"（essential）一词本身在含义上的一个本质区别。有时，当我们使用"essential"一词时，我们的意思是强调这个概念的重要性。例如，我们可能会说，"你必须注意我所说的内容，这是绝对重要的（essential）"。对"essential"一词的这种口语化使用建立在一种技术上更精确的意义上，这就是，我们的本意是要唤起所谈论东西的本质（essence）或特征性性质。因此，我们可能会说"道德生活的本质要素是同情、敏感、宽容和慷慨"，我们的意思是说，这些是决定性的特征，并且其他任何东西（律令、义务、责任、规则等）均建立在其上。胡塞尔在这一开篇章节中的用法包含这个术语的两种意义，但更具体地指向第二种意义。换言之，胡塞尔希望读者注意到他将要阐述的两个术语之间的本质差异。

27　　这两个术语是"指示"（indication）和"表达"（expression）。胡塞尔指出，"符号"（sign）一词本身具有歧义。通常，我们将"符号"和"表达"这两个词视为同义词，而事实上还有另一种符号，即指示。所有符号都是某种事物的符号，换言之，每个符号都是有意义的事物的位置标记，但这种关系的状态有两种不同的形式。一是指示性（indicative）形式。如果符号将认知者从符号本身指向其他东西时，后者区别于作为其指示的符号，这个符号就是一个指示。有时候，这是一个刻意的指向（pointing），就像一个国家用升半旗表明民族团结和哀悼的精神。有时，它是一种自然的指向，就像当我们将孩子的发烧理解为其身体有问题，或者当我们看到附近的动物足迹，将其理解为最近存在动物活动。在更一般的意义上，任何写在纸上的标记都是一种指示。无论是有意义的单词、无意义的单词、外语单词还是孩子的涂鸦，这些标记都是指示，指向有人在这里并且做了此标记。对于指示，胡塞尔认为：

> 在这些情况中，我们发现有一种状况是共同的，即某些对象或事态的存在——人们具有关于它们现实性的实际知识——为人们指示了另一些对象或事态的存在，因为人们对其有所经验的现实性的信念（尽管并非完全明见的），推动着对另一种现实性的信念或推测。(*Logical Investigations*, p. 184;)[11]

指示是指向其他东西的符号，其含义与符号本身不同。

胡塞尔认为，表达是一个有意义的符号。在这里，胡塞尔提出了一个严格的定义，严格远离了具有交流意义的那类符号。通常情况下，我们可能会将某人的面部表情称为"表达"，例如："他的脸上有最奇怪的表情。"然而，根据胡塞尔的说法，这种术语的口语化使用忽略了表达的本质。胡塞尔的定义如下：

> 为了获得暂时性的理解，我们首先设定，*话语*（speech）的每个实例或部分，以及每个本质上同类的符号，都应被算作表达，至于此话语是否被实际说出，或者是否在交往的意图中朝向某些人，这是无关紧要的。(*Logical Investigations*, p. 187)[12]

表达是语言符号。在其使用中，它涉及"意图将某些'思想'表达性地记录在案，无论是为了处在孤立状态中的他自己，还是为了他人"(*Logical Investigations*, p. 188)。个人的面部表情可能确实说明了一个人的心理状态或意向状态。脸颊粉红或微红的色调可能表示愤怒或尴尬；突然出汗可能表示紧张；忽然面色苍白可能显示出强烈的震惊;等等。但是,虽然这些符号可能告诉我们某些东西,但它们只是通过指示的方式完成,他们指向了超越自身的事态。另一方面,表达是直接指向涵义(sense)或意义的符号。

但这将我们带到下一点。在表达或交流行为中,我们向听众表明某个事实或关于我们内心状态的一些事实。例如:"我今天很高兴来到这里。"当我说出这组符号时,它们让所有听到或阅读到这组符号的人指向我说话时的内心状态。毕竟,表-达(expression)在字面意义上意味着一种向外的(ex-)挤压(pressing)。换言之,在交往行为中,我朝内望向自己的内心情绪、心理或意向状态,并且,为了希望将这些状态告知别人,我使用各种各样的本身是有意义的符号且将它们外化。我所做的所有这一切,都希望听众会听到并理解这些符号,从而也可以知晓我的内心状态。表达用于向听众表明我的内部状态。因此,即使在符号是在一种表达的情况下,在我每次与其他人交流时,它都是以指示的方式而使用的。正如胡塞尔所说:

> 一旦研究到了这一相互关系,人们就会立即认识到,在交流话语中的所有表达都是作为指示在起作用。对于听者来说,这些表达是说者"思想"的符号,就是说,他们是说者赋予意义的内在体验的符号,也是那些包含在交流性意向中的其他内在体验的符号。(*Logical Investigations*, p. 189)[13]

然而,为了回到开篇章节的标题,胡塞尔立即将我们的注意力拉回到表达的本质性质上。如果我们清楚地记住这样的区分:表达是一个有意义的符号,而指示是将我们从一个状态指向另一个状态的符号,那么,对于胡塞尔来说,表达经常陷入其指示性的功能这一事实就仅仅是表达的一种偶然(即非本质的)特征,其源于它们经常从说话者的口中进入世界的事实。如果(如胡塞尔认为

的那样)有可能排除表达在交流功能中进入外部世界而考察该表
达,那么,就有可能独立出表达的本质。对于胡塞尔来说,表达的
这种本质特征体现在表达的使用中,处在正在思考的心灵的孤独
中。他认为:

> 但只要我们理解词,它就有所表达,并表达同样的东西,
> 无论这个词语是否朝向某人说出。由此,这看来很清楚,表达
> 的含义,以及那些它本质上所关涉的东西,与表达的传诉功效
> 是不可能相符的。(*Logical Investigations*, p. 190)[14]

胡塞尔说,在一个人自身意向状态的内心独白中,表达方式并
不交流(不像我们在人际关系行为中使用表达的样子)。例如,假
设我在脑海中对自己说,"我不能让自己陷入其中"。在这种情况
下,我确实正在使用表达,但胡塞尔坚持认为,严格来说,我并不向
自己交流任何东西。为什么不? 因为我可以立即理解这些词语的
意义,因为我是正在经验这个意向行为本身的个体,恰好是在我内
心"言语化"这段经历的那一刻经验到这一切。所以,我不是让自
己知道以前不知道的事情。胡塞尔说,在内心独白中,任何指示都
是"毫无目的的,因为这些行为本身就是由我们在那个时刻经历
的"(*Logical Investigations*, p. 191)。更确切地说,这就好像我想象自
己正在告诉自己,但这只不过是一种想象或再现。

鲜活的当下

我们发现,时间问题,特别是主体与时间的关系的问题,从一
开始就占据着胡塞尔的思考,这一点不应令人惊讶。早在《算术哲
学》中,胡塞尔就已经在分析内时间的意识(consciousness of
internal time)。由于胡塞尔总是关注意向行为,意向行为总是在时

间关系中展开,或者换个另外的说法,客观性总是在主体性内构成,并且主体性总是在时间上构成,因此,时间经验的问题必须占据现象学思想的中心位置。因此毫不奇怪,在完成《逻辑研究》之后,胡塞尔开始明确地探索内部时间意识的结构,在 1905 年 2 月发表了现在著名的时间意识讲座,而主体与时间的关系问题将占据胡塞尔剩余职业生涯的思考。

30

　　我们需要首先说明,胡塞尔的分析试图揭示在主体性中被构成的时间结构,而不是我们通常所认为的"实时"或一刻接着一刻的时间模型。我们经常将时间思考为沿着一条被再现为直线的通道,其中,线的每个点代表一个分离且独立的时刻。该线的两端用箭头表示,这些箭头表示进入未来和进入过去的无限通道。在线的中心是一个突出的大点,即现在点,将未来与过去区分开来。该点左侧线的延伸代表了所有过去的现在,它们曾在,而现已不再;而该中心点右侧线的延伸代表了所有未来的现在,它们应在,却尚未发生。这种思考时间的方式,被称为时间的点状线性(*punctilinear*)模型;这是完全合适的,因为它允许我们将历史事件发生的关系性置于语境中。然而,与此同时,如果我们允许这种再现性模型作为我们理解时间的唯一方式,那么我们就歪曲了时间的本质,因为这样做的话,我们就像处理空间一样对待时间,好像时间在空间上是以某种方式被扩展了一样,但事实上,时间是作为一种完全不同于空间的主题而被体验的。因此,它需要完全不同的处理方法。

　　为了强调这一点,让我们看看两种不同的思考记忆方式。第一种方式符合时间的点状线性模型。如果这个模型是正确的,并且如果当下的现在点是唯一真正存在的时刻,并且严格意义上的意识是对当前正在发生的事物的感知,那么,意识在结构上就局限于对发生在现在的事物的感知。但是,我们知道这不是我们经历时间的方式。例如,在这句话的开头,我们输入了一些文字("例如"),对此你没有忘记,但是它们在某种意义上仍然呈现(present)在你的脑海中。如果情况并非如此,那么,你就根本无法有意义地经历任何事情,因为所有的经历都是在一个语境中发生的:没有任何一个词是孤立地表达的;一首歌的音符只能在与其他音符的关系中才能被听到;电影的一帧并不能告诉我们太多关于它的含义;在点状线性模型中,我们只有感知,它是当下的现在点;而记忆则是对不再在场的东西的想象性回忆或再现。这是胡塞尔的导师弗朗兹·布伦塔诺的立场。

　　但是,这立即带来了进一步的问题。当我们谈到过去有点遥远的事件时,以这种方式谈论记忆,将其作为过去事件的想象性回忆,似乎是完全合理的。这样的理论要求我们在心理上做出一定努力,以便将过去事件带回到意识中来,因为这一事件已经完全从目前情况中移除了。但是,当我们谈论上述读者现在正在阅读这句话的行为,听一首歌,或者看一场电影的行为时,用"记忆"这个词似乎并不适合。为了完成这些行为,我们依赖于一种类型的记忆,但它并不是对某些遥远过去的强行回忆。如果它是一种强行回忆,我们也无法真正体验到任何东西,因为在每一个新的现在中,我们都会不断尝试通过强行依靠最近的过去事件来进行语境化,以便将现在置于语境中。但当然,当我们完成时,现在又已经过去了,我们又会错过它。相反,在某种意义上,这是一种仍然活着的记忆,并且依附于经验的当下时刻。

　　因此,胡塞尔坚持认为,我们必须以更饱满、更丰富的方式思考"当下"的概念,他将这种结构称为"鲜活的当下"(living present)。在鲜活的当下,上述记忆的类型——回忆(recollection)、复现(reproduction)或再现(representation)——将与胡塞尔所称的持留(retention)区别开来。持留是即时记忆,在当下仍在产生作用。它是一种语境化的记忆,严格来说,它并没有离开意识,并且实际上是当下经验的必要组成部分。持留或即时记忆,让你能够将一首歌作为一首歌聆听(而不是一系列不相关的音符),让经历任何事情成为可能。

持留要保持和留住的是什么?胡塞尔认为,从他称之为"原初印象"(primal impression)的那刻即出现持留的持留性(retentionality):

> 原初印象绝对是无法修改的,是所有进一步意识和存在的原初来源。在最严格的意义上,原初印象的内容是"现在"这个词所指的东西。每个新的现在都是新的原初印象的内容。(*Consciousness of Internal Time*, p. 70)

正是在这个源点中,经验被加上了一个印记。

除了原初记忆或持留之外,当下也总是充满了原初期望(primary expectations)。例如,当我进入一个房间时,我坐上椅子,没有首先检查它是否牢固,因为在坐下的意识中,我期望椅子能支撑我。通常,在打开门时,我们的头和肩膀会先行,不慌不忙地转动门把手,因为我们期望门没有上锁。通常,这些期望都没有引起我们的注意,除了在被打断的情况(椅子塌裂;门被上锁,我们的头撞到门上)中。在这些情况下,我们产生惊讶这一事实就恰恰表明,在当下的认知行为中对未来有一种隐含的期望或敞开。胡塞尔将此原初期望称为前瞻(protention)。因此,胡塞尔的鲜活的当下包括作为源点或原核(nucleus)的原初印象,其被持留和前瞻的晕(halo)所包围。

一切原则之原则

胡塞尔出版的第一本书《关于纯粹现象学和现象学哲学的观念》(*Ideas Pertaining to a Pure Phenomenology and to a Phenomenological Philosophy*, 1913)已经为胡塞尔随后进行的先验现象学(transcendental phenomenology)奠定了基础。《逻辑研究》提供了意向行为和赋意行为结构的详尽说明。关于时间意识的讲座彻底地探讨了这些行为与时间性的主观构成之间的关系,而胡塞尔著名的论文《哲学作为严格的科学》(Philosophy as Rigorous Science, 1911)提出了哲学可以就此宣称其作为奠基性科学的合法地位的条件,这门学科能提供最高的理论标准,也因此可以作为建立其他科学的最终基础。特别地,胡塞尔认为,只有在它的现象学形式中,哲学才有希望实现这个最崇高的目标。

因此,《观念Ⅰ》(*Ideas I*)让现象学方法的基本框架取得成果并开始运作。在这里,我们将会阐述四个概念:自然态度、本质还原、先验还原,以及"一切原则之原则"。它们虽然隐含在《逻辑研究》中,但是胡塞尔在《观念Ⅰ》一书中才阐明了这些概念。我们可以说,"自然态度"是我体验世界时所带有的非严格的、非哲学导向的,是被我隐含地接受了的方法:

> 我意识到一个无休止地在空间中蔓延,无休止地在时间中生成和变化的世界。我意识到了它:这首要的是在意指,我在直观上立即发现了它,我体验它。通过我的观看、触摸、聆听等,以及在感性感知的不同模式中,具有这种或那种空间分布的有形体的物理事物,它们只是在那里为我存在着。这些事物"触之可及"(无论在字面或比喻意义上),也不管我是否

33

特别地注意到它们,或者在我的考虑、思考、感受或意愿中,忙着同它们接触。(*Ideas*, p. 51)[15]

换言之,作为一种自然冲动和习惯性的问题,我发现自己在一个已经存在、已经被构造、已经具有意义的世界中了。这个世界由一些对于我的认知来说是在场的和触之可及的东西组成。我发现自己是客体世界——房子、汽车、他人等——中的主体,而这些客体在我之外。此外,现在周围不仅有客体呈现给我,而且在这个可以进入的视野的基础上,我意识到一个目前我无法进入的可被构想为无限的存在领域。例如,在这一刻,我在办公桌旁打字,我可以在没有转过头的情况下,将意识转到我身后通向走廊的门口,从走廊一直转到通往客厅的楼梯,再到通往外面世界的门口等,也可以将意识转到我的记忆所知的广阔世界,那里有我一生中所遇到的似乎是无限多的面孔和地方。但是,我的意识甚至可以超出这个范围,以至于到一个无限巨大的宇宙中,这个宇宙充满了几乎所有我永远无法希望拥有的,或根本没有任何经验的事物。

这种适用于空间的"自然态度"同样适用于时间的无限延展。我占据的时间只是时间海洋中的一滴小水滴,靠着这个小点,我可以很容易地投射出一道无限延伸的视野,伸向过去和未来。在自然态度中,这个世界在我出生之前很久就在这里,并且在我离开后很久还会在这里。此外,我发现其他人,也正和我一样,发现自己处在同一个世界中,并且我(假设),对于他们,这个世界(包括其事物和时间)也是同样的客观世界,这和我的情况一样,只是他们在我的自身经验不允许的不同的模式中经历着。

这种自然态度在很大程度上构成了我们是谁,以及我们如何看待这个世界的方式,以至于我们几乎一直坚持这种态度,而完全没意识到它的统治。胡塞尔写道:

在我清醒的意识中,我发现自己始终以这一方式,而且从来就不再可能改变这个事实,在我和这个世界的关系中。这个世界始终是同一个,尽管由于其内容组成的不同而改变着。[……]并且,它对我来说就在那里,它不只是单纯事物的世界,而且也以同样的直接性是具有价值的事物的世界,善的世界和实际的世界。(*Ideas*, p. 53)[16]

在任何科学的或其他类型的理论化之前,我发现自己已经在一个世界中。它可能同我在某些方面感知到的有所不同。我的感官能力可能在数量和范围上都有限,它们可能因任何原因而受损,事物可能是跟我所理解的样子不同的。但这只意味着科学在自然态度中的目标是澄清我们的观念并确保我们的感知,确保我们是在正确地看待世界:

在一切方面比朴素的经验认识更全面、更可靠、更完全地认识这个世界,解决呈现于此世界内的一切科学认识的问题,这就是属于自然态度的诸科学的目的。(*Ideas*, p. 57)[17]

这种"自然态度"有什么问题?严格来说,答案是没有问题。它就是我们存在的方式以及我们在世界中看待自己的方式。然而,这里有一种隐含的判断,我们几乎总是在自然态度开端处就如此进行了。该判断认为,世界确实就是我所感知到的样子,它不在(远离)我对它的认知中。客体确实存在,它们确实就是它们显现的方式;如果我突然不存在,它们会继续存在。不仅继续存在,而且以同样的方式存在。这种判断行为(它并不是自然态度的本质要素)使得迄今为止前理论的(pre-theoretical)观点变成了一个理论主题;作为我们所有其他科学探索的基础,它建立了一个命题,这个命题不一定是真的,并且也绝不是可衡量的或可证实的。因

34

为我们一旦把以下命题变为主题:世界与认识它的主体截然不同,而且它确实如此,那么,无论我们多么努力,我们再也无法弥合主体和客体之间不可逾越的鸿沟。

　　但我们必须注意,胡塞尔希望哲学具有严格的科学性。他希望它成为严格的科学的典范,为所有其他科学奠基。因此,他试图转变自然态度:"我们不是保持这种态度,而是建议彻底改变它。"(*Ideas*, p. 57)在胡塞尔之前的大约三个世纪,笛卡尔进行了类似的操作。但笛卡尔的方法基于一种否定行为,拒绝可能是或可被思考为可疑的或欺骗性的每一个概念或原则。然而,胡塞尔的改变并不是一种否定行为(这仍然是关于事物的真正本性的主题性断言)。相反,这是一种悬搁行为。它并没有否定或拒绝世界的存在,更确切地说,它将其放在括号中,悬搁判断,对这个基本命题保留同意:世界确实存在于我的认知之外,它确实就是我所看到的样子。它并不质疑,而是打上括号:

　　　　然而设定却经历着一种变样,虽然它本身始终是其所是,我们却可以说,"使其失去作用",我们"排除了它",我们"将其置入括号"。它仍然在那里,正如被置入括号中的东西一样,正如被排除在包容范围之外的东西一样。(*Ideas*, p. 59)[18]

这种悬搁行为,胡塞尔称之为现象学的悬搁(epochē)。

　　简单地说,现象学家需要严格地保持科学性,并且只关注那些从根本上是不容置疑的事情。在此过程中,他们必须把所有关于所谓的真实世界的真正存在问题放在一边,而只把注意力集中在向着意识显现的现象上。作为现象,这些现象本身无疑是真的,因为即使笛卡尔也在他的《第一哲学沉思录》中认为如此。这将我们带到了胡塞尔著名的一切原则之原则:

关于各种有悖于理的理论就谈这么多。没有任何想象得出的理论会使我们误解如下这一切原则之原则:每一种原初呈现的直观都是认识的合法源泉,在"直观"中原初地(可说是在其机体的现实中)被给予我们的一切,只会按如其被呈现的那样被接受,而且也只在它在此被呈现的限度之内被接受。(*Ideas*, p. 44)[19]

悬搁就是这种暂停行为,它将我们带入了这种不容置疑的状态,它通过两种"还原"的方式实现,即本质还原(eidetic reduction),以及先验(transcendental)或现象学(phenomenological)还原。本质还原来自希腊词 eidos,它表示"观念"(idea),在柏拉图的用法中,是"形式"(form)或"本质"。本质还原将意识的客体(无论是感知到的还是想象的)还原为纯粹的本质,将任何和所有真实存在的问题搁置一边。主体事实上是否曾经遇到过这个客体并不重要,并且这是什么类型的客体也不重要。它可能是一个时空客体、一个社会政治客体、一首歌曲等。在本质还原的观看模式中,人们抽象出相关事物的本质,并以这样一种方式对其进行分析,使本质的知识成为可能,而仅仅在经验性观察的基础上,这些知识在原则上是无法得到的。柏拉图的经典文本《理想国》可按这种方式被理解为哲学史中最伟大的本质还原的实践。

36

先验还原或现象学还原更进一步。[20]虽然我们讨论了作为意识客体的世界,但我们还没有分析这种悬搁行为应用于意识时的情形——对于该意识,存在一个世界。换言之,我的意识本身,我的经验自我,就像我所遇到的并放进括号中的所有其他客体一样,是一个意向性的客体。当意识回望自身时,我的意识凝视向这样的客体。同样,它在还原模式中显现的性质不再理所当然地被视为具有或对应于事实性现实。因此,经验自我(Ego)的真实存在和真实本质,我的经验自我("完整的流,总体的流,在两个方向上都被认为是无穷无尽的,它包括自我的心理过程"[*Ideas*, p. 110])必须以还原的方式加入括号中。尽管如此,当我们还原了可能还原的一切时,仍然存在剩余的意识残余,但它不再是我的意识或这个或那个的意识,而是纯粹的意识:

> 尽管如此,在其"纯粹性"中被考虑的意识必须被看成是独立的存在复合体,一种绝对存在的复合体,没有东西可以进入其内和溢露其外;没有任何东西在时空上外在于它,而且它不可能存于任何时空复合体内,它不可能经受任何物理事物的影响,也不可能对任何物理事物施加影响⋯⋯(*Ideas*, p. 112)[21]

这个还原后所剩的残余就是胡塞尔所谓的先验自我(transcendental Ego)。

主体间性问题

现在我们遇到一个明显的问题。这个问题早在胡塞尔的《逻辑研究》时期已有所显露:

> 如果我听一个人说话,那么我就是在将他感知为一个说者。我听他在叙述、在证明、在怀疑、在许愿等。听者在同样的意义上感知传诉,就像他在感知传诉者本人一样——尽管那些使他成为人的心理现象,因其就是如此,本身不能为另一个直观。[⋯⋯]听者感知到,说者表露出某些心理体验,就此而言,听者也感知到这些体验;但听者本人并不体验到这些体验,他对这些体验的感知不是"内"感知,而是"外"感知。

(*Logical Investigations*, p. 190)²²

当我在另一个人面前时,我会遇到一种不能被我自己的直接意识所吸收、融合、包含或解释的先验性。这个人在说着和做着我不能预见也无法控制的事情,并且基于我对其他类似的人的经验,他可以无穷无尽地产生许多其他不可预测的行为。然而,鉴于我们上述所说的一切关于还原的现象学方法(即我们悬搁所有关于意识客体的事实性的存在或不存在),我们在达到了先验自我的层面时,是否达到了这样一个意识层面:我唯一能确定的只是我存在的事实吗?或者,用更为明确的术语来说,唯一存在的就是我,绝对意识或单子(一个具有深厚哲学历史的术语,胡塞尔在绝对的意义上用其意指"单元"或"一个")?用更简单的术语来说,胡塞尔难道不是将自己置于唯我论(solipsism)的立场吗?

> 当我(沉思的我)通过现象学的悬搁将自己还原到我的绝对先验的自我时,我难道不会成为独存的我(solus ipse)?只要我在现象学的名义下进行统一的自我解释,我是否仍然是独存的我?难道那提出要解决客观存在的问题,并将自身真正地呈现为哲学的现象学,不应因此而被称为先验唯我论吗?
> (*Cartesian Meditations*, p. 89)

我们很容易看到这种立场所固有的伦理危险,也很容易理解为什么伊曼努尔·列维纳斯如此担心胡塞尔现象学。简单地说,如果我在意识领域中遇到的其他人只是客体,并且我永远无法确定其是否存在,那么,我能真正对这些客体负责吗?我可以对他们有什么亏欠吗?什么能阻止我完全无视他们?或者更糟糕的是,谁能阻挡我以最残酷的方式对待他们?

就胡塞尔本人而言,他对这种可能性感到担忧,并在《笛卡尔式的沉思》(Cartesian Meditations)中正面解决了这个问题。然而,在如此令人担忧的情况下,他并不寻求放弃现象学方法。实际上,他并不认为需要放弃它,而且,这样做会剥夺我们确定性的可能性。毕竟,除了在我自己意识的范围之外,另外一个人的他异性(otherness)还怎么可能向我呈现呢? 换言之,正是在现象学分析模式中,我们遇到的"他者",其在许多意义上似乎超越了我自己的意识。因此,我们可以忠实地保持现象学的立场,同时开始在现象学的基础上分析这种他异性,而不需要放弃它所包含的确定性。

胡塞尔说,我们通过类比的统觉(analogical apperception)或共现(appresentation)来体验他者的他异性。这可通过一个非常日常的例子来解释。假设你站在院子里(任何院子,无论是真实的还是想象的),在看着房子的正面。你看到的房子的右边和左边是其他房屋,因为你与这些在左边和右边的房屋形成一定角度,你不仅可以看到每个房屋的正面,而且还可以看到每个房屋的侧面。但正是因为这个原因,你现在无法看到正对着你的那个房子的两侧和后面。尽管如此,当你看着正面(只看到房子的正面时),你意向(intend)着一个完整的房子。你实现这种意向的努力可能不会成功。你可以走到侧面,发现房子的正面实际上是一个非常逼真的木制结构模型而已,它由斜梁在后面支撑着。你可以走到后面,可能发现房子的大部分结构都被龙卷风摧毁了,房子正面却奇迹般地、完好地保留下来。在许多可能的情况下,你正在观看的客体实际上可能不是房屋的正面。而且,在一种不那么具有幻想性的方式中,你发现房子的后面很可能不完全是你想象的样子。它可能更大或更小等。然而,当你看其正面时,你同时意向着一个拥有背部的客体。

类似的事情发生在我们对其他人的经历中,胡塞尔认为:

他人是"亲自"在我们面前的。恰当地说,在另一方面,这种亲自在那里存在的事实并不能阻止我们立即承认这点:既不是他人的自我、主观活动过程或外表本身,也不是他自己本质中的任何其他东西,在我们的经验中原初地被给予我们。(*Cartesian Meditations*, p. 109)

换言之,我对另一个人的经历呈现于我的是一个"正面",或者,严格来说在这种情况下,是一个"外在"事物,一个在移动、说话、表达情感、关心、伤害、笑、走路、微笑、吃饭等的身体,就像我自己的身体一样。然而,与房子的情况不同,我不能通过直接呈现来意向这个客体的"后面"或"内部"。在房子的情况中,我可以走到其后面,甚至走到其里面,以验证原来的意向,即"房子"。然而,在另一个人作为意识客体的情况下,我不能(无论是现在还是任何时候)来到脸部背后或找到其自我的位置以验证意向。胡塞尔认为,它是在"配对"(pairing)的基础上发生的:

在配对联想(*pairing association*)中,其特征在于,在最原初的情况下,两者的材料是直观地、突出地在意识的统一中给出的,在这个基础上[……],虽然这些材料显得相互独立,但它们在现象学上找到了相似性的统一,因此总是精确地构成一对。(*Cartesian Meditations*, p. 112)

我的身体与我的自我运作是最密切而原初地联系在一起的。当我遇到另一个人的时候,我遇到了一个像我一样的身体:

那种给出了他者(这是无法访问的原初性)组成元素的共现与原初呈现(original presentation)相互组合起来(这种原初呈现的内容是:"他的"身体是作为自然[the Nature]的一部分

而被给予的,已包含在我的自有性中)。此外,在这种组合中,他者有生命的身体和他支配性的自我以统一的、超越性的经验的方式被给予出来。(*Cartesian Meditations*, p. 114)

通过不断地体验我自己的身体与支配性自我的配对,对另一个身体的认识触发了同样的联想,特别是考虑到对这个身体的经验永远不能在我自己的内在领域构成,除非是作为一种先验性:"因此,其只可以想象为我特有的自有性中包含的某种东西的类比。[……]换言之,另一个单子通过共现的方式在我之中构建而成。"(*Cartesian Meditations*, p. 115)我看到了身体,并立即意向出另一个主体或自我,而没有经过推论。

海德格尔的影响

虽然胡塞尔训练并影响了许多有名的继承者,但毫无疑问最著名的是马丁·海德格尔。他因为在 1927 年发表了不朽的作品《存在与时间》而获得了声誉。该作品发表在胡塞尔的《哲学和现象学研究年鉴》(*Jahrbuch für Philosophie und phänomenologische Forschung*)第八卷,是献给胡塞尔本人的作品。然而,该文本表现出与胡塞尔对现象学意义的理解在方法论和本体论[23]上的明显分歧,因此胡塞尔将《存在与时间》理解为海德格尔的背叛。虽然海德格尔像胡塞尔一样,将现象学的工程视为回到事物本身,但与胡塞尔不同,海德格尔并不赞同"放入括号"以达到预设的意识的纯粹领域的观点;海德格尔认为,我们的经验总是被媒体、文化、政治、历史和语言所告知的日常观念和假设所渗透,这些构成因素充斥着日常生活的闲谈。海德格尔强调,这只是一种特殊的存在者,即人类,只有对于人类,才会发生关于事物本身的问题。为此,他使用了

Dasein（此在）这个概念（严格来说，它只是德语的"生存"一词；海德格尔仅将这个词用于人类存在，但不是人类学或生物学意义上的人类，而是特定意义上的人类，即作为被存在问题照亮的存在者）。然而，此在生活在一种非本真的日常生活中，从中可以得出，存在的意义对于我们来说也是无法触及的。因此，让事物如是展现出自身的第一步就是剥夺此在日常的、不真实的"公共"生活，因为此在是存在打开或揭示自身的存在者。海德格尔认为，要做到这件事的第一步，就是要在每一个生存时刻，都本真地承担起自身的有限性，一个人自身死亡的事实（我们大多数人在大多数时候都试图避免这一点）。诚然，乍看之下，承认我自己的死亡与我对存在意义的本真体验之间的关系并不明显。因此，让我们更仔细地看看海德格尔这样说究竟是指什么。

我们的日常生活涉及复杂的、广泛的关系网络，包括事物、工具、运输方式、技术设备、其他人等。海德格尔认为，在这些关系中，此在不断地衡量它与这些同它形成关系的其他事物的差异，并评估处理该距离的方法。这种不断的衡量，他称之为"差距性"（distantiality），剥夺了此在本身，将此在的独一性（singularity）溶解为他人的匿名性，海德格尔称其为常人（the they），或德语的 Das Man，"那个人"。常人是每个人，他谁也不是；他无处不在，但没有特别的地方。这是你在早上通勤时坐在对面的人，你在街上或城镇广场上经过时遇见的人，即使你们两个从不说话。人们试图喜欢常人喜欢的音乐，以常人的方式解析政治问题，欣赏常人欣赏的艺术等。任何例外的事物都被认为需要将其正常化。在常人自我的模式中，根据定义，此在被压平了。这种状态构成了海德格尔所谓的此在的公共性（publicness）。它始终是"正确的"，因为它最引人注目的论点总是采取"众所周知"的常识。它让此在放下重担，剥夺了任何本真的责任，因为此在不再需要作出任何本真的决定；

替代方案已经明确地摆出来了,而此在只需要"选择立场"即可。因此,根据海德格尔,此在几乎在所有的时间里都在沉沦,远离了自己真实的本性。因此,为了达到对此在的本真理解,必须将此在的结构整体纳入我们的范围。这使我们进入对时间和死亡的讨论。

海德格尔认为,此在的结构是他所谓的"操心"(care)。也就是说,此在操心其存在的意义,这是其他存在者所不具备的;它操心于构造其生存结构,要为它的生存赋予某种意义。此在自身的日常生活体验使其不断将自身投向未来,并根据未来的可能性在现在做出决定。同样地,当此在这样做时,它也带着其过去,并将它投射到未来。我过去的决定、我的成长经历、我的文化、我的宗教背景、我的历史情境等,都是我(有意或无意地)投射到未来的因素,在我作决定时塑造并影响我的可能性。此在总是发现自己已经"被抛"进世界。这些未来的可能性很大程度上是基于那些过去的要素构成的,两者交汇入当前决定的事实中。因此,从某种意义上说,此在的过去总是先行于它而朝向未来。对于海德格尔而言,正如他所说,此在的时间性[24]是绽出的(ecstatic);它是由它的"存在于自身之外"构建和定义的。因此,只要此在存在,它就朝向未来投射,所以对于此在总是存在结构性的不完整性。但是,如果不再有将会到来的未来(在此之后,此在将变得"完整"),那就不再有需要分析的此在了。这提出了一个难题:我想要思考存在的意义,但我的存在体验总是建立在我自己的生存结构的基础上,而这种结构总是充满公共性的非本真性;因此,我必须完全把握自己的、本真的、生存的结构;我自己的生存结构在时间上是绽出的,这意味着它总是向前投射,这意味着只要我还活着,我就永远无法完整把握自己的生存结构;当我死了,我的生存结构确实会变得完整,但那时,正因为我已停止存在(to be),我便无法完全把握我的生存结构了。当我活着的时候,我并不完整;而当我变得完整时,我已经死了。

　　所以最终，为了把握我自己生存结构的整体性，我必须本真地理解我向死而生（being-towards-death）的事实。这种本真的决心意味着什么？毕竟，认为我们不知道有一天我们会死去的观点似乎至少有点违反直觉。海德格尔的意思是，大多数时候，我们在生活中总是觉得死亡永远在我们前面；它是某一天会发生在我们身上的某个东西，但不是今天或明天，而是某一天。坚决承担一个人的死亡意味着承认死亡（或有限性）是不可或缺的一部分，并且将此作为此在结构的本质性。与可能出现的误解相反，海德格尔提出这个观点并不是说我们应该拥抱一种对生活的悲观或自我毁灭的观点，而是说我们应该从根本上接受我们的有限性的事实。死亡是将我们每一个人变得独一的事件，除了我之外，没有人可以替我去死，这是每个人需要独自完成的事情，即使其死亡时有着他人的陪伴。这是我生命中所有可能性中不可避免的终点。海德格尔认为，这就是为什么它如此令我们感到不安，这也是为什么我们花费如此大量的时间和精力来避免思考它而专注于闲聊，并沉迷于不断变化的公共感官刺激的洪流。通过把一个人的有限性作为自己的有限性，此在利用了对自身局限性的认识（因为死亡是不可能性的恒定可能性，它是生存每个时刻的最终可能的限制）；但展开来说，在认识到自己的可能性中存在的局限性时，人们也可本真地面对一个人的可能性。

　　换言之，《存在与时间》是一个具有强烈的唯意志论（voluntaristic）[25]的作品，有力地强调了此在面对自己的有限性时的决断。虽然尼采的名字在《存在与时间》中只出现过几次，但前者的哲学思考的各个方面深深地影响了这部作品（参见本书介绍部分的注释8）。海德格尔从未完成《存在与时间》（仅完成第一部的第一和第二部分，尽管最初的大纲承诺该书有两部，每部由三个部

分组成），因为在 1927 年之后不久，海德格尔的思想开始从根本上
发生变化。他此时已经开始担心人类与技术的关系，担心虽然人
类将技术理解为可以摆布的工具，但事实上他们可能是错误的；人
类在对技术的掌控中可能正在失去自我。阿道夫·希特勒（Adolf
Hitler）于 1933 年 1 月 30 日上台执政，海德格尔臭名昭著地拥护纳
粹运动，认为它是能够恢复人类与技术之间正确关系的运动。希
特勒和纳粹党融入了古代北欧诸神的神话（即使是从一个反常的
意义上），并强调了"血"和"土"（Blut und Boden）的元素作为人与
土地之间的纽带，同时推崇自然或农业生活方式，以减弱城市的道
德堕落。海德格尔此时处于优越的职业地位，并在弗莱堡大学被
任命为校长（Rektor）。十天后的 1933 年 5 月 1 日，他正式加入该
党。十个月后，他被要求辞去校长的职务。

　　在此期间的某个时刻，海德格尔开始重新评估自己的想法。
虽然直到第二次世界大战结束纳粹崩溃之时，他仍然是党员，但在
1934 年 4 月辞去校长职务时，他已停止参加纳粹党派会议。在
1936 年至 1940 年，海德格尔开始举办一系列研讨班，讨论尼采的
哲学，其目的是将尼采从某种形式的生物主义中解放出来，后者是
纳粹诠释者强加于尼采的。海德格尔最终将更多时间和精力放在
尼采研究上，超出了哲学史上的任何人物，并在一生中反复地回到
尼采哲学。然而，海德格尔出于自己的原因而拒绝尼采，认为尼采
的"权力意志"概念，或意志永不满足的、难以理解的"对意志意志"
只是完善了现代的形而上学范式，将其用权力、把握（grasping）、占
有（seizing）、统治和意志的语言加以概括。因此，当海德格尔的思
想走向被称为"转折"的时期时，他通过对尼采的"权力意志"概念
的批判，实际上批判了他自己从《存在与时间》时期开始的唯意志
主义。1933 年以后，海德格尔很少再使用"此在"这个术语（通常
在他批评或反思早期的作品时才使用它），并且他完全放弃了《存

在与时间》时期决断的唯意志主义语言。

在他后来的作品中，海德格尔更明确地将技术问题作为现代形而上学的本质。技术以如下方式构造着并揭示着世界：世界将被挑战、收获和召唤，以便存储其资源的力量。其方式的危险在于，人类已经失去了自身存在的核心方面，失去了其他的创造能力，并且冒着自身成为资源之外一无所是的危险。因此，对于海德格尔而言，技术时代的危险含义已经隐含在现代权力形而上学中，以及它带来的"掌握性"（grasping，在掌握知识的意义上）的知识论。出于这个原因，海德格尔后来的作品将集中在他所谓的"泰然任之"（Releasement，德语为 Gelassenheit），一种放手或无能为力，而不是强调权力，让存在者自然而然。他还将开始更广泛地关注语言（或意义）的本质问题，作为将词与物联系起来的差异结构。

44

作为存在主义的现象学

在 1920 年代后期，现象学进入了法国。此时的法国哲学界，革命的时机已经成熟，它已经厌倦了过度知性化的哲学抽象，并渴望与日常生活的具体因素进行哲学上的接触。犹太现象学家伊曼努尔·列维纳斯出生于立陶宛，后来入籍法国，并影响了德里达，两者成为好友。1928 年，伊曼努尔·列维纳斯前往弗莱堡跟随胡塞尔学习，在此期间也结识了海德格尔，同他一起学习。1929 年 2 月，埃德蒙德·胡塞尔在索邦学院（Collège de Sorbonne）举办了著名的"巴黎讲座"（Paris Lectures），这些讲座于 1930 年被整理出来，以《笛卡尔式的沉思》一书出版，这是胡塞尔后期最重要的文本之一。米歇尔·福柯强调了这一事件在法国思想史上的重要性，认为它"标记着一个时刻：现象学通过该文本进入法国"。[26] 1931 年，海德格尔的两篇文章《什么是形而上学?》（What is Metaphysics?）

和《论理性的本质》(On the Essence of Reasons)的法文译本发表。

大约在这个时候,列维纳斯发表了他关于胡塞尔的第一篇文章,[27]在接下来的几年里其余几篇也相继出版。1930 年,列维纳斯发表了《胡塞尔现象学中的直觉理论》(Theory of Intuition in Husserl's Phenomenology),这对法国哲学家让-保罗·萨特[28]有着深远的影响,后者随后也很快开始发表关于胡塞尔的研究作品。1932 年,列维纳斯发表了他第一篇关于海德格尔的文章,[29]他更接受海德格尔而非胡塞尔的哲学,特别是在他的早期。1933 年,萨特撰写了一篇简短而又非常重要的文章《意向性:胡塞尔现象学的一个基本概念》(Intentionality:A Fundamental Idea of Husserl's Phenomenology)[30],接着在 1936 年,他发表了对胡塞尔的著名批判《自我的先验性:存在主义的意识理论》(The Transcendence of the Ego:An Existentialist Theory of Consciousness)。到了这个时候,胡塞尔和海德格尔的哲学现象学方法,双双在法国学界中都处于牢固的地位,而且势不可挡。

随着现象学开始在法国扎根,它发生了转变——融合了法国新兴思想流派,并开始分为两个截然不同的方向:主体性流派和概念性流派。[31]在主体性立场上,有列维纳斯、萨特和莫里斯·梅洛-庞蒂等思想家。尽管伊曼努尔·列维纳斯和萨特与标准而传统意义上的"伦理"一词没有任何的对应关系,尽管他们的方法存在着巨大的差异,但是,这两位思想家代表了法国现象学的伦理流派。而在列维纳斯那里,这相当于试图朝向他者而敞开一种先验性的激进体验,并且是在对胡塞尔和海德格尔的批评中构建起来的。然而,在文化影响上更直接的继承者是让-保罗·萨特,他因拥护一系列被称为"存在主义的"普遍的概念主题而闻名。

萨特很早就迷恋胡塞尔的"意向性"概念,该概念认为,意识总是关于某物的意识。萨特认为,从此可以推出,意识在本质上总是向外突出的。即使意识将目光转回自身,它也只能通过在意识中构建一个内容性的客体来实现，在某种意义上，它会伪造（falsifying）意识的真实本性。就像我只能通过伪造我的凝视（镜中的反射、照片等）以看到自己的面孔一样，意识只能通过客观化的行为来看待自己。他认为，因此意识本质上是空的。于是，界定人类的不是预先给定或预先确定的本质，而是它在其选择中运用其意向性的方式。这使萨特的思想与当时在法国宗教界已经开始繁盛的知识分子的一支思想流派汇合，我们今天将这派思想称为"存在主义"。正如许多当代历史学家所指出的那样，"存在主义"这个术语广泛适用于一个非常多元化的群体，其中包括虔诚的宗教思想和好战的无神论思想，虽然萨特（也许还包括德·波伏瓦）是仅有的两个接受这个术语的思想家（陀思妥耶夫斯基、克尔凯郭尔和尼采都在这个词被创造前过世；而海德格尔、雅斯贝斯和马塞尔都明确地拒绝了此词），但是这些思想家中存在某些共同主题和议题，从而将他们统一起来。

存在主义者认为，任何有价值的哲学都必须能够充分地深入人类存在方式整个范围的事实性（facticity）中，而不是孤立和强调某种理想化的抽象性，如"理性"。罪感、羞耻、被抛、信仰、怀疑、焦虑、快乐、自我厌恶、恐惧、死亡、责任、选择、欲望、不安全等，都是人类生活中无可否认的方面，存在主义者认为，哲学必须处理的问题是人性问题的全体。正是出于这个原因，海德格尔对此在的"在世界中存在"（being-in-the-world）的分析（分析罪感、焦虑和死亡）对萨特和存在主义整体来说都是影响深远的。

并且在一种相互关联的方式中，存在主义思想家一致认为，西方形而上学传统的概念性抽象，无论是在其神学还是在哲学形式上，在解决人类生活的独一性时都是根本不充分的，而且，哲学如果不能以这种方式思考人类的状况，便毫无价值。在法国现象学发展的宗教流派方面，加布里埃尔·马塞尔（Gabriel Marcel）等思想家在 1920 年代后期开始重新回到克尔凯郭尔的作品；克尔凯郭尔所强调的伦理学，就同上帝的关系而言，是建立在个体的优先性上的，因而否定了康德式的和黑格尔式的伦理学，并且与一般理性主义传统区分开来。在无神论方面，存在主义思想家重提弗里德里希·尼采。尼采的超人（Übermensch）超越了人类超越性的、限制性的道德准则，在其《道德的谱系》（On the Genealogy of Morality）中，尼采将古代世界中的"主人道德"与"奴隶道德"进行了有名的对比。尼采和克尔凯郭尔的思想在存在主义思想家中都很受推崇。德国的卡尔·雅斯贝斯（Karl Jaspers）[32]和海德格尔，以及法国的让·瓦尔（Jean Wahl）、加布里埃尔·马塞尔、西蒙娜·德·波伏瓦和让-保罗·萨特，都从克尔凯郭尔和尼采强调个体的独一性中获得了很多灵感。

47　　伴随而来的一种观点还认为，人类生活的大部分时间都是处于非本真的状态中，并认为对人性最为根本的，也至关重要的是其自由和责任。因此，重要的不是人类作为物种、阶级、种族、性别等类别的成员，这些成员的责任只是为了符合某种本质的特征。相反，定义人类的是他或她在全然意识到自己为此负有责任的情况下，所做出的选择和价值定位。海德格尔分析了焦虑（anxiety, Angst）经验，即此在面对"无"的时候的不安。在"无"中，所有与世界事物和他人的关系都被褫夺了，人们只能在一个绝对无根的根基的悬搁意识中做出回应。对于萨特，"决心"的概念被看作一种本真性，即认识到人类个体在本体论上是自由的，或者"被判为自由的"，[33]只要他或她生活着，他或她的本性中就不会有任何本质元素将其约束，而只能通过他或她做出的选择来定义自身。正如他在同一个讲座中曾有名地声称："存在先于本质。"[34]

　　1943 年萨特的《存在与虚无》（Being and Nothingness）的出版标志着法国存在主义的文化爆发和将近十年的主导，而萨特（如 1970

年代的德里达一样)则成为文化偶像。值得赞扬的是,萨特利用他的名人地位来帮助不太为人所知的具有颠覆性的人物,如弗朗茨·法农(Frantz Fanon)和阿尔贝·梅米(Albert Memmi),为他们找到观众,并为他们的书籍撰写序言,帮助传播颠覆性文学等。此外,因为萨特如此明确地断言其哲学渊源可追溯到胡塞尔和海德格尔等人物,因此无论好坏,至少在文化观念模式上,1940 年代的存在主义是法国的现象学。

在上文中,我们提到了现象学在进入法国时的分流发展。虽然萨特存在主义在文化和文学场景中占有重要地位,但在法国的学术层面上,还有另一个流派,其接受胡塞尔的方式是悄然而又坚持不懈地传播其思想。在这里,米歇尔·福柯的区分值得我们反复强调:

> 现象学通过该文本进入法国。但它允许两种解读:第一种是在主体哲学的方向上,这是萨特《自我的先验性》(Transcendance de L'Ego, 1935)的文章;第二种是回到胡塞尔思想奠基性原则上:包括那些形式主义和直觉主义,那些科学理论[……]不管这两种方式在转变、分化、相互作用,甚至相互和解之后会变成什么,这两种形式的思想在法国构成了两个哲学方向,这些方向之间仍然存在深刻的异质性。[35]

福柯将萨特和莫里斯·梅洛-庞蒂归入第一种流派中,而将加斯东·巴什拉(Gaston Bachelard)、让·卡瓦耶斯(Jean Cavaillès)和乔治·康吉莱姆放在另一个流派中。后三者的特征和统一点是去除对构成性的主体之亲身经验的强调(该主体创建其对世界的体验),并强调伴随着知识体出现的知识论断裂和结构性构成,另外还对自然科学和人文科学表现出兴趣。正如福柯正确地指出的那样,对于这些哲学家来说,他们首选的胡塞尔不是做主体研究的胡塞尔,而是一直在追求科学本身的科学性,而使得科学成为可能的胡塞尔,这使得科学成为可能。(在《声音与现象》中,这两个胡塞尔被带入了一个复杂而具有问题性的整体中)

我们还没有讨论过的思想家是莫里斯·梅洛-庞蒂。他是一个有趣的案例,其作品代表了法国对胡塞尔两种不同接受之间的转变。在他职业生涯的早期,他关注的是有关行为和感知的心理问题。当他在 1945 年撰写《知觉现象学》(*The Phenomenology of Perception*)时,他的作品在很多方面试图综合胡塞尔和海德格尔关于身体与世界之间的意向关系的见解,同时用神经科学的最新发现来丰富这些现象学见解。出于这个原因,而且因为他有时明确地站在萨特一边,特别是在早期,两人是朋友,并且是左翼出版物《现代》(*Les Temps Modernes*)的创始编辑,梅洛-庞蒂经常被后来的哲学家,例如米歇尔·福柯和吉尔·德勒兹(Gilles Deleuze),归入现象学的存在主义流派。然而,这种归类仅部分准确。早在 1945 年梅洛-庞蒂出版《知觉现象学》时,他就已经批判在萨特《存在与虚无》中的笛卡尔式承诺,即人类的二元本体论,以及过于强烈的自由感。在《知觉现象学》出版后不久,梅洛-庞蒂就受到费迪南德·德·索绪尔(Ferdinand de Saussure)语言学的影响(很快将在下文作进一步讨论),这为他的思想注入了两个显著的变化:(1)这开始推动他的哲学思想走向后期海德格尔对语言的反思的方向上。后者的中心观点之一认为,我们总是发现自己已经处在语言中;(2)它也向他介绍了结构主义思想,他认为这与他所追求的激进地反对主客体分裂是一致的,他的整个职业生涯都是要超越这种二分法。他后来的思想远没有集中在主体上,而更多的是本体论的。主体的和客体的经验自身,都是出自意义的差异性基础结构,从中可以得出,没有主体是先于语言的。或者,换言之,语言不仅仅是我们可以支配的工具;更确切地说,它正是可感知的

49

(sensible)存在者出现的纽带。因此,在《可见性与不可见性》(*The Visible and the Invisible*)中(在他去世时还没有完成。书籍在他死后出版),梅洛-庞蒂研究了"世界的肉身"的本体论,其中能够感知(perceive)的感觉(the sensate)并非不同于被感知的感觉物(the sensible),而是两者都是同一组织的构成,是存在本身的自我分化。

因此,在梅洛-庞蒂的哲学中,我们看到从主体哲学到主体解体的转变,其研究领域的中心主题之一很快转变到"结构主义"的范畴中。而此结构主义,是德里达时代另一个深刻影响着法国思想的体系。因此,我们现在转向对结构主义的讨论。

结构主义与主体之死

在 1906 年到 1907 年、1908 年到 1909 年,以及 1910 年到 1911 年,费迪南德·德·索绪尔在日内瓦大学开设了一门一般语言学课程。虽然他一生中没有发表自己的研究(他于 1913 年去世,从未完成有关其发现的系统著作),但他的两个学生整理了在他讲座上所作的笔记,并于 1916 年出版了《普通语言学课程》(*Course in General Linguistics*)。该文本不仅在语言学研究方面,而且在其他各种学术领域都有着深刻的影响。就我们这里讨论的主题而言,索绪尔的思想有三个重要方面,产生了可以支撑许多学科的方法。首先是"符号"的两极性:符号由能指(signifier)和所指(signified)组成。能指是声音形象,而所指是概念。在它的两极化中,符号的任何一个元素都不是首要的,而且没有对方,任何一方都不能有意义地存在。这就是为什么我们可以读一个外语的句子(也就是说,我们的眼睛可以扫描这些单词,我们甚至知道如何读出这些单词),但是如果没有掌握这些符号的概念,我们就不可能有意义地吸收句子。其次,符号是随意的:正如刚刚使用的例子所示,不同的语言使用不同的词来表达相同的含义。例如,"Blue"、"bleu"、"blau"、"blauw"、"blå"和"azul"都是意指着相同的意义(蓝色)。由此得出,在所指和能指之间没有必要的关系。没有特别的理由说明为什么"blue"必须是表达蓝色概念的能指,因此,要表达蓝色,我们也可以用 azul;或者,就此而言,用 tylop(一个虚构的词)来表达蓝色也可以。再次,在给定系统中个体符号的关系构成:考虑到前两点,索绪尔认为,符号的身份或意义是根据其所在的符号系统中的位置构成的,是从其在声音和概念上与其他符号的差异而得出的。让我们举一个非常基本的例子。如果我说"约翰是一个非常高的男人",你在脑海中想到的形象是一个比一般成年男性高得多的人。在常见的英语符号系统中,"高"一词表示高于平均高度,而更普遍地表示超出平均的大小。但是,如果我们将这个符号转移到另一个符号系统,例如,转移到星巴克咖啡连锁店的菜单术语系统,则会产生有趣的结果。当星巴克在 1971 年开张时,他们提供了两种尺寸,一种 8 盎司咖啡("短")和一种 12 盎司咖啡("高")。他们后来扩展了菜单,添加了 16 盎司("大")和 20 盎司("超大")尺寸,并从菜单中删除了"短"尺寸。因此,直到今天,当你在星巴克订购"高尺寸咖啡"时,实际上是在订购星巴克提供的最小咖啡尺寸(除了浓缩咖啡外)。此外,每当你去星巴克订购时,这种咖啡的等级(高=小)都会在脑海中自动产生,当然前提是你之前曾经去过那里。要理解这种情况是如何发生的并不很困难:随着参考系统发生变化,系统的概念布局也会发生变化,从而改变了符号本身的身份。因此,正如索绪尔的名言所说的那样,"在语言本身中,只有差异[……]并且没有肯定性的词语。"[36]

　　这种对差异性/结构性的解释方法很快就被应用于无数的学科和科学。由此,结构主义作为一种运动诞生了,大约从 1949 年(当克劳德·列维-斯特劳斯创造这个术语时)持续到 1966 年,当时德里达在约翰斯·霍普金斯大学的一次关于结构主义的会议中宣布其结束。[37]不同的结构主义学科共享的一种信念是,系统由其关系组成,系统先于其内部的个体词语,并且实际上决定并构建了这些词语。一个有效的类比可能是一个公司,它由一个股东会,一个 CEO、数个经理、无数的货运工人、工头、制造工、包装工等组成。这个复杂的关系网络使公司成其为公司。例如,如果添加新的部门(如技术部门),则在现有集合中会附加一组新的关系,从而改变所有关涉者之间的相关性和位置性。随着系统中的个体流动,无论是横向的还是纵向的,他或她都会离开其旧角色并成为新的角色。从表面上看,结构主义似乎不是一个特别有争议的想法,特别是当我们谈论语言符号、公司或咖啡大小时。但从广义上讲,重要的是要理解这种方法论程序应用于更具体的人类领域时所产生的影响。更有争议的是,这种观点认为个体在其日常生活中所做、所思和所说的东西在很大程度上,如果不是完全的话,是其与自身所处的各种系统(文化、家庭、政治、教会等)之间的关系的结果。它严重削弱了对个人选择和责任的任何强调。而且,它彻底削弱了主体对意义的任何所谓的根本传承。实际上,结构主义在很多方面都是对法国存在主义的明确拒绝。1962 年,克劳德·列维-斯特劳斯写道,"我认为人类科学的最终目标不是构建,而是要消解人类。"[38]结构主义应用于克劳德·列维-斯特劳斯(他实际上创造了"结构主义"一词)人类学的文化关系中,应用于雅克·拉康(Jacques Lacan)精神分析中的各种无意识的构建性关系,让·伊波利特和路易·阿尔都塞将其应用于马克思和黑格尔的哲学,罗兰·巴特(Roland Barthes)则将其应用于文学。并且,在结构主义达到顶峰时,德里达正在发展其哲学观点。我们可以从 1967 年后的二十世纪法国哲学的两个主导线索的名称——解"构"(decon-*struct*-ion)和后"结构"(post-*structrural*)主义(米歇尔·福柯和吉

51

尔·德勒兹）——感受到它的普遍和持久影响,因为后两者都是与
结构主义的某些方面直接对立的。

结　论

　　正如我们所讨论的那样,胡塞尔的思想在 1930 年被引入法国,
不久就是海德格尔哲学的引入,它很快就开始沉淀并扎根,并在知
识分子中引发了一场将持续数十年的运动。到了 1940 年代,法国
哲学在某种程度上几乎没有任何思想不受德国现象学的影响。一
方面是具有文化爆发性的存在主义思想,它利用胡塞尔的意向性
和海德格尔的决断思想,突出了奠基性主体的中心性;这样的主体
通过其所作出的选择构成自身,它具有荒谬无比的自由,并且无法
不能如此。另一方面,与存在主义思想的原则相对立,是一条概念
性的思想路线,它对胡塞尔关于科学可能性的问题感兴趣,体现在
让·卡瓦耶斯和乔治·康吉莱姆等思想家身上,他们与奠基性主
体的思想相反,强调产生知识体系的结构性和历史性断裂;第二条
思想路线将影响活跃于整个 1950 年代和 1960 年代的结构主义传
统,它将取代存在主义思想模式,引发法国学术方法论的新革命,
从而广泛地塑造出一系列学科。

　　《声音与现象》诞生于这两种法国现象学的戏剧性碰撞。[39]结构
主义运动产生了假定的"主体之死",但列维纳斯 1961 年的《总体
与无限》的巨大成功让主体问题的合法性重新流行起来。1967 年,
结构主义逐渐消退,德里达却将结构主义强调知识起源的观点,及
其对奠基性主体性的批评,带入了与重新出现的对奠基性主体的
讨论的直接交流中,并作为对后者的挑战。让我们记住这点,准备
开始细读《声音与现象》。

注释

1. 这章在讨论广阔的历史背景时参考了以下文献：Vincent Descombes, *Modern French Philosophy*, trans. L Scott-Fox and J. M. Harding (Cambridge: Cambridge University Press, 1980); Gary Gutting, *French Philosophy in the Twentieth Century* (Cambridge: Cambridge University Press, 2001); Gary Gutting, *Thinking the Impossible: French Philosophy Since* 1960 (Oxford: Oxford University Press, 2011); Leonard Lawlor, *Early Twentieth-Century Continental Philosophy* (Bloomington: Indiana University Press, 2012); Leonard Lawlor, *Thinking Through French Philosophy: The Being of the Question* (Bloomington and Indianapolis: Indiana University Press, 2003); Alan D. Schrift, *Twentieth-Century French Philosophy: Key Themes and Thinkers* (Malden, MA: Blackwell Publishing, 2006)。要进一步阅读讨论胡塞尔文献，亦请参看：Dermot Moran, *Introduction to Phenomenology* (London: Routledge, 2000); Robert Sokolowski, *Introduction to Phenomenology* (Cambridge: Cambridge University Press, 2000); Dan Zahavi, *Husserl's Phenomenology* (Stanford: Stanford University Press, 2003)。

2. 在写这部分时，参考了以下资料：Carl B. Boyer, rev. Uta C. Merzbach, *A History of Mathematics*, 2nd edn (New York: John Wiley and Sons, 1991); Howard Eves, *Foundations and Fundamental Concepts of Mathematics*, 3rd edn (Mineola, NY: Dover Publications, 1990); Raymond Wilder, *Introduction to the Foundations of Mathematics* (New York: John Wiley and Sons, 1952)。

3. 在写这部分时，参考了以下资料：Claire Ortiz Hill and Guillermo E. Rosado Haddock, *Husserl or Frege?: Meaning, Objectivity, and Mathematics* (Chicago: Open Court, 2000); Dallas Willard, ' Translator's Introduction', in *Edmund Husserl, Philosophy of Arithmetic: Psychological and Logical Investigations with Supplementary Texts from 1887-1901* (Dordrecht: Kluwer, 2003)。

4. a priori 的英文翻译按字面意义处理为"prior to"（先于／早于），并且表示一种可以不经过经验而知道的知识。

5. Gottlob Frege, *The Foundations of Arithmetic: A Logico-Mathematical Enquiry into the Concept of Number*, trans. J. L. Austin, M. A. (Evanston: Northwestern University Press, 1950), p. x.

6. 中译引自：埃德蒙德·胡塞尔，《逻辑研究（修订本）：第一卷 纯粹逻辑学导引》，倪梁康译，上海：上海译文出版社，2006 年，前言第 1 页，有改动。——译者注

7. 勒内·笛卡尔（René Descartes）提出了一个将支配未来几个世纪哲学的核心问题。他在《第一哲学沉思录》（*Meditations on First Philosophy*, 1641）中指出，根据初步证明，我无法确定我的经历能准确反映现实，因为感官常常被误导；即使在我的经历看上去绝对生动的时候，我也可能是在梦中，或者这也可能是一个无所不能的邪恶之人不断用欺骗手段袭击我的想法。尽管笛卡尔试图解决这个令人不安的难题，但后来者并不认为他已经成功地做到这点，因此，每个现代思想家（从笛卡尔到康德，甚至某种意义上包括黑格尔、叔本华和尼采）都关注如何处理这个问题。

8. "知识论"（epistemology）一词源自希腊语 epistēmē，意为"知识"。因此，无论何时使用"知识论"或"知识论的"一词，都意味着必须与知识的作用、范围、先决条件和局限性相关。

9. "内在性"与"超越"（transcendence）一词对应，字面上定义为"留在里面"（remaining within），而超越可能被定义为"跨越出去"（going beyond）。内在-超越二元论有很多具体应用，即使在严格的哲学中也是如此。就我们的目标而言，"超越"的意思大致是：对于现代哲学家（也许斯宾诺莎除外），世界是超越意识的，这意味着它是在意识之外的，意识必须过滤将世界呈现给意识的感觉数据。因此，哲学的任务是弄清楚如何将超验性（世界）纳入内在性（我们的经验）中。相反，胡塞尔所追求的是纯粹地保持在内在性中，即我们的经验本身中，这不是在意识之外的，因此绝对地是无可置疑地确定的。

10. "意向性"（intentionality）指的是"朝向–指向性"。胡塞尔现象学的关键见解之一是从自己的导师弗朗兹·布伦塔诺（Franz Brentano）那里采纳的观点，即意识始终是关于（of）某种事物的意识。

11. 中译引自：埃德蒙德·胡塞尔，《逻辑研究：第二卷 第一部分》，倪梁康译，上海：上海译文出版社，1998 年，第 28 页，有改动。——译者注

12. 同上，第 33 页，有改动。——译者注

13. 同上，第 35 页，有改动。——译者注

14. 同上，第 37 页，有改动。——译者注

15. 中译引自：埃德蒙德·胡塞尔，《纯粹现象学通论：纯粹现象学和现象学哲学的观念，第一卷》，李幼蒸译，北京：商务印书馆，1992 年，第 89 页。——译者注

16. 同上，第 90-91 页。——译者注

17. 同上，第 94 页。——译者注

18. 同上，第 95-96 页。——译者注

19. 同上，第 84 页。——译者注

20. 在《观念 I》中，胡塞尔并未从根本上区分这两种运作，即将本质的与先验的区分开来。后来，在《欧洲科学危机和先验现象学》（*The Crisis of European Sciences and Transcendental Phenomenology*, 1936）中，他更加严格地区分了它们，保留了悬搁一词专门用于本质还原，并将本质还原称为先验还原或现象学还原的"可能性条件"。在《欧洲科学危机和先验现象学》这个文本中，胡塞尔提出了对还原早期解释的自我批评。

21. 中译引自：埃德蒙德·胡塞尔，《纯粹现象学通论：纯粹现象学和现象学哲学的观念，第一卷》，李幼蒸译，北京：商务印书馆，1992 年，第 135 页。——译者注

22. 中译引自：埃德蒙德·胡塞尔，《逻辑研究：第二卷 第一部分》，倪梁康译，上海：上海译文出版社，1998 年，第 36-37 页。——译者注

23. "本体论"（ontology）一词源自希腊语词语 *ontos*，意为"存在"。因此，只要出现"本体论的"（ontological）或"本体论"一词，就意味着必须与存在问题或现实的基本本性有关。在其他情况下，这可能与所讨论的特

定事物的性质有关,在这里我们要说的是事物 x 与事物 y 本质上是不同的种类。例如,有人可能会说,"身体与灵魂之间存在本体论上的区别",这意味着灵魂是与身体不同的另一种事物。

24. 其时间的体验结构。

25. "唯意志论"(voluntarism)一词用于描述扎根于主体"意志"的强大观念的哲学取向。德里达在《声音与现象》中提出的大部分批评都是针对西方的唯意志论传统。

26. Michel Foucault, 'Introduction', in Georges Canguilhem, *The Normal and the Pathological* (New York: Zone Books, 1991), p. 8. 此介绍是福柯最后一篇论文《生命:体验与科学》(Life: Experience and Science)的早期版本。

27. Emmanuel Levinas, 'Sur les "Ideen" de M. E. Husserl', *Revue philosophique de la France et de l'étranger*, CVII (1929), 54th year, no. 3-4, March-April, pp. 230-65.

28. 西蒙娜·德·波伏瓦讲述了萨特介绍胡塞尔的故事,她写道,朋友雷蒙德·阿隆(Raymond Aron)曾在与他们喝酒时讨论到现象学,并声称:"如果你是现象学家,则可以谈论这种鸡尾酒并对其进行哲学阐述。"萨特显然对这样的观念产生了浓厚兴趣:哲学能够真正触及人类生活的具体日常性,因此他立即出去购买了列维纳斯关于胡塞尔的书,并一边走一边投入地读起来。一年后,萨特已经发表了第一篇关于胡塞尔论文。参看 Simone de Beauvoir, *The Prime of Life*, trans. Peter Green (New York: World Publishing, 1962), p. 112。

29. Emmanuel Levinas, 'Martin Heidegger et l'ontologie', *Revue philosophique de la France et de l'étranger*, 113 (1932), pp. 395-431.

30. *Journal of the British Society for Phenomenology*, vol. 1, no. 2, May 1970, pp. 4-5.

31. Foucault, 'Introduction', *The Normal and the Pathological*. 感谢阿兰·舒勒夫特,他的作品《二十世纪法国哲学》(*Twentieth-Century French Philosophy*)指出了福柯对此分流的介绍。

32. 他是德国心理学家、马丁·海德格尔断断续续的朋友,他早期关于世界观心理学研究始于 1920 年代初期,采用了更为严格的哲学形式。

33. Jean-Paul Sartre, *Existentialism and Human Emotions*, trans. Bernard Frechtman (New York: Philosophical Library, 1957), p. 23. 在这里, 我们应该注意的是,这一引用和以下引用均摘自萨特于 1945 年 10 月 28 日发表的著名演讲《存在主义是一种人文主义》(Existentialism Is a Humanism)。当海德格尔读到这篇公开发表的文章将他称之为作为无神论的存在主义者时,对此表示了强烈拒绝。首先,海德格尔对"人文主义"(humanism)一词非反思性的使用提出了批评,该词本身已有很长的历史,并且包含海德格尔所拒绝的形而上学预设。但此外,他拒绝了存在主义对"此在"分析的使用。海德格尔在分析焦虑和罪感等话题时是从更严格的本体论角度进行的,而萨特的分析往往倾向于更广泛的心理学方向。参看 Heidegger, 'Letter on "Humanism"', trans. Frank A. Capuzzi with John Glenn Gray, ed., rev. William McNeill and David Farrell Krell, in ed. William McNeill, *Pathmarks* (Cambridge: Cambridge University Press, 1998)。 56

34. Sartre, *Existentialism and Human Emotions*, p. 13.

35. Foucault, 'Introduction', *The Normal and the Pathological*, pp. 8-9.

36. Ferdinand de Saussure, *Course in General Linguistics*, ed. Charles Bally and Albert Sechehaye, with the collaboration of Albert Riedlinger, trans. Roy Harris (La Salle: Open Court Press, 1972), pp. 116-18.

37. 这次会议是德里达向美国的自我介绍。会议于 1966 年 10 月 18 日至 21 日在巴尔的摩市的约翰斯·霍普金斯大学举行。会议的标题为"批评的语言和人类科学"(The Languages of Criticism and the Sciences of Man),会议上的许多重要论文以及紧随其后的讨论,包括德里达自己的作品,都收录在以下作品中:ed. Richard Macksey and Eugenio Domato, *The Structuralist Controversy: The Languages of Criticism and the Sciences of Man* (Baltimore: The Johns Hopkins University Press, 1970)。德里达的论文是《人类科学话语中的结构、符号和游戏》(Structure,

Sign and Play in the Discourse of the Human Sciences），此文章也收入《书写与差异》（*Writing and Difference*）中。

38. Claude Lévi-Strauss, *The Savage Mind* (Chicago: The University of Chicago Press, 1966)', p. 247.

39. 德里达自己思想上的这种冲突最容易在先后发表的文章中得到证明：1963 年讨论福柯的《我思和疯癫的历史》（Cogito and the History of Madness），以及和 1964 年讨论列维纳斯的《暴力与形而上学》（Violence and Metaphysics）。

文本导读

介　绍

作者可以通过各种策略来书写对自己作品的介绍。有时，这样的介绍会尝试提供作品的历史背景，列出所探讨的问题的历史以及与此问题阐释相关的重要意义，从而为书本后续论证内容奠定基础。以这种方式撰写的介绍通常只需要读者掌握与主题相关的非常基本的知识，而作者的意图通常是填补一般读者知识中可能存在的空白。于是，这样的介绍是一种历史性的介绍；它提供问题的背景，并且，只需要将作者的论点置于语境中并看到其重要性。这种介绍是非常基本的，不是特别深奥的或高门槛的；它旨在能让更多人可以理解，有时甚至未经训练的读者也可读懂。但是，作者有时会写另一种介绍，即第二种策略。通过这种策略，作者试图非常简洁地阐述整个论点的主要观点，这些都是将在随后的文本中提出的观点。作者以极其简短的方式，以最小的单位以及尽可能最宽泛的笔画，来呈现整个作品中最重要的元素。后一种策略的优点在于，甚至在书本开始之前，读者已经大致了解了作者提出的观点，以及他或她计划这样做的原因和方式。然而，由于读者尚未阅读作品,因此这样的介绍虽然可能会填补空白,但同时也会产生同样之多的空白。简而言之,读者可能会觉得这样的介绍让人非常困惑。

在某种非常复杂的意义上,《声音与现象》的介绍(即中译本的《导言》)结合了这两种策略。之所以如此,部分是由于这样一个事实,即在讨论胡塞尔的思想时,德里达事实上正在讨论西方哲学传统的整个历史;因此,正如我们上面所说的那样,"预先摆出书本的要点"需要提供一定的历史背景,为了简明起见,在这种情境中只能用几乎是简洁的、粗略的方式交代背景。与此同时,在这个项目中,德里达试图以非常宽大的笔触将一个特定的思想家吸收进一个完整的传统,正如伦纳德·劳勒所说的那样,"将西方哲学的历史同质化"(*VP*, p. xiv),因此,要列出要点的做法也必然是要讨论:为什么德里达将胡塞尔视为整个形而上学传统的继承者。但要做到这一点,根据德里达解构的整体任务,他已经在介绍中开始指出解决方案,即朝向解构试图制定的概念的"方式"和"内容"。因此,由于《声音与现象》的介绍部分是历史介绍,部分是论点纲要,因此这部分可能是《声音与现象》最困难的部分之一。

话虽如此,读者一定需要小心地阅读这篇介绍。读者也必然不要因为它的困惑和复杂性而放弃;他们需要尽可能地吸收,然后再深入探讨此书本身的论点(该书本对这些论点讨论得更为细致和详尽)。鉴于它具有上述的总结主要论点的优点,我甚至建议读者可以在完成正式文本之后返回介绍,因为这样做可能有助于具体化和巩固书中的主要论点。最后,我们应该记住,德里达的书写风格是,他经常在介绍部分以及文本正文中,使用修辞性的提问方法:"情况难道不是……?"、"难道不是……?"、"我们难道不能说……?"等。为了帮助读者理解德里达的动机,我们可以建议,在几乎所有情况下,德里达使用这样的修辞手段时都可以被解读为,

"我会认为……"。现在让我们开始阅读介绍部分。

　　正如德里达在开头段落中指出的那样,《声音与现象》论点的核心前提之一是,现象学的课题尽管有许多修正,但它诞生于1900—1901 年出版的《逻辑研究》。尽管胡塞尔在出版此作品后的四十年仍继续在世并持续出版,但德里达认为,在《逻辑研究》后胡塞尔的思想没有实质性的突破;也许只有思想的重新构建,但没有突破。特别在胡塞尔对语言和符号的反思上,这点尤其如此;关于语言和符号的思想很大程度上从《逻辑研究》的出版直到胡塞尔生命结束时都发挥着作用。正如《声音与现象》的副标题所示,该文本是对胡塞尔思想中"符号问题"的反思。

　　这个符号的问题源于一种含混性,正如德里达所指出的那样,"符号"(sign, Zeichen)这个词会有"双重意义"(double sense, ein Doppelsinn)。"sign"这个符号可以表示"表达"(expression, Ausdruck)或"指示"(indication, Anzeichen)(*VP*, p. 3/4/2)。正如我们在对第一章的分析中所看到的那样,指示是将接收者指向某种状态的符号,正如身体发烧指向某种感染或疾病;而表达是一种让语言意义得以理解的符号。总而言之,我们可以说,表达是有所意味(mean)的符号,而指示是有所指向(point)的符号。在阐述这种"本质区别"之前,胡塞尔建议不考虑所有被建构的知识和所有预设,无论它们来自何处——无论是"来自形而上学,来自心理学还是来自自然科学"(*VP*, p. 4/4/2)。然后他认为,我们的分析必须从语言的"起点"(*VP*, p. 4/4/2)开始,它并不妨碍这种要避免预设和被建构的知识的承诺。只要我们注意到语言符号的偶然性,我们就可以安全地分析意义和知识的结构,并远离这个经验的起点:

　　　　这样引出的各种分析保留着它们的"意义"(sense)及其"知识论价值"——在知识理论秩序内的价值

(erkenntnistheoretischen Wert)——不论语言是否存在，不论诸如人类那样的生物事实上是否在使用语言，也不论人类或一种性质是现实地存在，还是仅仅在"想象中并以可能性的样式"存在。(*VP*, p. 4/4/2)

　　仅凭这一观点，《声音与现象》问题的一般结构已经完全在我们面前规划好。让我们看看为什么会是这样。

　　也是在这个观点中，坚持认为某一个人的理论中绝对没有任何预设，同时认为一个人沉浸在语言中（作为必要起点）并不算是一种预设，那么，这就等同于在没有论证的情况下断言：语言不具备作为一种被建构的知识的资格，也就是说，语言只是这种知识的载体。或者我们可以这样说，正如胡塞尔所做的那样，坚持排除所有被建构的知识，然后认为，将要进行的分析的理想意义和知识论价值是不受语言偶然性的影响，那么，这从一开始就预设意义、涵义、知识都是未被符号——语言——的使用"接触"或"污染"的。换言之，这意味着存在这样一个有着如此这般意义的东西，它在符号干涉之前，而符号要在其后尝试将该意义传达给自己或其他人；并且这意味着，在语言使用之上和之外，*知识是可能的*。因此，符号将仅仅是一种补充工具，人类使用这种工具以便认识某个知识，后者在符号之前本质上已经存在。

　　德里达认为，这是一种彻彻底底的形而上学预设，正如德里达所暗示的那样，这也是任何以"知识理论"为名的事物的形而上学预设。它之所以是形而上学的，是因为它假设一个理想的客体构成了知识，根据定义，它超越了经验，它的形式是已充实了的直观之毫不动摇的在场，而再现或语言基本上被排除在这个结构之外，并且是次要的，是该理想客体的补充。因此：

　　　　我们的问题的最一般形式于是如此得以规定。现象学的必然性,胡塞尔严格而又精确的分析,以及与这种分析所对应的、我们也应该首先满足的那些要求,这一切难道没有消除一种形而上学假设吗?(*VP, pp.* 4/4/2-3)

然而,正如德里达继续在本段中所展示的那样,我们必须清楚的是,《声音与现象》的论点并非认为这些形而上学预设以某种方式偶然"侵入"到现象学课题中,好像这些假设来自它的外部,作为某些外来东西一样。相反,德里达认为,整个现象学课题是通过一种未被承认的"形而上学遗产"来定向、构建和维持的(*VP, p.* 4/5/3)。

根据德里达的说法,胡塞尔对符号和语言非常传统的哲学观点的采用是这种遗产的关键指标之一,并且它将导致胡塞尔自己的理论和术语上的困难。例如,正如我们将在后面对《声音与现象》的分析中看到的那样,出于结构必然性的原因,胡塞尔将把符号的操作从属于"纯粹逻辑语法"(pure logical grammar)的概念。我们必须记住,现象学课题的构建基础是所谓的对现实世界存在的"还原"或"放进括号",以便分离出来纯粹的意义结构作为绝对知识(apodictic knowledge)的条件。因此,巩固这种动力的语言理论必然能够为我们提供一个评估特定话语之意义的框架,使得它:(1)不依赖于对括号中的经验世界的任何指涉——换言之,它的意义与它和"现实世界"的对应(或不对应)程度无关,因为这种关系恰恰是"被置于括号内"的;(2)至少可能为我们提供知识。因此,胡塞尔将依然坚定地致力于这样一种立场,即有意义的话语必须符合句法和语法联系与结构的纯粹、先验、逻辑的规律,这些规律构成了所有具有意义的经验语言的支柱。

然而,正如胡塞尔所认识到的那样,将符号的功能从属于某种逻辑,也等同于激进地将所有一系列对符号的非逻辑使用,作为"无意义"的事物从"意义"范畴中排除出去,这些事物包括修辞、诗

61

歌等,更不用说大量的非文学艺术,如舞蹈、音乐、电影、摄影、建筑、雕塑等。因此,只有在预设的基础上,人们才能够在没有批评或警告的情况下,从根本上将符号运作从属于"逻辑"。对于德里达来说,这个预设是胡塞尔的目的论信仰(teleological faith),即有意义的话语必须将思考指向那些至少可能被作为一个已实现的、"在场的"直观客体的方向。因此,胡塞尔重复了德里达所说的在场形而上学的基本姿态。

即使胡塞尔批判性地谈论形而上学传统,他总是仅仅公开指责某种形而上学的形式,即一种根植于一种不充分的理想模式的形而上学。对于胡塞尔来说,我们可能称其为"坏的"形而上学,就是他在《笛卡尔式的沉思》中所指的"通常意义上的"形而上学:"这种在历史进程中退化的形而上学完全不符合其一开始就被制定为'第一哲学'的精神",认为"现象学纯粹直观性的、具体的和绝对的证明模式排除了所有'形而上学的冒险',所有思辨的过剩"(*VP*, pp. 5/5-6/4)。[1] 德里达认为,退化的形而上学的特征对于胡塞尔总是等同于历史上普遍存在的失败,即没有认识到正是理想的非现实性使其在所有经验变异中成为无限可重复的;因此,它的非现实性是理想中最重要的特征。然而,它的非现实性是非常特殊的种类——它不是一种虚构(也就是说,幻觉),但它也不是来自其他领域——它不是来自"另一种世俗性(mundanity)"(*VP*, p. 5/6/4);它不会如它所貌似的那样,现成地从天而降,因为在一种过于简单的柏拉图主义形式的框架内,它可能被认为是如此。它唯一的理想主张恰恰存在于其重复的纯粹可能性中,即它"可以在其在场的同一性中无限期地重复,因为它并不存在"(*VP*, p. 5/6/4)。为了理想在面对不断变化的经验领域时是无限可重复的,"一种理想的形式必须确保这种无限期地(indefinitely)和理想地(idealiter)的统一"(*VP*, p. 5/6/4),德里达说,这种理想形式(在其中,理想可无限重复)是鲜活的当下的理想,即我们上面分析的结构,其由原初印象的核心或原核组成,被持留和前瞻——原初记忆和原初期望——的晕所包围。

随着经验的内容无限地出现、变小和消逝,让其留下的意义之理想性保持稳固的,是胡塞尔式的鲜活的当下的"形式"所固有的重复的结构性要素。为了使一种感觉甚至可以在原初印象中被最初地打上印记,对于它来说,它必须在持留模式下是可持留的(也就是说,可重复的),这是必要的和本质的。这种鲜活的当下的结构由此提供了生命体验的形式和内容,即质料;因此,其不加批判地重复"形而上学一开始就存在的对立,即形式与质料之间的对立"(*VP*, p. 6/6/5)。形式/质料的区别在整个哲学史上以无数的方式表现出来。最著名和最早的例子是柏拉图,但这种同样的区别(即在一种纯粹不变的"形式"和一种变化无常的"质料"之间的对立)也是亚里士多德、大多数基督教神学、奥古斯丁(Augustine of Hippo)、阿奎那(Thomas Aquinas)、笛卡尔、莱布尼兹(Gottfried Wilhelm Leibniz)等思想的核心;因此,胡塞尔以其鲜活的当下的理想形式重复了一个非常传统的举动,重申了"在场的奠基性价值"(*VP*, p. 6/7/5),其将不加批判地断言现实(或在场)与再现之间的根本区别,并认为在场是首要的,而再现是次要的。

这种"鲜活当下的在场"将成为推动整个现象学课题的终极形而上学动力:"在场一直是,并将永远无限地是这样一种形式:在其中,我们可以绝对地说,内容的无限多样性可被产生出来"(*VP*, p. 6/6/5)。鲜活的当下的结构在"在场"的两种意义上确保了"在场"的地位:(1)在空间上,它通过重复的根本可能性来确保客体作为直观的客体而在场的地位,这种重复决定理想性自身;(2)在时间上,它确保了先验生命在时间当下的自我在场。在这两种意义上,胡塞尔的鲜活的当下都重新确立了在场的奠基性价值。于是,

63

对于胡塞尔,坏的形而上学就是当下的在场并不完全得到保障的形而上学。这就是为什么对于德里达来说,胡塞尔的思想代表了"最具现代性、批判性和警惕性形式的形而上学"(*Positions*, p. 5)。每当胡塞尔批判形而上学时,最终只是为了净化它,或者恢复其真实的自我;当胡塞尔思想中的在场的价值遭到危险时,他通过被德里达称为"康德意义上的理念/观念(Idea)"(*VP*, p. 8/9/8)的方式重新激活它——这个概念本质上是超越了经验的可能性的。

然而,《声音与现象》的核心在于第四章、第五章和第六章所进行的论证,即"如果不是从内部被它自己对时间化(temporalization)运动的描述与构成主体间性的描述所质疑,现象学可说是动荡不安的"(*VP*, p. 6/6/5)。在时间化的运动中,胡塞尔在"再现"(作为再现性记忆)与"持留"(作为原初记忆)之间作出根本区别;这是为了让"持留"成为重复的结构上的可能性,以存在于与"原初印象"的当下在场的重要交换中,以便它可以作为当下体验的理想形式而持留在鲜活的当下中;然而,如果原初印象指的是感知的绝对中心或核心,就像我们所说的感知的"源点",那么,持留就会是一种胡塞尔如此明确地说明的"非感知"(non-perception)。这意味着,原初印象的在场本质地和连续地保持着与非感知或非在场(non-presence)的关系——而且,产生这些事物的关系在时间化的运动中是不断地构成的。这于在场的中心中构建了一种原初的缺失,或者我们可能会说,这是在自我知识的内在视野中心的"盲目"。因此,在内在生命的自我关系中,主体的自我在场只能同其自身发生联系,就像在时间化运动里,主体的自我在场与他者的发生联系一样。因此,这种他异性成为自我关系的重要条件。但这并不是完全拒绝在场的奠基性价值。正如德里达所说:

而这……没有损害在场的奠基性价值……然而问题仅仅 64
在于,使原始的、非经验的无根基的空间作为不可还原的虚空
而显现,由此虚空出发,决定在理想性之形而上学形式中的在
场的安全性,也是从此虚空出发,在场的安全性抹除了自身。
(*VP*, pp. 6/7/5-6)

其目的是证明在场与作为在场之构建者的缺席的某种关系,
以及在场与作为生命之条件的死亡的某种关系。

通过开启这个生命以及它与死亡的关系问题,我们已经看到
了《声音与现象》的那个可能的中心挑战,即是对生命本身问题
的重新构建。至关重要的是,我们要注意生命概念对现象学课题
的重要性,因此其对于德里达的课题也是如此。生命的概念是现
象学对意义构建的核心:"一般而言,意义的来源总是被确定为
有生命的事物的行为,作为活着的存在者的行为"(*VP*, p. 9/10/
9),因此,它是自《逻辑研究》以来的许多核心现象学概念的中
心:"生命"、"先验生命"、"鲜活的当下"、"经验"(*Erlebnis*,词根
leben 意为"生命")、"生活世界"等。正如德里达所说,"我们必须
认为,现象学——以理想性为形式的在场形而上学,也是一种生
命哲学"(*VP*, p. 9/10/9)。在结束我们对《声音与现象》的介绍
的讨论时,让我们看一下生命概念对胡塞尔所起的作用,以及德
里达分析所要求的一种新的、尚未命名的生命概念。我们必须首
先考虑主导胡塞尔思想的各种平行观点,因为这些观点统一于生
命的概念下。

我们在上文中以非常简短的方式描述了本质还原和先验还
原。我们说,本质还原悬搁了经验世界的实存问题,并将所有意识
客体还原为纯粹的本质(essences, eidē),以便它们及其意向性的意
义结构可以被纯粹地分析,排除关于物体相对于外部世界的真实

性或充分性的预设或顾虑。德里达所说的"现象学心理学"(*VP*, p. 9/11/10)以及在其他地方所谓的"心理意识"(*VP*, p. 11/13/12)在这种本质还原的层面上运作,它描述了心灵(psychē)的运作,但在一种现象学模式中,关于心灵与客体对应的问题(心灵的内容将会自称为再现)被放在括号中。但是,虽然这种还原将"世界"的经验性放进括号中,但是,心灵本身同时也是一种经验性的东西。这就是为什么德里达说,"在这种被称为'心灵'的世俗领域中",这种本质还原所依靠的本质"内在地预设了世界的存在"(*VP*, p. 11/12-13/12)。因此,在本质还原的模式中,无疑仍然存在经验世界的残余。

　　另一方面,先验还原甚至会还原以下这点,即我的经验自我或心灵,从而打开了进入纯粹的意识模式的道路,没有这种模式,任何此类的世界都是不可能的。正如德里达指出的那样,在这种模式中,"世界的整体性在其存在中被中立,并被还原为其现象"(*VP*, p. 11/12/12);也就是说,在先验还原的模式中,包括我的经验自我在内的一切都完全被还原为作为"涵义"或"意义"的这种状态,而且,这种意识模式(我们上面称之为"先验自我")是德里达在许多地方所称的"先验意识"(*VP*, p. 11/13/12)。那么,这两种模式(心理意识和先验意识)之间的关系又是什么呢?先验意识或纯粹意识是使经验或心理意识成为可能的事物。它是基础,没有它,任何世界都不会成为可能,任何心理意识也因而如此。尽管如此,胡塞尔还认为,暴露心理意识的本质还原是先验还原的可能性条件;对此德里达指出,这中立了世界存在的整体性,从而揭示了为心理意识奠立基础的先验意识。揭示了心理意识的本质还原是先验还原的一个条件;然而先验还原揭示了先验意识互惠地为心理意识奠定了基础。

　　胡塞尔认为,在这两个领域之间存在一种平行的关系:

在最后的分析中,胡塞尔说,在纯粹心理的东西——与先验意识相对的世界领域,并且这一领域是通过自然与先验世界之整体的还原后被发现的——和纯粹先验生命之间有一种平行性。(*VP*, p. 9/11/10)

这种平行性非常复杂。正如德里达指出的那样,心理意识是所有其他经验领域的条件。只要它将所有意向性客体还原为它们作为现象的状态,以便纯粹地分析其本质和意向性结构,那么,这个(心理意识)领域的普遍性将"支配所有其他区域"(*VP*, p. 10/11/10)和所有鲜活的经验。而且,在从心理意识到先验意识模式的转变中(此转变在先验还原中得到宣布),关于本质或意义结构本身的问题并没有得到更多的揭示或暴露。然而,为了完全中立经验世界的所有残余,这一先验意识领域必须得到暴露,以便孤立出意义的纯粹结构。由于这些原因,"纯粹心理的东西对于作为原初领域的先验意识的依赖是绝对独一的"(*VP*, p. 10/11/10)。鉴于在从本质还原到先验还原的转变中没有更多的本质或意义结构得到揭示,因此可以认为,"纯粹心理经验的领域事实上与胡塞尔称之为先验经验的全部领域相吻合。"(*VP*, p. 10/11/10)

但是,尽管存在这种平行性,尽管心理意识和先验意识领域完全重合,但两个领域之间"还是存在一种根本的差异,这种差异与任何其他的差异毫无共同之处;这实际是一种并不区别任何东西的差异,是不区分任何存在者、鲜活的经验、确切的含义的差异"(*VP*, p. 10/11/10)——在先验还原的模式中,我们发现了一种关于两个领域的完美相符,但它们之间却存在根本差异。严格地说,这种根本的差异没有现实性,也就是说,它没有实质。因为如果两个领域之间的差异存在实质性,则差异将构成真实关系,从而允许两个领域之间的沟通和污染。但是这两个领域之间不能存在污染,

66

因为这种污染会导致《逻辑研究》一开始就试图取消的错误——从先验到经验的可还原性,德里达将此错误称之为"先验的心理主义"的错误(*VP*,p. 11/13/12)。

德里达说,这种差异"不改变任何东西,但却改变所有的符号"(*VP*,p. 10/11/10)。胡塞尔的根本的差异没有改变任何东西——它没有提供任何自我的真实的或本体论的双倍化,只是提供了意义的双倍化。这种意义的双倍化"改变了所有的符号",也就是说,它将语言的符号从只能指向的指示性符号(indicative sign)转变为纯粹有所意味的表达性符号(expressive sign)。这种差异"不改变任何东西",但"改变了所有的符号",这表明这种差异不是"真实的"或者不是"存在于世界中,而是只存在于语言中,在其先验的不安性中"(*VP*,p. 12/14/13)。这是一种只在语言中才被发现的差异,因此我们可以说,它是通过语言实现的。然而,在先验还原的运作中暴露出来的这种差异,打开了先验意识的范畴,从而打开了意义的纯粹可能性和结构,其使语言本身成为可能。这解释了德里达所说的,"语言一直看守着那种一直看守着语言的差异"(*VP*,p. 12/14/13)。

因此,这种"不区分任何东西的根本差异"可以通过语言实现,同时,它使语言成为可能。因此,面对这种悖论,语言只能通过类比来指出这种差异。只有通过使用类比语言,人们才能宣布先验还原的运作;也就是说,人必须以好像自我在先验还原的运作中加倍了这种方式说话,同时认识到这种加倍并不等同本体论的现实,因此这种还原的宣告是通过隐喻方式进行的。然而,出于这个原因,这些隐喻必须在其被使用的那一刻抹去自身;尽管它们可能是必要的,但它们仍然是隐喻,如果将它们推到将那种差异(这是它们类比性地指向的差异)实质化的地步,如果将它们过于严肃地看待,它们就有可能取消或削弱胡塞尔为了奠基先验思想而需要的根本差异。正是由于这个原因，"如果语言从不回避类比，即使它是彻头彻尾的类比，在到达这步后，并且就在刚好到达时，它必须自由地承担自身的拆解，并且以隐喻反对隐喻"（*VP*, p. 12/13/13）。这无异于语言对自己的战争，因为胡塞尔在重复一种非常传统的哲学姿态时，会试图将语言全部排除在意义的纯洁性之外——而使用语言来颠覆语言。

这让我们回到了介绍的开篇，在那里我们注意到，就胡塞尔而言，在一种语言的污染干预试图对其进行把握和交流之前，就有"意义"这样的东西存在。现在，我们看到这个姿势必须由胡塞尔制造和维持，以确保心理意识和先验意识之间的这种根本差异，这种激进的差异实际上并没有区分什么。尽管如此，在尝试维持这种前表达性的（pre-expressive）事物时，也就是说，意义的前语言的层面，现象学课题将在对传统姿态的另一次重复中保持"逻各斯与音素（phonē）之间的本质联系"（*VP*, p. 13/15/14）。这也是为了维持这种根本差异的必要性。由于现象学课题的自我意识只能通过将其与客体相关联的意向性结构来运作，这样的客体是理想的和可重复的，而这些理想性在本质上是语言的，"意识元素和语言元素将越来越难以区分"（*VP*, p. 13/15/15）。但是，正如我们所说，对于胡塞尔来说，它们必须是可区分的。由于胡塞尔寻求的理想性（ideality）在纯粹的可重复性意义上被理解，所以这些客体必须在这样一种媒介中被构造和重复：这种媒介将客体的在场作为意识的客体加以保护，并保护意向行为对自身的自我在场。这种媒介必然不允许用经验性去污染先验性。因此，为了回应心理意识和先验意识之间的这种明显的不可区分性，胡塞尔将使用声音（voice）。

亚里士多德在《解释篇》开篇中写道，"口头语言是精神（mental）体验的象征，书面语言是口头语言的象征。"[2]换言之，声音与灵魂或精神体验领域的关系最密切。精神体验是原初的,语言说出了再现该体验的口头符号,然后书面符号为了再现口头符号而得到铭写。同样的姿态出现在柏拉图的思想中,并由卢梭、黑格尔等加以重复。因此,胡塞尔重复了一个非常符合哲学传统的动作。但是,正如德里达所指出的那样,胡塞尔以最具批判性和最严格的方式激化了这种声音的特权:与他之前的其他传统不同,胡塞尔禁止声音途经世界的外部。它不会是交流的声音,也不是胡塞尔所赋予价值的身体性声音,而是这样的一种声音,"其原初性的亲和力倒是可在以下事物中得到辨认:现象学的声音,超越性肉体的声音,呼吸,将词体变为肉体的意向性激活……"(*VP*,p. 14/16/15)

因此,由于两个领域之间的根本差异似乎是通过语言宣布的,这种语言似乎越来越具有类比性,因此也越来越具有隐喻性,随着语言元素和意识元素变得越来越难以区分,胡塞尔试图将这些差异建立在灵魂的内在生命的沉默声音中,胡塞尔认为,此声音不通过任何外在性的情况而运作(因此不会对自我在场带来任何削弱),并以绝对纯粹的方式表达自身的意义。正如伦纳德·劳勒在他的译者介绍(*VP*,p. xxi)中所指出的那样,这就是书名《声音与现象》的声音,这就是德里达该书第六章中对自己听到自己说话(hearing-oneself-speak)的运作进行如此仔细分析的原因。但我们必须记住,当它运作时,现象学的声音仍旧必须使用语言,而对此胡塞尔从未提供过详尽的理论说明。因此,胡塞尔与语言问题自身存在值得怀疑的关系,但他从未解决这样的问题;这之所以是值得怀疑的,是因为胡塞尔的思想包含两个关于语言本质的不可调和的承诺。首先是形式主义的承诺:根据现象学课题的形式主义观点,不论有或没有让知识成为可能的直观之充实,话语都可以是有意义的。但是,如果话语在有或没有这种直观的情况下都是有意义的,那么这就等同于说,直观的充实不是有意义的话语的本质组成部分,而且胡塞尔确实给出很多例子说明话语虽然有意义,但却可以不指定任何客体,无论是出于先验还是经验原因。此外,鉴于胡塞尔的理想性只是采取康德意义上的理念/观念(Idea)的形式,而根据定义,这种观念在经验中永远不能给予,因此理想性自身的形式实际上会排除直观的充实。在场的建立总是无限地被延迟。其次是直觉主义的承诺:根据胡塞尔思想的张力中的直觉主义方面,意义性之可能性建立在某个事实的目的论基础上——话语就是这样被建构的,它至少可能指向一个会在直观的充实中在场的物体。这两项承诺的对立是胡塞尔对语言的全部理解的底层预设。因此,"尽管胡塞尔的描述保持警惕,但对于'语词'(word)的概念的天真对待无疑无法解决现象学中的这两种主要动机之间不可缓解的紧张关系:形式主义的纯粹性和直观主义的彻底性"(*VP*,p. 14/16/16)。这种矛盾将触及关于无限(infinite)的问题,因为直观的无限在场的目的反对胡塞尔形式主义的无限推迟,而这种与无限的接触让我们来到了生命的概念的完成。

现象学课题的"生命"概念的中心地位在于这样一个事实:"生命"最终将"心理生活"和"先验生活"之间的平行性联合起来;"生命"是两者的根源。"因此,'生命'(living)是先于还原的名称,并最终从还原使之显示的一切发送出的东西中逃脱"(*VP*,pp. 13/14-15/14)。对于胡塞尔,生活逃脱了还原和所有"发送出的东西"。但是,德里达将通过《声音与现象》第四章中语言的再现性特征,第五章中的时间化运动,以及第六章中"自己听到自己说话"的运作认为,"生命"是一种自我关系(self-relation),并且在与自身的相中,这种"与"将在生命的中心构成一种富有生产性的差异。从这个意义上讲,生命是自我发送的,但生命发送自身的事实意味着,它在本质上不断地与非生命的事物,即死亡相关联。也就是说,"生命"永远无法达到绝对自我在场的充分而稳固的时刻;只要生命的在场是自我分配的,它的在场就是无限延迟的。

这种生活概念将指向一种对新的无限性的开放,超越了在场形而上学的积极无限性(positive infinite),后者以绝对的"想要自己听到自己说话"为形式。这种与无限的关系内在地与"自己听到自己说话"的操作有关。在《形而上学》中,亚里士多德认为一个"不动的推动者"是思考自身的思想(self-thinking thought, noesis noeseos)。亚里士多德《形而上学》中的第一推动者就在思考不断地、永恒地思考神圣意味着什么,而思考就是"有所意味"或"想要说"[3],并同时听到或理解,并且在如此思考时,其将宇宙的其余部分纳入有序的运作中,就像整个生命都试图模仿这种神圣的思想自身的思考。因此,亚里士多德的第一推动者永远根据自己听到自己说话的运作而有所执行。

黑格尔之后把这种思考自身的思想的概念推到了无限的水平——亚里士多德的思考自身的思想是在没有调解的情况下运作,在一种纯粹而简单的直接性的永恒中运作;而对于黑格尔来说,绝对(Absolute)必须把自己定位为绝对的他者,以便最终超越这个他异性。黑格尔认为,这个经过外在性的通道已经占据了思想史的整个进程,被认为是绝对精神(Absolute Spirit)的展开。它必须将无限作为绝对的他异性加以表达或言说,然后它必须最终听到自己,从而克服这种他异性并将这种差异归入更高的身份,此时这种想要说话的行为将被带到完成之中。只有这样,黑格尔的"绝对"才能真正被思考——也就是说,积极的无限必须思考自身。

71 思想必须贯穿整个存在(Being),但它只能通过它自己的绝对他异性来做到这一点。因此,黑格尔发现了通过差异或调解的必要通道。但是,在最终听到自身说话的充实性中占有自己时,绝对废除了差异,并且这种无限性最终变成了自己的直观客体。

这意味着形而上学传统的"积极无限"相当于绝对的自我感发

（auto-affection），后者同时是绝对的生命和绝对的死亡。它通过差异或通过调解（或发送）确定了运动的必要性，只有这样，它可最终取消这种差异。当在场在一个充实了的直观中完全呈现给自身时，形而上学生命概念的绝对性从而会废除使其成为可能的差异。因此，对于黑格尔来说，无限性是一个目的，一旦被完成，即刻也被取消。

解构中出现的生命概念，来自从德里达对胡塞尔的讨论，它将成为德里达所谓的自我感发的"延异"（différance）。在胡塞尔思想中发挥作用的无限性确实是作为一个目的在起作用，但是这个目的在定义上永远无法实现。无论何时出现，理想性都只能在有限的范围内如此运作。以鲜活的当下的形式出现的"先验生命"的概念本身就是一种理想性，因此，对于胡塞尔而言，它在一个充实的直观时刻永远无法完全被给予。也就是说，先验生命的"在场"本身是建立在无限延迟的根本结构的基础上的。但是，如果人们必须基于这种在场的根本延迟来理解"生命"的在场，那么生命本身必须被理解为在根本上是有限的。对于德里达来说，生命在不断发送自身，而且，它发送自身是在与非生命（死亡）的关系的基础上进行。正如德里达所说，"然而，生命是它自己的发送，也是它自己对于它的他者的对立"（*VP*, p. 13/15/14）。然而，这将思想指向生命概念的方向，该概念可以使现象学课题中的"心理生命"和"先验生命"成为可能。正是出于这个原因，解构试图命名一种生命概念，我们可以说，这个概念可以作为先验性的可能性条件，德里达将这种生命概念称为"超先验的（ultra-transcendental）生命概念"（*VP*, p. 13/15/14）。但是，只要现象学课题中的先验意识负责意义的构成，那么对于德里达来说，实际上可能没有任何名字可以命名这种生命概念；因此，"如果它从未被任何语言铭写，那么这种生命概念可能需要另一个名字"（*VP*, p. 13/15/14）。《声音与现象》将标志着一个思想通道的开启，以试图命名那些无法被命名的事物——这个通道自身将以解构为名。

现在，让我们转向对《声音与现象》的阅读。

符号和诸符号

第一章的开始是关于为什么德里达保留胡塞尔术语的德语版本，而不是采用更直接和已被接受的法语（对于我们则是英语）翻译。德里达文本中的语言多样性是他书写的一个特征，这对于新读者来说似乎令人沮丧，所以让我们进一步探讨这一点。首先，正如我们在本书前一章中所指出的那样，"符号"（sign，Zeichen）概念中存在一种含混性，因为它包含两种不同的含义：表达（expression，Ausdruck）和指示（indication，Anzeichen）。然后，我们很快就介绍了另外两个德语术语，它们在 19 世纪末和 20 世纪初的德国思想中有着非常丰富和复杂的历史：Bedeutung 和 Sinn。这两个术语可大致但不精确地翻译为"指称"（meaning）或"涵义"（sense）。弗雷格在他一篇著名的文章《论涵义和指称》（On Sinn and Bedeutung）[4] 中区分了 Bedeutung 和 Sinn，他把前者理解为指称点所指向的客体，把后者理解为特定术语描述该客体的方式。例如，在弗雷格的意义上，"在耶拿的胜利者"和"在滑铁卢中的被击败者"这些短语共享了一个指称（因为它们都指向拿破仑·波拿巴[Napoleon Bonaparte]），但是它们并没有共享一个涵义，因为它们各自都告诉我们一些关于拿破仑的不同点，它们以不同的方式描述他。

胡塞尔拒绝弗雷格以这种方式区分涵义和指称，并且在 1900—1901 年的《逻辑研究》中，明确拒绝这种弗雷格式的区分（*VP*，p. 16/18-19/18-19）。此外，即使胡塞尔最后确实在 1913 年出版的《观念Ⅰ》中将涵义和指称区分开来,但他并不是采用弗雷格的区别,而是一种特殊的胡塞尔式区别,即将指称作为"口头表达的理想意义的内容,而涵义则涵盖整个思维对象的(noematic)领域,包括其非表达性的层次"(*VP*, p. 16/19/19)。换言之(这是德里达在《声音与现象》中的首要批评对象之一),对于胡塞尔而言,涵义最终将会指向内在体验的层面或区域,胡塞尔认为这样的层面或区域不会使用任何符号,即灵魂内在性中的纯粹在场的意义层面;而对于胡塞尔而言,指称是指,当内在体验的层面得到表达时,我们的符号所指向的意义的理想性。

但是,即使对于胡塞尔,这种术语区分直到 1913 年出版《观念Ⅰ》时才出现(即使从概念上说,它已经在 1900 年开始运作)。在更早的《逻辑研究》中并不存在这样的区分:涵义和指称是同义词。对于胡塞尔来说,表达和指示之间的差异在于,指示(indication)确实是一种符号,但它是一种没有指称或涵义的符号:它是"缺少意义的"(bedeutunglos, sinnlos)(*VP*, p. 15/17/17)。因此,我们可以视一个符号为有或者没有指称。然而,正如德里达所指出的那样,如果我们沿用指称的标准法语翻译 signification(意义)[5],则会掩盖胡塞尔文本的术语精确度——虽然符号可以有或没有指称,但它不可能没有意义。"表示意义的符号"(signifying sign)这一短语是一种冗余,而"不表示意义的符号"(non-signifying sign)这一短语则是一种矛盾。同样的不精确性也出现在英语中:正如我们所说,指称和涵义都可粗略地用英语表示为 meaning(意义),但在胡塞尔思想的意义上,虽然指示并不指向理想性,但不太可能是没有任何意义的——例如,交通中的红灯意味着一个人应该停下来。

出于这个原因,德里达经常坚持使用胡塞尔的德语术语。但是接着,德里达直接采取了另一种法语单词,相当于胡塞尔的指称概念。德里达认为,指称对于胡塞尔而言与"口头话语"(*Rede*)

（*VP*, p. 16/18/18）的概念密切相关——请记住，胡塞尔区分意义的非表达性层次（后来被认定为是涵义［Sinn］）和一个符号指向的理想意义的领域，我们使用这样的符号表达或交流那些非表达性的层次——这就是指称。因此，指称与语言交流无法区分："表达是一种纯粹的语言符号，在第一次分析中，这恰恰是它与指示的区别。"（*VP*, p. 16/18/18）由于表达在本性上是语言的，并且由于指称指的是表达所指向的理想性领域，德里达认为，人们就可以定义——而非翻译——"bedeuten"（指称［Bedeutung］的动词）为"vouloir-dire"（意谓），这是同时在两种意义上讲的：一是正在说话的主体，该主体想说话，如胡塞尔所说的，"就某些东西而表达自己"；二是有所意味（means）的"表达"（*VP*, p. 16/18/18）。法语中的 vouloir 意味着"想要"、"愿意"或"意欲"，而 dire 意味着"说"，这样 vouloir-dire 就字面地意为，想要或意欲说出。在这里，德里达的脚注指向英语中偶然的含混性，其中表达意思（to mean）可以通过两种方式来理解：（1）作为"指示某一特定涵义"，例如，当我们说，"'冷'这个词意味着'缺乏热'"；（2）表示"意图"或"意愿"，就像我们可能会说，"我并不是想要伤害你的感情。"但是，在文本的第二段中，德里达已经在胡塞尔所理解的指称与"意志"的传统形而上概念之间建立了紧密联系。随着文本的推进，这种关系将变得越来越重要。

于是，表达是一个想要说些什么的符号，指示不是想说些什么，而是将接收者指向某个其他事态——我们可以说，一个表达有所意味，而一个指示有所指向。但很快，我们就会发现，表达和指示之间的这种严格区分，即使不是不可维持的，也是难以维持的。正如我们上面提到的，我们每次使用表达时，我们都会以指示性的方式使用它们，如果没有其他原因的话，我们就是使用这些符号来指向我们的心理状态，以在听众的心灵中尽可能地重构这种状态。

> 我们于是已经知道，话语的符号，以及因此意谓
> （meaning, le vouloir-dire），事实上总是纠缠在一起，并被捕获
> 在一种指示性的体系中。胡塞尔想要将 Bedeutung（指称）的
> 表达性的和逻辑的纯粹性，作为逻各斯[6]的可能性而加以把握，
> 但这种纯粹性已经被捕捉，也就是被污染；由于指称总是在交
> 流性话语中被捕获的，因此它们*事实上总是*（allzeit
> verflchtenist）被污染了的。（*VP*, pp. 17-18/20/20-1）

德里达在这里使用"事实上"（in fact）这个词是技术性的，而且
不应被忽略。他在我们刚才引用的段落中两次使用了这个短语。
通常，当使用"事实上"这个短语时，我们只是再次强调我们所说的
是真实的——几乎是"确实"（indeed）这个词的同义词；但这不是
德里达的意思。对于德里达来说，当遵循胡塞尔的论证时，"事实
上"（特别是当它用楷体强调时）意味着"经验性"或"经验性地发
生"，并且可以与"本质上地"或"理想地"区别开来。在前一章中，
我们说过，表达通过自身指示功能而发生的污染虽然在每次我们
使用表达与他人交流时都会发生，但是对于胡塞尔，它却是表达性
结构的偶然或非本质部分。换言之，我们可以这样改写德里达的
句子："每当表达出现在经验领域时，其总是受到其指示功能所污
染。但是，它本质上并不需要总是出现在经验领域。"而且这确实
正是胡塞尔所认为的："表达-指示"关系事实性的污染本性并不导
致本质性的污染。

在这一点上，德里达提出了他分析的核心观点中最重要的一
个；该主张在《声音与现象》的结论中再次全面体现出来。鉴于此
观点的密度和复杂性，一个新读者可能很容易想要快速翻过。正
如我们所说，对于胡塞尔来说，表达受其指示功能而被污染的事实

75

仅仅是偶然或非本质的特征。胡塞尔认为，通过本质性而分离出一种纯粹表达性的（亦即非指示性的）表达功能，这必须是可能的，即一个符号的功能只是有所意味，并且不指向任何其他东西。这就是德里达在谈到"事实与权力、存在与本质，现实与意向功能之间的断裂（hiatus）"时的意思（*VP*, p. 18 /21/21）。德里达称，这种断裂是整个现象学课题的特征——这意味着现象学思想的全部重量取决于维持这种断裂的能力。这确实是一个大胆的主张，所以让我们密切地跟随德里达的讨论。

回想一下，对于胡塞尔，《逻辑研究》的中心问题是——并且这个问题在胡塞尔后来的思想中永远不会消失："特别是在认知的主体性和已知内容的客体性之间的关系"（*Logical Investigations*, p. 2）。在这里，我们直接看到了德里达所描述的这种断裂的中心性。即使胡塞尔认为，客体性事实上从来只是在主体的主体性中给出，但由于本质性的原因，情况仍旧是一样：认知主体所意向的内容必须是理想的，本质的和非经验的。客观性并非从主体对经验领域的体验中收集而来的，即使事实上这是主体首先识别和处理客观性的方式。这一点不容小觑：这种与客观性的理想性的关系要求使用不指向别处的，而仅仅只是单纯地有所意味的符号。换言之，它要求指示和表达之间的本质区别的可持续性。这就是为什么德里达说存在与本质之间的这种断裂：

> ［此断裂］并不先于语言问题的存在，而且不作为属于某一个范围的问题或作为诸问题之一而插入到现象学中。相反，它只有在语言的可能性中，并且通过这种可能性才能展现出来。而它的判决价值，即其区分事实和意向的权力，完全地取决于语言；并且在语言中，此判决价值取决于对指示和表达进行彻底区分的价值。（*VP*, p. 18/21/21）

因此,如果事实确实是(正如德里达所说的那样):表达总是,并且本质上是(即不仅只是事实上)陷入到指示中,那么,存在与本质、事实和权力之间的任何彻底断裂本身都是不可持续的。这样,整个现象学课题将处于危险之中。因此,文本的这一处,虽然可能出现得为时过早并且非常晦涩,但却是至关重要的。

让我们继续。每一个在交流中使用的表达都被其指示性功能所污染,但反之则不然。表达始终是指示性的,但指示并不总是表达。表达始终是指示性的,因为当我们以交流的方式使用它们时,我们是在使用我们的符号将听众指向别的东西,无论是我们自己的心理状态,世界上某些事态还是这些东西的某种组合。然而,指示并不总是表达性的;虽说它们确实可以如此。例如,一张纸上的任何书面标记都是一个指示性符号,表明在某个时间点另一个人的在场,他或她用来制作标记所使用的工具类型,以及对所意向的命令或意义的展现等。但它通常也是一个富有表达性的符号,就像有人为另一个人写下留言,制作杂货清单,写日记等。这些标记仍然是上述定义中的那种指示,但它们也是表达性的,因为它们传达语言意义。然而,指示并不总是表达性的,在前一章我们列举了几个这样的例子(发烧、动物踪迹等)。即使书面的标记也不总是表达性的(在胡塞尔的意义上讲),例如,当一个小孩子用蜡笔随意涂鸦时。

鉴于这种看似单方面的同化(即表达总是具有指示性,但指示并不总是具有表达性),人们似乎应该将符号视为本质上是指示性的,并将表达视为"指示"属的一个种。当然,对胡塞尔来说这是完全不可接受的;因为,如果表达只是指示的亚种,这会意味着所有的符号都指向别的东西,并且没有任何符号以简单、不经调解的方式表达意义。然而,为了成功地拒绝这种单方面的同化,胡塞尔将需要孤立出"一种现象学情境(如有),在其中表达不再被这种纠

77   缠所束缚,不再与指示交织"(*VP*, p. 19/22/22)。污染关系是由于
交流的事实产生的,也就是说,这些符号进入世界——指向在他人
灵魂中在场的内容,并永远不会进入当下体验——胡塞尔将执行
符号进入世界的还原。换言之,由于表达在交流中的使用带来了
污染,因此:

> 正是在无交流的语言中,在独白的话语中,在"灵魂的孤
> 独生活"(in einem Seelenleben)的最低沉声音中,追寻表达的
> 无瑕的纯粹性是必要的。(*VP*, p.19/22/22)

这意味着,只有当灵魂与灵魂之外的事物的关系被悬搁时,表
达的本质才会被孤立出来。德里达称这是一个"奇怪的悖论"
(*VP*, p. 19/22/22),此悖论是:只有在"向外"的事物被消除时,才
能发现表达性(ex-pressivity,字面的意思是"向外挤压")的本质。
但这种悬搁并不是绝对的,正如德里达指出的那样,这种悖论构成
了现象学课题的核心:"[它]仅仅是朝向某种外部,因为这种还原
并不抹除,相反却在纯粹的表达性中揭示了对于对象的关系,揭示
了对象理想性的目标,超越并对立于'意谓'(meaning, vouloir-
dire)的意向,以及指称的意向(Bedeutungsintention)。"(*VP*, pp.
19/22/22-3)我们在上文中讨论了"意向性"的概念,即意识总是某
物的意识,并且对于萨特来说,这意味着意识的不断向外的方向
性。因此,即使当世界的真实存在被置于括号内时,在悬搁的模式
中时,意识的主体性仍然基本上由对理想客观性的开放性构成,在
某种意义上,此理想客观性在主体的内在性之外。这就是为什么
悬搁仅仅朝向某种外部:

> 现象学的先验唯心论从一种"内在性"(interiority)出发,
> 或毋宁说从对自我的亲近(self-proximity)、从一种自有性

(*Eigeibeit*, ownness)出发(它并不只是简单的*内部*,而是对同"那里"和同一般外部关系的亲密可能性),回应了描述对象(*object*, Gegenstand)的对象性(*objectivity*)以及当下(present, Gegenwart)的在场(*presence*)——和在在场中的对象性——的必要性。(*VP*, p.19/22/23)

德里达认为,灵魂的内在性并不简单,因为它不是自足(self-contained)或自我同一的(self-identical),因为在主体的内在性中有一种根本的开放性(openness),其揭示了内部与某种外部的本质关系;但这种关系仅建立在这样的基础上:排除或还原另一个外部,即现存世界的整体。

因此,正如我们所暗示的那样,胡塞尔必须实行指示性领域的还原(这将是《声音与现象》第二章要讨论的内容)。然而,在此解释之前,德里达停下来反思我们迄今为止讨论的胡塞尔做法的两种可能性解读。一方面,德里达指出,胡塞尔似乎匆忙避免对一般"符号"的意义进行任何反思。在我们目前为止所讨论的所有材料中,我们已经追溯了这样的事实:胡塞尔注意到"符号"概念的含混性,因为它包含两种异质的符号类型:指示和表达。但胡塞尔从没有对什么是一般的"符号"做出任何程度的反思。换言之,在注意到"符号"这个词包含两个异质的术语时,胡塞尔(或许颇有问题地)并不反思首先让它们两者都成为符号的事物是什么。例如,我们可以肯定地讨论"黑猩猩"和"马"之间的差异;我们可以谈论使两者在本质上相异的所有不同事物;但是我们同样可以讨论两者在"动物"属下统一起来的原因,因为我们可以描述让动物成为动物的事物是什么。

同理,根据胡塞尔的说法,由于"指示"和"表达"都是"符号"形式的类型,并且考虑到胡塞尔在《逻辑研究》开始时事实上宣布了"符号"的概念的含混性,那么,"我们必然已经知道了前理解与一般符号的本质、功能或本质结构的关系"(*VP*, p. 20/23/24)。然而,德里达本人并不打算回答这个问题,甚至也不为"一般符号是什么"这样的问题追寻一个答案。至少在文本的这个阶段是如此。他只是单纯注意到胡塞尔没有进行此类反思的特殊性。正如胡塞尔所指出的那样,"每一个符号都是某种事物的符号"(*VP*, p. 20/23/24),但这种"为……存在"的状态仍未得到讨论。看起来,我们需要某种对"这种替补(substitution)的结构或指向性(referral)的结构有某种理解,以便在这种结构中,指示性指向性和表达性指向性之间的异质性因此变得易于理解"(*VP*, p. 20/23/24)。我们再一次遇到了翻译的困难;但是在这里,德里达注意到了胡塞尔的德语单词 Zeigen(指向),它与"手指"或"指向"(to point)的词语密切相关,并且通常可以表示"展示"或"展出";德里达在"指向"(to refer)的意义上使用它。Hin 是一个前缀,意思是"那里"、"离开"或"出去",所以 Hinzeigen 意味着表达性指向(expressive referral)或指向外部(referral *outwardly*);An 是一个前缀,意思是"向"(to),这样 Anzeigen 意味着指示性指向(indicative referral)或指向(referral *to*)。从根本上说,两个词都是 Zeigen 这个词,胡塞尔并没有讨论其定义状态。

　　另一方面,德里达注意到,或许我们的问题本身(即关于胡塞尔的省略,而不是省略本身)是有问题的,而且,也许它暴露了我们本身的形而上学预定。我们必须记住,对于胡塞尔来说,现象学的出发点是消除预设。"什么是符号?"这个问题预先假定了"符号"这个词具有本质统一性,或许胡塞尔认为不可能找到此类统一性。德里达认为,也许胡塞尔所描绘的这些本质区别的全部要点在于,符号的概念没有统一性,指示和表达这两种异质概念或许迄今为止还被认为具有某种本质的统一性,但对彼此而言,它们实际上是完全不可还原地异质的。

而且,这个问题本身可能会暴露出一个更加隐秘的预设,即"什么是 x?"就是我们应该总是要问的那个问题和该问题的形式;确实,这是自苏格拉底以来哲学经营自身的方式。当苏格拉底要求游叙弗伦(Euthyphro)提供虔诚的形式,而不是虔诚行为的例子时,他是在主张"什么是 x?"这个问题的优先性。正如德里达所说,"这将是一种经典的程序。我们会将这个符号从属于真理,将语言从属于存在,将说话从属于思想,以及将书写从属于声音"(*VP*, p. 21/24/25)。"什么是符号?"这个问题预设了这个问题有一个答案,那就是问题的真正答案。然而,这反过来假定我们知道真理意味着什么,而且,这假定我们知道真理与"符号"的概念截然不同。换言之,"为真"所意味的必须先于"是一个符号"所意味的,并且成为其条件,或使其成为可能。如果不是这样,"如果符号在某种程度上先于我们所谓的真理或本质,那么说符号的真理或本质是没有意义的。"(*VP*, p. 21/24/26)因此,如果关于符号的本质问题存在一个真理,那么,真理就必须先行于符号,并成为其条件,因此符号只能意指(signify)或指向(refer to)"真理"。但是,正如我们已经说过的那样,胡塞尔的客观性或理想性的构成的可能条件恰好是我们刚刚描述的对某种外部的开放性,后者是意识的意向性结构的特征。因此,意向性本身在结构上类似于 Zeigen(指向)或符号自身的指向性;并且被理解为指向性时,符号将不再和是某个事物的意向性一样,符号将不再是一个事物,而是一种关系。德里达于是作出挑战,认为,考虑到这种方式后,情况可能是:

> 如果我们把符号看作一种意向运动的结构,那符号不就落入一般意义上的物(Sache)的范畴,不就是一个人们将要对其存在提出问题的"存在者"了吗? 符号除了是"存在者"之外,难道

80

不是其他什么吗？它难道不是一种并非一个物、不会陷入"是什么"这个问题的唯一的"物"吗？（*VP*, pp. 21-2/24-5/26）

但是这种可能性揭示了一些更有趣的东西：如果理想性或客体性总是在意向性的关系中构成，并且如果符号是意向性运动的结构，那么符号将成为真理本身的条件。"真理"于是成为一种以符号运作为条件的产物，而不是仅仅是符号向着某个认知主体，再现了被视为完全在场和自足的真理。但是，这样说等于挑战所有对真理概念的传统理解；并且德里达认为，这是胡塞尔现象学思想最重要的见解。在其更大胆的时刻，"胡塞尔将越来越多地关注在意义、语言和铭写中的内容，因为其将理想的客观性写下来，产生而非记录真理或理想性"（*VP*, p. 22/25/26）。

德里达认为，尽管如此，胡塞尔仍然致力于在场形而上学；德里达认为，其自古以来就引导着哲学。这种形而上学的传统认为在场是首要的，缺席是次要的或派生的；伴随而来的，是认为在场（presence）或呈现（presentation）是第一位的，而当下化（representation）是第二位的。因此，现象学致力于两种动机：一方面，"现象学……是向意义与合法性的积极构成的回归，是向着通过符号生产真理和合法性的生命活动的回归"，而另一方面，"它的另一种必然结论虽没有简单地等同于这一运动，但依然确认了在场的经典形而上学，并且标志着现象学属于经典本体论"（*VP*, pp. 22/25-6/26-7）。对于德里达的论证来说，这不是一个"简单的并列"的说法极为重要：胡塞尔并不是简单地以一种他没有意识到的方式致力于两个不相容的立场，就像我们可能随便注意到某人所宣称的道德信仰与其生活方式不相符一样。德里达要表达的意思是，因为胡塞尔如此坚定地致力于在场的经典形而上学，他的思想不断受到来自内部的削弱和挑战，即由致力于意义和合法性的积极生产带来的。胡塞尔对意义的积极生产的这种承诺不是简单地反对他对在场形而上学之承诺，而是构成着这种对在场的追求，虽然在同时也在分裂着这种追求。

这就是第一章最后一个句子中所揭示的东西（当我们读到本书末尾时，这也是德里达论证的其余部分所要解释的东西）。德里达认为，"我们已将'现象学属于经典本体论'的这种关系选择为我们的兴趣点"（*VP*, p. 22/26/27）。值得注意的是，到目前为止，德里达已经就胡塞尔对某种形式的经典形而上学的承诺写过文章，即《现象学与形而上学的封闭》（La phenomenology et la clôture de la métaphysique），而且德里达本人在《声音与现象》的介绍中指出了这一点（*VP*, p. 5/5/3）。在这篇文章中，正如此时在介绍中一样，德里达标记了胡塞尔通过许多方式表现出来的做法：虽然胡塞尔批评了退化或天真的形而上学形式，但仍然承认自己致力于一种形而上学的纯化形式。如果遵循胡塞尔对某种形而上学的承诺是德里达希望在《声音与现象》中所做的一切，那么他要做的就不是什么特别的新事情。但是，《声音与现象》要做的远不止于此，而这可归结为德里达对"选择"（choice）这个词的使用。与在场的经典形而上学相伴随的，是关于选择和意图的唯意志论形而上学，正如德里达将在第三章（*VP*, p. 29/34/37）中所揭示的那样；正如我们在前一章中所指出的，意志的形而上学是德里达思想试图进行解构的重要部分。然而，在这里，德里达强调，我们已选择关注胡塞尔对在场形而上学的承诺。但德里达在《声音与现象》的其余部分所做的事情表明，通过选择专注于胡塞尔对在场形而上学之承诺的追求，我们同时也会不可避免地发现胡塞尔对意义的积极生产之破坏性和构成性的承诺。换言之，无论我们的选择如何真诚，最终都不会是可持续的。

现在让我们进入第二章。

指示的还原

在转到第二章时,我们转向《声音与现象》的最短篇章。德里达对"指示"概念的简洁处理与胡塞尔自身的简洁相似,但这个地方对德里达的论证至关重要。正如德里达所指出的那样,"胡塞尔只将三个段落用于讨论'指示的本质',在同一章中,有 11 个段落专门用于表达"(*VP*, p. 23/27/28)。这种"还原"处理现在应该不足为奇:鉴于我们对胡塞尔动机的了解,现象学总是试图将仅仅是经验的东西放进括号中,从而将注意力集中在理想的和客观的事物上;它总是着意于将意义的纯粹、本质的可能性孤立出来;而且,鉴于他在表达和指示之间的本质区别:表达有所意味而指示正有所指向,因此颇为合理的是,胡塞尔的主要关注对象应该是表达而不是指示。但正如我们所说,严格区分这两者是困难的,也许表面看起来是不可能的任务。

因此,《声音与现象》的第二章着手完成两个截然不同但相关的任务。首先,它加强了表达/指示区分的重要性,证明了现象学课题的其余部分是如此不可抽离地来自这种区别。我们现在已经多次讨论过表达和指示在事实上的污染——在交流话语中,表达事实上总是与指示纠缠在一起。如果这在本质上、结构上和必然性上总是如此,那么,德里达认为,整个胡塞尔的思想都会摇摇欲坠:

> 如果连接指示和表达的交错关系(Verflechtung)是绝对不可还原的,且在原则上是不可抽离的,如果指示并不作为某种多多少少执着的依附被补充到表达之中,而是寓于表达运动的本质亲密性之中的话,胡塞尔的全部理论——远远超过《逻辑研究》——就会受到威胁。(*VP*, p. 23/27/28)

这带领我们进入第二章的第二项任务：在加强区分的重要性的同时，它加深了从指示中将表达分离出来的巨大困难，从而加剧了这种分离或还原的力度。

将指示还原的必要性（如第二章所述）导致如下结果：必须有一个可分离的本质——它使指示是其所是，所以德里达开始重申指示的基本功能。存在自然和人造这两种指示，而且我们已经在上面提到这两种类型：动物的踪迹或发烧，将是自然指示的例子，而书面笔迹是人造指示的一个例子。然而，将这两种形式的指示结合起来的是"动机"的概念（胡塞尔使用的词语是 Motivierung）。指示，无论是自然的还是人造的，都会激发（motivate，或"启动" ［put into motion］）正在思考的主体的思想从一个事物到另一个事物，从一个知识（实际）到另一个知识（非实际）。在场的符号的实际知识激发了思考主体的思想去到关于某个客体或事态的非实际的知识。同样，激发涵盖了经验和理想客体以及事态，这就是为什么胡塞尔将其应用于更广泛、更普遍的关于"存在"的德语词所涵盖的范围——例如 Sein（存在），bestehen（去存在）和 Bestand（"延续"或"存在"），而不是更具体经验导向的"存在"的德语单词，如 Dasein（"生存"或"此在"），existieren（"去生存"）或 Realität（"现实"）。这一重要区别在德里达于第 24 页的大段引用（*VP*, p. 24/ 28/30）中可体现出来。因此，指示的不同种类（自然和人造）的共同元素就是这种激发思想的激发性："动机是把运动赋予某种'思维着的存在者'，为的是在思维中，从某物行进到另一物。"（*VP*, p. 24/28/29）

然而，德里达认为，它的作用不止于此；一般意义上的"动机"会用"严格意义上并非指示的东西"来污染指示的概念。更准确地说，德里达将证明，单独的动机概念不能说是指示本身的决定性和本质性的特征，因为存在一种超出胡塞尔所认为的精确意义上的

83

指示的动机种类,而且胡塞尔绝不会允许将这种动机种类具有指示的特征——"严格意义上的指示容纳不下"这种动机(*VP*, p. 24/29/30),而且这种超出指示的动机适用于绝对性演示的案例,例如在几何证明中的符号所获得的那种必然关系。

德里达认为,动机通常是一个"原因",其可以采取 Hinweis(表述)或 Beweis(证明)的形式(*VP*, p. 24/29/30)。德语单词 Weisen 通常意为"展示",而 Hin(正如我们上面所见,表示"那里"、"离开"、"出去"),与 Weisen 的结合意味着"在那里展示",或者德里达称之为"指示性暗示"(indicative allusion)(*VP*, p. 24/29/30)。这将是严格意义上的胡塞尔式指示。德语前缀 Be 的功能类似于英语前缀 be,修饰动词,从而要求同其直接连接的客体。因此,Beweisen 不仅意味着"展示",而且意味着在"说明"或"证明"的意义上,"展示某个确定的东西"。德里达称之为"绝对的证明"(apodictic demonstration)(*VP*, p. 24/29/30)。因此,就最一般的方式而言,动机可以使思维主体的思想移动到对结论的接受,这或者是基于经验证据(在那里显示)的积累,以及在其中产生的说服力的基础,或者是基于与一个带有明确结论的证据或前提的必然关联。Hinweis 的一个例子可能是在一块土地上存在特定的动物踪迹,再加上存在一种特定的动物巢穴或居所。对某种动物存在的推定程度将和与动物种类有关的证据的类型和数量成正比。然而,这种动机的说服力与几何证明的说服力在根本上是不同的,因为后者"将明见的和理想的必然性联系在一起,这些必然性是永久性的、持久的,超越了每一个经验性的此时此地"(*VP*, p. 24/29/30)。[7]前者只是有说服力的;后者是必然的,即使命题或证明仅使用符号也是如此:"如果 A = B 且 B = C,那么 A = C",这在所有情况下都是正确的,我们不需要例子来确定其真理性——这是必然正确的。

但是,经验证据无论多么具有说服力或多么确定,都无法产生必然性。正如我们所看到的,人们无法从实证经验中积累出绝对的必然性,因为正如我们所说,它是理想的,因此超越了**每一个**此时此地。因此,回到我们关于某种动物存在的例子,即使我们对动物的存在具有尽可能高的经验确定性,包括反复看到此种动物的各种成员在不同季节、在一天不同时间离开并返回居所,照顾其幼崽等,这些积累起来的证据永远不会成为一种绝对必然性——指示可能会激发经验上的确定性,但不会是绝对的必然性。正是出于这个原因,胡塞尔需要保持指示和证明之间的区别。然而,这意味着动机,作为动机的指示的本质特征,是"过度确定"的。用德里达的语言来说,动机会以其他异性污染指示。

但是,除了这种困难外,还有另一个在表述与证明的关系中的困难,这出现在思考主体的思想被指向一个绝对的证明时。在这里,德里达引用了胡塞尔的话:"在此一条理想规则被揭示出来,它一直伸展到被动机在此时此地联结的诸种判断之外,并且在一种元经验(meta-empirical)的普遍性中包容一切有同样内涵的判断,甚至包容一切拥有同样'形式'的判断。"(*VP*, pp. 24-5/29/30)[8]这一说法非常重要,因为它揭示了这样一个事实:对于胡塞尔来说,绝对证明的符号的内容和关系不属于指示独有的动机,但朝向证明的认知行为却属于指示独有的动机——它们仍然是指示的例子,这是胡塞尔所谓的本质必然性问题。为了避免使布伦塔诺思想瘫痪了的心理主义,胡塞尔必须在"识别出一个真理的思想"和如此这般的"真理"之间保持一种本质的区别。换言之,那种将思考主体的思想移到"识别出任何给定的绝对证明的必然性"的动机总是经验性的,因为它总是发生在此时此地,亦即被指向外部客体的经验存在的此时此地——因此,不管它的客体的必然真实性(证明的内容)如何,这种动机本身总是落在指示一侧;**但是**,那些将这些客观性的内容联系在一起的动机超出了所有经验现实,这是一种元经验的普遍性。即使当内容是理想性的时候,至少在某种意义上,这些意向着它们的行为是经验性的:

> 现在,我们事实上已经知道,在一般意义秩序内,全部心理体验在它的行为侧,即使当行为针对着理想性和客观的必然性,心理体验也只能关涉指示性的连续。指示落入绝对理想的客观性内容之外,即落在真理之外。(*VP*, pp. 25/29-30/31)

因此,指向绝对性的心理行为本身就是由指示所推动的,但这些行为总是与其客体的秩序完全异质:"即使指示似乎还是介入了一种证明之中,它也将永远处在心理动机、活动、信念一侧,而永远不会处在被关联在一起的真理内容一侧。"(*VP*, p. 25/29/31)而且,这也是一个本质必然性的问题。同样的思维推动力要求绝对证明的内容不要放在指示下来考虑(因为指示最多只能提供经验性的确定性,从不提供必然性);这种思维推动力同时要求:思考那种必然性的思想必须被视为属于指示,否则将允许理想性在某种程度上成为可以被还原为意向该理想性的思想行为。

我们已经来到了第二章的结论段落,当下分析中纠缠着的网络只是变得更加复杂。在第一章中,我们看到胡塞尔在表达和指示之间的本质区别在实践中是难以维持的,因为每当我们以交流方式使用表达时,我们同时以指示性的方式使用它们:我们指向心理状态和世界事态。因此,胡塞尔需要将指示与表达分开,并孤立出表达的本质——然而,这样做也需要一种指示本质的知识。在第二章中,我们遇到了类似的差异:当我们试图孤立指示的本质时,我们看到它被其动机的本质特征功能所污染。这也是 Beweis(证明)的特征;出于重要的原因,胡塞尔必须再次将 Beweis 与严格意义上的"指示"概念区分开来。但是,正如我们刚刚看到的那样,所有指向特定外部客体的心理行为在胡塞尔那里也都落在了指示的一侧,即使它们指向客观的理想性。

出于这些原因,我们可以开始理解为什么德里达如此深入地强调表达/指示的区别。如果指示是当心理行为指向特定外部客体时适用的意指模式,那么指示与所有的各种现象学还原(本质还原和先验还原)有着本质关系;这些还原会持续出现在胡塞尔剩余的生命中。正如我们所看到的,还原将所有关于经验世界的真实的、外在性的存在等问题都悬搁了:因此,所有落入还原控制中的事物就是以某种形式与经验的或事实的世界相对应的一切事物——这正是同指示所涵盖的领域一致。出于这个原因,德里达会说,"指示性意指在语言中已经遍及所有经过'还原'的东西:事实性(factuality)、世俗存在、本质的非必然性、非明见等"(*VP*, p. 26/30/32)。

此外,如果属于还原的范围的事物是指示涵盖的领域,那么,专门适用于执行还原或执行排除的领域的意指模式将是表达的模式——于是,还原"将与最自发的口头话语行为、言语的简单实践,表达的力量融合在一起"(*VP*, p. 26 /31/32)。但如果情况如此,这则意味着现象学的还原,也因此意味着先验现象学的整个范围,被打开并被决定,"在这里以两种意指模式之间的关系的形式宣布出来"(*VP*, p. 26/30/32),两种模式即表达和指示;换言之,如果没有这种本质区别,即"符号"概念的区别,就不会有现象学上的还原,也就没有现象学;这会使现象学与语言不可分割,从而违反了胡塞尔的意向(在这里,我们必须听到第一章末尾"选择"一词的回声)。原因有两个。首先,正如我们所说,胡塞尔希望保留一个前表达的、前语言的感觉层面。像亚里士多德一样[9],胡塞尔与几乎所有其他哲学传统一样,都希望坚持,人类经验中首要的是灵魂或心灵的喜爱或性情(dispositions),并认为语言只是用来让他人知道灵魂内容的次要工具;也就是说,经验才是首要的,而描述该经历的语言是次要的或补充性的。但是,如果没有语言就没有现象学上的还原,也就是说,如果还原的可能性依赖于两种类型的符号之间的这种断裂,那么,胡塞尔的意义的前表达层面就成了问题。换言之,经验会通过符号的使用而彻底受到污染。其次,缺乏这种前表达的感觉层面,作为内在意义的外化的"表达"概念,在任何纯粹的意义上就变得不可持续。换言之,如果经验本质上被一个符号网络所捕捉,那么即使是最具表现性的表达也会被指示所污染,因为不再有任何没有被话语所污染的纯粹经验,被给予"表达"去表达。如果情况是如此,那么即便在概念上都不再有任何方式来维持纯粹和孤立的表达本质,这意味着表达受到指示功能所污染:"我们几乎可以说,话语的整体被指示性网络抓住了。"(*VP*,p. 26/31/33)

因此,在第二章更具争议性和挑战性的主张中,最重要的是其认为,如果没有表达/指示的区别就没有还原,并认为所有话语都被其指示性功能所污染。值得注意的是,在此德里达还没有为这些观点辩护,而这将是本书其余部分的任务。我们在这里注意到德里达在本章的最后段落中问道:"我们难道不是已经有权认为……?"(*VP*,p. 26/30/32),对此他回答说,"如果我们能够肯定地回答这个问题,那么我们必须得出这样的结论……"(*VP*,p. 26/31/32)在这里使用"如果"这个词很能表达他的用意:他还没有论证说我们可以肯定地回答(尽管这确实是他将会指出的),只有如果我们能够肯定回答时,那么才会得出这些矛盾的结论。正如我们所说,第二章是列出讨论的要点所不可或缺的部分,这是《声音与现象》论证的关键阶段。

88 现在让我们看看第三章,这是德里达开始剖析"表达"概念的地方。

作为独白的意义

德里达说，"让我们假设"，我们在第一章和第二章中探讨的所有那些不可分割的纠缠都不存在，并且人们确实有可能毫无疑问地执行胡塞尔指示的还原：那么我们还剩下什么？"剩下的就是表达……一个充满意义（Bedeutung）的符号"（VP, p. 27/32/34）。我们曾说，指示有所指向，而表达有所意味。只有表达才有意义；在第三章这里，我们开始研究这个意义的状态，伴随而来的是对表达本质的研究。第三章分为两个主要部分：A 节，从第 27 页（VP, p. 27/32/34）延伸到第 31 页（VP, p. 31/37/39）；B 节，从第 31 页（VP, p. 31/37/39）到本章末尾（VP, p. 40/47/52）。

在 A 节中，德里达认为，一方面，只有在言语行为中，符号才会成为表达或变得有意义，并且他将列出三个不同但相关的理由，说明为什么对于胡塞尔来说必须如此。它们之所以是"相关的"，是因为它们在"同一个意向的深刻统一"中联系起来（VP, p. 27/ 32/34）。每当我们看到意向（intention）这个词时，必须要特别小心，因为德里达几乎总是利用这个词的多种意义：一方面，在现象学传统中，意向，正如我们上面所说，意味着只是对某物的意识或朝着某物的定向性（directedness-towards）；但与此同时，德里达利用了这个词的唯意志论的意思，正如人们所说，"我试图……"虽然这在介绍中已经讨论过，并且一直得到暗示，但只有在第三章，才第一次正式在文本中明确表明将这种唯意志论作为分析对象。在 A 部分中，"同一个意向"这个短语的意思是双重的。一方面，这是哲学家胡塞尔的独一意向。换言之，德里达认为他将要考察的三个"原因"（即为什么符号只在言语行为中才变为一个有意义的表达）实际上是胡塞尔的单一动机的多重变化形式。只有一个推动力将这三点统一起来。另一方面，这一将这三个"理由"统一起来的胡塞尔的单一动机本身就是意向的价值化，或意愿的意志性行为。换言之，这三点的共同之处在于一个最终确信，即只有当符号立即是一个意志的表达时，符号才会具有意义。

德里达关于为什么符号只能在言语活动中才变成表达的第一个"理由"是，表达（ex-pression）的字面意思是向外压。胡塞尔所用的德文词语也是如此：德语中的"表达"一词是 Ausdruck，其由意为"……之外"的前缀 aus，和意为"去压"或"去施压"的动词 drücken 的分词形式组成。所以，表达是一个向外压的符号；它"在某个外部中印下某种意义，此意义首先在某个内部被发现"（VP, p. 27/32/34）。这个"某个外部"是第一章（VP, p. 19/22/22）中提到的另一个"某个外部"的概念对应物，在第一章中，德里达指出，表达的集中纯粹性"仅在其与外部的关系被悬搁时"才会被揭示出来（VP, p. 19/22/22）。这种与内部和外部有关的短语的转变非常复杂，并且可能令人困惑，所以让我们仔细研究一下它们。

当德里达在第一章中写道，表达的纯粹性只有在其与某个外部的关系被悬搁时才被揭示出来，他所指的"外部"是现存世界的总体，随着 1913 年的《观念Ⅰ》的出版，"外部"最终以现象学还原的方式被置于括号内。但正如德里达在第一章中明确指出的那样，这"只是对某一个外部来说是如此，因为这种还原不会抹去与客体的关系，而且确实会在纯粹的表达性中将此揭示出来……"（VP, pp. 19/22/22-3）。换言之，当与现存世界的外部的关系被悬搁时，与另外某个外部的关系就会被揭示出来，但这个外部是在意识自身内被发现的纯粹意义之一。德里达说，"这里就是明确这个外部的地方"（VP, p. 27/32/34），因为这个"意识内部的外部"本身就是多维的。

在意向行为中，意谓（bedeuten）（在上文，我们看到德里达使用法语术语 vouloir-dire、"想要说"或"意图说")朝向一个理想的客体。这种理想性本身存在于一个不属于意识本身的外部,但它也不属于世界的一部分。但是,当意谓这种理想性,从而把它变成一个意识注视的客体时,这个理想的客体就会进入另一个外部,一个处于意识注视的客观极点的外部(只要它是凝视的客体),但它仍然在意识之内,因为它不是在"外面"的世界中。因此,正如我们迄今所看到的,"外部"一词有三种含义:(1)作为外部世界的"外部";(2)作为理想意义或客体的"外部";(3)"外部"作为理想意义成为意识明确客体的方式。最后的这种外部是意识本身的一部分,这就是为什么对于胡塞尔的意识内在性"不是一个简单的内部"(*VP*, p. 19/22/23)。

90

　　因此,当意谓一个理想的客体时,理想性就会从第二种意义转到第三种意义的"外部",成为一个意识的客体:"这个外部然后被表达(ex-pressed),从自身的外面传递到另一个外面,但它仍然'在'意识中。"(*VP*, p. 27/32/34)因此,在灵魂的孤独生活中,我们拥有所谓的意义的前表达层(一个内部),这是我们(在第二章中)所说的对于胡塞尔至关重要的先于语言的经验维度;然后,意谓通过意向一个理想的客体(一个外部)将"意义"(sense, Sinn)带入表达模式,该理想客体由此进入意识注视的客体模式(另一个外部)。这就解释了德里达的艰深的表述,即表达"因此是意义(Sinn)在以下事物中从自身的双重退出:在意义自身中,在意识中,在'和自我一起'(the with-itself)或者'在自我旁边'(the near-itself),胡塞尔一开始将其规定为'灵魂的孤独生活'"(*VP*, p. 27/32-3/34-5)。

　　鉴于符号只能在言语行为中达到表达状态,人们尤其需要注意到(正如德里达所做的那样)对于胡塞尔来说,表达的模式在自身走向外在的双重通道中,不会给在灵魂内在生活中的意义增加任何有意义的内容或结构。意义(sense, Sinn)并没有变成一个指称(Bedeutung)。换言之,表达的模式不会以任何方式丰富、改变或修饰它所表达的经验的意指(significance);它只是在一个内部中转换了一种意义,这个意义本身是完整的:表达的层面是"非生产性的",这意味着它是这样的一种"生产性,其在表达中以及与表达一起到来的概念形式中耗尽"(*VP*, pp. 27-8/33/35)。在表达行为中唯一被产生的是符号本身,换言之,它使经验的意义与其理想形式接触;它只是外化了一种已经于灵魂内在性中在场的意义。然而,正如德里达指出的那样,尽管其在胡塞尔的论证中具有中心地位,但表达性层面的这种"非生产性"并不明显,我们将在后面的文中再次提出这一点。

91　　关于为什么符号仅在言语行为中成为表达(或有意义的符号),在 A 节中给出的第二个"理由"是,可能保持沉默或完全内在的声音是被**意向地**激活的。从字面意思上理解,即被给予生命,而且它所赋予生命的东西是"一种在世界上'不存在'的理想性"(*VP*, p. 28/33/36)。在这里,德里达的话再一次非常重要。"激活"(animate)来源于拉丁语 animus,意为"灵魂"或"心灵",它本身与原始印欧语的 ane 一词密切相关,意为"呼吸",因此与拉丁语 anima(意为"生灵"或"灵")一词有关。同样在古希腊语和古希伯来语中,意为"灵魂"的词语在词源上与"生命"、"呼吸"、"灵"甚至"风"的词语非常接近。因此,被激活的声音是与主体的呼吸和生命直接相关的表达;因此,它以无中介(不经调解)的方式与意志相关,因而与指示不同——"在指示中,激活符号有两个限制:符号的身体——它并不是一种呼吸;和被指示物——它是世界中的一种实存。"(*VP*, p. 28/33/35)这里的"限制"是指示的那些,我们可以说,让其可腐化(corruptible)的特征:一方面,符号本身不是一种呼吸(呼吸是灵魂的表达),因此它是可腐化的,因为它的意义是不完整的和有限的——并没有和给予生命的灵魂相联系,其含义可能含糊不清或过于确定。另一方面,它指向的是经验存在的,而不是一种理想性。在表达的模式中,完全没有这两个限制——符号本身充满了意义,并且它被一个活生生的、呼吸着的灵魂立即注入意义,此灵魂会意向地表现出一个不是从经验领域派生的理想客体。

第三个"理由"与阐释的可能性有关,胡塞尔认为,只有在口头话语中才能真正得到阐释。德里达注意到,"阐释"(interpretation)的德语单词是 Deutung,它是意义(Bedeutung)的一个部分,意为被意向的意义)。这里立即会有大量的反对意见:例如,面部表情是什么? 例如,我们难道不会以某种方式阐释肢体语言和面部表情("她表现出被动的侵略性"、"他见到我很高兴"等)? 或者,我们可以举出更具体和更具意向性的身体姿势,例如竖起中指的姿势,其几乎普遍被认为是代表了阴茎,旨在传达特定的淫秽性的强烈意味。我们难道不阐释这个手势吗?

德里达认为,胡塞尔对此的反应是,我们当然会阐释这些事物,但这种阐释有两个关键组成部分,它们会将阐释置于表达性或口头话语的范畴内。首先,我们只能通过赋予这些行为以言语或概念意义来阐释这些行为,而这些东西并不属于行为本身("被动的侵略性"、"高兴"、"爱"等);也就是说,我们将一个非话语的符号或事件转变为说话行为。换言之,我们对身体行为投下的阐释性网络:

> 使一种潜在的表达被听到,它是一种尚保留于自身的"意谓"(bedeuten,vouloir-dire,wanting-to-say)。只有在能让这些非表达性的符号说出它们之间含糊不清的内容时(即那些在含糊不清的嘟囔中想要被说出的内容),非表达性的符号才想有所意谓。(*VP*,p. 30/36/38)

其次,正如本引文所暗示的那样,这种阐释的第二个关键组成部分是,阐释恰恰适用于意义的意向性,没有这种意向性就没意义。人们阐释手势或表达,以便确定它"想要说什么",如果手势背后没有此类想要说的东西,那么对于胡塞尔,手势就没有任何意义:"语言的本质是它的目的(telos)[10],其目的是'想要去说'的意愿性意识"(*VP*,p. 30/36/38)。对于胡塞尔来说,指示性阐释的这两个组成部分,以及所引用的例子,并不会削弱他对表达的理解,而是确认了它,因为它们暗示所有有意义的阐释都需要口头语言的组成部分,从而确认了符号只有在口头表达中才变得有意义。

在更仔细地研究"意向"概念及其在胡塞尔现象学中所扮演的角色之前,我们必须注意到,对于德里达来说,指示性符号本身(身体指示、面部表情等)的可阐释性(不论它将会被怎样理解)使胡塞尔将表达指定为语言符号的这一观点变得更复杂,只要这暗示了指示应被理解为非语言符号。如果指示是可阐释的(并且所有指示似乎都是可阐释的),那么,指示性范围总是陷入表达领域,因此陷入语言的领域,即使是胡塞尔所理解的语言:"因为从语言中排除所有指示性形式将是困难的,并且事实上是不可能的。"(*VP*,p. 30/36/39)在这里,我们再次看到对"事实上"一词的强调,这具有双重意义:事实上(也就是说,"确实"),不可能从语言中排除其所有指示性形式,但这是因为事实上(在交流中,与他人之间的语言日常使用)是不可能将它们排除在外的。德里达说,于是,这种区别可能介于表达和非表达之间——表达是以表达的方式而是语言性的,而指示则是以非表达的方式而是语言性的——但这种区别肯定不是在语言和非语言之间的区别。

当我们开始转向 B 节时,我们必须更仔细地研究激活(animating)表达/指示区别的动机对于胡塞尔意味着什么。我们注意到,在 A 节中,手势和面部表情落在指示而非表达的一侧的主要原因,对于胡塞尔而言,是它们没有立即与意向相关联,因此它们不受纯粹激活的影响,即德里达所说的,"通过精神(Geist)[11],即意志"的纯粹激活(*VP*, p. 29/35/37)。我们在其他地方提到的许多身体指示,例如因紧张而出汗,因尴尬而脸红,因愤怒而满脸通红等,绝不是意向性的——相反,它们本身往往是无意向的和无意的,当主体有意地试图控制它们,它们不会减弱,而是会加剧。面部表情和身体指示"不想要说什么,因为它们不想要说什么"(*VP*, p. 30/35/38)。

但是,即使在更具体和更具意向性的身体姿势的情况下,例如"竖起中指",所指向的意义只能通过身体的调解来传递,在外部世界中所有人看来——它是一种物理性表达,在某种意义上与它起源之处的灵魂相距甚远,换言之,它不是纯粹的激活。因此,这两种类型(面部表情和意向性手势)所共享的,以及剥夺它们纯粹表达性的东西,都是灵魂直接自我在场的丧失;灵魂的自我在场直接并立即与有意义的表达联系在一起,通过声音的呼吸赋予表达以生命:"这样的可见性和这样的空间性只会失去意致,失去开启了话语的精神激活的自我在场。它们实际上是自我在场的死亡。"(*VP*, p. 29/35/37)这是文本中非常重要的部分,所以让我们暂停一下,简要回顾一下到目前为止我们所读到的东西。

回想一下,我们阐明两种类型符号之间区别的方式是:表达有所意味而指示有所指向。但是,虽然这是对定义性区别进行分类的一种整洁方式,但我们注意到,在实践中,每次我们在交流话语中使用表达时,我们都会用它们来将听众指向我们的心理状态或世界上的事态,这样至少看起来表达性也以一种指示性的方式指向。尽管如此,我们注意到胡塞尔(在试图隔离意义的纯粹可能性中)致力于坚信这只是表达的一种偶然的、非必要的特征,从表达的纯粹意义上来考虑,这绝不会破坏表达的本质功能性。正如他

94

继续论证的那样,这种表达的指示性功能只作为交流话语的经验
事实的结果而产生的,我们注意到,这不是表达功能的本质特征,
而胡塞尔试图将其置于内心独白的考察中。

现在,在第三章中,德里达将讨论推进得更深入。我们在 A 节
中讨论过的这三个"原因"的共同点是(这里,我们已经预见到它
将在 B 节全面展开),它们在胡塞尔对于指示与表达的本质绝对可
区分性的信念背后体现出一种更具形而上学的冲动;这是一种与
身体/灵魂对立不可分割的冲动,前者在整个西方形而上学的传统
中无处不在。将表达与指示分开的是,胡塞尔意义上的表达是有
生命的,或活的,而指示则不是。这是因为,这样的符号类似于"尸
体"或死亡的物质身体。就其本身而言,严格来说,它没有生命,就
像西方传统中的"死"物质一样。那个身体(符号)是由鲜活的存在
者的意向所激活,或被赋予生命的——作为灵魂的直接表达;因
此,主体的意向之于符号相当于形而上学传统的灵魂之于身体:它
"将躯壳(Körper)转变进身体(Leib)"(*VP*, p. 29/35/37)。在交流
性表达的行为中,符号的"生命"直接体现在灵魂的"生命"上。

这也进一步有助于解释为什么对于胡塞尔,表达的交流性使
用严格来说不会构成表达的本质功能。在语言的经验性、交流性
使用中,我们至少以三种方式牺牲了意义的纯粹表达性。首先,正
如我们所看到的,我们失去了符号的纯粹表达性,因为我们使用符
号来向听众指示某些东西。其次,由于"话语的现实性本身就存在
着非意志的关联物"(*VP*, p. 29/34/37)这一事实,我们失去了符号
的纯粹表达性。当我与另一个人交谈时,总有可能我所说的将被
误解,理解得不清楚或被理解为并非我所想——可以说,对我的表
达的阐释和意义,我失去了控制。最后,这两种方式结合在一起,
因为它们都来自符号经过外部性的通道这一事实,即它通过世界
的通道——德里达认为,这种意向(灵魂)与符号(身体)的分离无

异于一种死亡(这将在 B 节得到进一步探讨)。本质上,使说话具有表达性的东西——不管实际上是否用于与另一个人的交流——是说话者所意愿的意义的意向;并且在该意向(在其双重意义上理解)外的一切(包括经验交流)也相应地全在表达的范围之外。因此,意向性的意义结构与产生它的意志是同义的,并且是不可分割的——意向性将其关注引向一种内在的、前语言的意义,并选择向外给世界上的那个意义以生命;这样的意向性与传统形而上学的意志概念不可分割。正如德里达所说,"意向性的概念仍然在唯意志论的形而上学传统中,也就是说,也许单纯地就在形而上学中"(*VP*,p. 29/34/37)。这样,我们来到了对 A 节核心的讨论,但正如我们将要看到的,它打开了 B 节的主要讨论。

B 节继续这一探究线索,即意义的"自我在场"和"非自我在场"(non-self-presence)的观点。虽然 A 节的后半部分侧重于表达的自我在场,但 B 节将开始更详细地探讨指示和指示性范围的非自我在场,并阐明胡塞尔式的主题和线索,后者将指引着对《声音与现象》剩余部分的阅读。正如德里达所说(并且正如我们在 A 节中所建议的那样),"它们将使我们认为,在最后的分析中,将表达与指示分开的,是我们可以称之为鲜活当下的直接非自我在场的东西"(*VP*,p. 31/37/40)。

A 节的主旨是意义(Bedeutung)出现于符号,只用说话和口头话语将其转化为表达"(*VP*,p. 27/32/34)。在上文中,我们将其称为第三章的一方面。在这里的 B 节中,我们发现了另一方面,因为德里达写道,与 A 节相反,"实际上,将口头话语视为表达性场所是不够的"(*VP*,p. 31/37/39)。从某种意义上说,鉴于胡塞尔到目前为止的举动,这种明显的矛盾并不令人惊讶。如果回想到,对于胡塞尔而言,意义严格来说只适用于可表达的东西(也就是说,一个语言的、概念的、理想的客体,它能够进入交流话语),那么这一矛盾便得到了解决（或至少得到了巧妙的处理）。这就是为什么，在身体指示或面部表情的例子中，对于胡塞尔，"阐释"（interpretation，Deutung）的概念只能在身体性指示能够被转换为概念性、语言性内容的范围内应用。所以确实存在这样一种意味，即符号只能通过口头话语变为表达。然而，当我们事实上与世界中的其他人说话时，我们以指示性的方式使用这些表达，从而使得这超出了胡塞尔所寻求的严格意义上的纯粹表达性。正如我们现在已经多次指出的那样，"所有话语，只要它涉及交流，只要它表现生活经验，它就作为指示而运作。"（*VP*, pp. 32/37-8/40）尽管胡塞尔承认表达是为了交流"原初地被构建"，但德里达会注意到，"只要表达能够起到这种原初的功能，它从来就不是纯粹地是自身"（*VP*, p. 32/38/41）。我们必须停下来注意使用"原初"（originative）一词，同时考虑到《声音与现象》第七章的标题是"原初的补充"（The Originative Supplement）。在《声音与现象》第32页，我们在此处文本中第一次遇到"原初"这个词；这让读者知道德里达开始为本书后半部分的论点作准备。

回到我们讨论的思路，鉴于交流话语总是作为指示运作，正如德里达在这里指出的那样，将口头话语视为表达性的场所是不够的，因为它即使排除了非话语形式的交流（如手势、身体指示和面部表情），"这时在说话中，仍然［存在］一种范围相当大的非表达性"（*VP*, 31/37/39-40）。

此外，口头交流的非表达性并非排他性地——德里达将会论证，甚至都并非本质性地——与交流符号本身的物理性相关联；事实上，在交流中，我们在世界中产生一个可见的或可听见的符号，其具有物理状态。换言之，交流表达的指示性本质不仅（即使它至今似乎已经以这种方式提出）与我们作为说话者向世界提出一个物理的"事物"这一事实有关；对于听众或读者来说，此事物随后作为一种符号而运作,和指示一样,它指向世界中以心理状态或事态为形式的另外某物。更确切地说,胡塞尔还将寻求排除那些让那种物理性得以产生的可能性,"所有这些都源于心理的当下体验的交流或显现(manifestations)"(*VP*, p. 31/37/40),换言之,一切与意义显现有任何关联的东西将作为一个本质的必要条件而不被算入表达领域。

因此,德里达开始对交流行为中发生的事情进行现象学检验。在交流中,"感觉的(听觉的或视觉的等)现象被赋予它们以意义的主体行为来激活,同时另一个主体必须理解这个激活性主体的意向"(*VP*, p. 32/38/41)。一个来自灵魂的孤独生活的主体,通过声音或书写词语方式赋予特定符号群组和结构以生命,来意向一个特定的意义,并表达该意义;此时另一个主体听到或者看到符号,并且对于真正的交-流(com-munication)而言更重要的是,另一个主体必须将符号阐释为有所意味地被意指,然后必须理解所意指的意义。这个操作有两个极点:激活/表达的一极和接收的一极。

符号的表达取决于激活,符号由此被赋予意义。但是德里达说,这个激活并不是"纯粹和完全的"(*VP*, p. 32/38/41)。也就是说,激活的运动不是一瞬间完成的,激活的瞬间不是被打上标点,或者严格地同表达的瞬间划分开来的。在从意向到表达的过程中,激活的运动"必须穿过身体的非透明性,并以某种方式在那里消失"(*VP*, p. 32/38/41)。换言之,在表达甚至变成交流意义上的"表达"之前——这时它仍然在成为"被激活的"(被赋予"生命"的)过程中,在变成一个外部表达的道路上,它必须通过身体的物理性来将此实现。在表达"被诞生"之前,就已经被腐化了。这种通过物理性的运动必须伴随每个表达的每个方面,这样的表达旨在向另一个人显现一个人的内心体验。因此"显现功能(kundgebende Funktion)是一个指示功能"(*VP*, p. 32/38/41)。

在交流操作的另一极是听者,他必须将说话人的符号解释为有意义的,并理解其所意指的意义。这带来了上面讨论过的主体间性问题。当我作为一个倾听者,与另一个人处于交流关系时,我只能对对方暴露在世界中的那些特征拥有原初直观:他的身体、他的手势、他的面部表情和身体(可见和可听见的)符号,他表达这些符号以便让我理解。然而,无论他表达符号时是多么清楚、刻意、有条理和诚实,他自己的经历永远不会被我直接地或直观地吸收和体验到,反之亦然:

98

> 但是,他的经验的主体性一面,他的意识,他由之特别地赋予他的符号以意义的活动,对于我并不像是对他自己那样是直接地和原初地在场,反之亦然。这里有一种不可还原的决定性的界限。(*VP*, p. 33 /38-9 /42)

我们在上面说过,与房子的情况不同,我们永远不会来到人的面孔后面并拥有对方的"自我"的直接意向;我们从来都只能拥有我们所谓的"类比性共现"(analogical appresentations),它是在配对联想的基础上产生的——像我这样的身体很可能具有像我一样的灵魂;然而,构成对方灵魂的孤独生活的一切永远都以交流的话语间接指涉着听者。德里达部分引用了胡塞尔在《逻辑研究》中关于此问题的讨论,以下是经伦纳德·劳勒修订过的翻译,他将其中的一些关键词和短语用粗体表示:

> 听者**感知显现**(manifestation)的方式就犹如他感知那个显现着的人——**尽管**使这个人成为一个人的**心理现象**(不管它是什么),因其所是之故,**不能被另一个人所直观**。[……]听者感知到说者正把某些心理的当下体验外在化这一事实,而且他也在那种程度上感知到这些当下体验;但是,听者并**没有亲身体验**

它们；他对这些体验没有任何"内在"感知，而只有"外在"感知。这就是以充分的直观把握一个存在者的真实把握，和以直观但却不充分的再现为基础而把握一个存在者的意向性（vermeintlichen）把握之间的重要区别。在前一种情况下，存在者在生活经验中被给予；而在后一种情况下，我们面对的是一个被设定的（supponiertes）存在者，对它而言没有任何相符的真理。相互的理解需要两方心理活动的关联，这两方的心理活动在显现和对显现的把握两个方面得到展开，而不是在两方充分的同一性中展开。（*VP*, pp. 33-4/39-40/42-3）[12]

单单这段就已经给予德里达很多强调在场的理由，这是德里达此时在胡塞尔思想中所定位的在场；这里所列出的区别非常有趣。我们对自己的经历有充分的直观——在这里被称为内感知——在这里被强调为真理的同义词，甚至是生命的同义词；但是我们对另外一个人的经历范围只有外感知，或不充分的再现——在这里就是真理缺席的同义词。由于这些原因，德里达对这段的阅读没有丝毫牵强附会：之所以没有真理和生命可以对应于对另一个人的体验，是因为对方的经验永远不能充分地在我的灵魂中在场，反之亦然。严格地说，显现（Kundgabe）没有显现任何东西，因为这种表达禁止充分实现据称是"被显现"的东西；它只是一种有缺陷或不足的显现。这一同样的在场缺乏是我们与他人进行的每一次交流行为的每一个方面的特征，正是这种在场缺乏使得表达性符号在用于交流话语时具有了指示性或不纯粹地是表达性的。因此，德里达认为：

> 在场的概念是这种证明（demonstration）的关键。如果交流或显现本质上是指示性的，那是因为他人的当下体验的在场遭到我们的原初直观的拒绝。每当所指的直接而完全的在

场被偷走了,能指就具有了指示性的性质。(*VP*, p. 34/40/43)

因此,我们已经到达指示的核心,或"根部"(*VP*, p.3 2/38/41):只要被意向的意义通过意向性行为在世界上显现;此意向性行为在本质上缺乏完全在场的可能性,指示就出现了。也就是说,一个没有显现出意义的完全在场的意义行为,本质上是指示性的。相反:

> 纯粹的表达性将是一个"意谓"(bedeuten)的纯粹主动意向(精神、心理、生命、意志),这个"意谓"正在激活其意义(Bedeutung)将要在场的话语。纯粹表达性不是在自然中在场,而是在意识中发生——因为只有指示在自然界与空间中发生。(*VP*, pp. 34/40/ 43-4)

纯粹表达性的在场在于它"不曾离开自身进入世界,进入空间,进入自然"这一事实(*VP*, p. 34/40/44)。

因此,我们看到,这里再次确认了我们在 A 节下考察的符号的身体/灵魂二元对立的解读,以及相伴而来的,所引申出的死亡/生命的二元对立。我们说,符号的"身体"(自身是"死的")通过主体的激活性意向而获得"生命",这时主体的激活性意向通过赋予它意义的灵魂,将躯壳(Körper)转变成身体(Leib)。我们刚才看到,用胡塞尔自己的词汇说就是,生命、真理和意义的自我在场之间的明确联系。当所表达的符号进入世界的外在性时,它就会失去甚至牺牲根本上构成其生命和真理的意义的自我在场。这种自我在场的退出涵盖了整个指示性领域;正如胡塞尔所理解的那样,指示因而根本上与自我在场的退出有关,正如我们在 A 节中所说的那样,这就等于是死亡。因此:

　　所有这些"退出"都将自我在场的生命驱逐到指示中,人们可以确认,至此几乎遍及整个语言范围的指示,是在符号中运行着的死亡的过程。一旦他者显现,指示性的语言——与死亡关系的另一个名称——就不再让自身被抹除。(VP, p. 34/40/44)

这种指示是一种语言符号,在从一个主体到另一个主体的意义显现中起作用。每当对方出现在我面前并且我们进入交流关系时,它就会运作。因此,如果表达构成了意义的纯粹可能性,并且如果意义是意向自我在场的纯粹性,一旦他人出现该纯粹性就会失落于指示性领域,那么,最终正是与他人的关系才是必须要还原,并排除在我们的分析之外的事物:"因此,作为非在场的与他人的关系是表达的不纯粹性。"(VP, p. 34/40/44)于是就说到向内心独白的还原;如果指示的特征是自我在场的退出,那么表达将包括停留在该退出中,并保持在意识的内在性中。内心独白涉及表达性符号(即有意义的符号)的使用,但它同时排除与他人的关系。在这里,我们再次引用伦纳德·劳勒对胡塞尔段落的翻译,并将重要的地方加粗:

　　但是,在灵魂的生活中,表达还负有一种重要的责任,因为这种生活并没有参与到交流的关系之中。这种**功能的改变**显然**并未触及使表达成为表达的因素**。它们和之前一样拥有自己的意义(Bedeutungen),它和**在对话中的意义相同**。只有在我们的注意力排他性地被引向可感物,在词语成为简单语音形式时,词才不再是词。但是,**当我们生活在对词的领会中的时候,不管我们是否朝向某人说出某词,词都有所表达,而且表达同样的事情**。我们由此可清楚地看到,**表达的意义**(Bedeutung)**和根本还属于意义的东西,是不能与它的显现的**

活动相重合的。（*VP*, pp. 35/41/44-5）[13]

　　一个词仍然是一个词，只要我们的注意力集中在这个词的涵义（sense）或意义（meaning）上——这就意味着这个词的意思包括核心，或者我们可能会说，这个词的本质，只有当我们将焦点从词的意义转移到它的声音结构（特定字母组合在一起，以产生一个特定声音的听觉符号）时，我们只会失去这个本质，也就是说，这个词不再是一个词。一个表达保留了本质上属于它的东西，无论它是否显现出来，只要一个人生活在对这个词的理解中——但这只是意味着，某个词的任何形式的经验显现都本质上与它的本性无关；德里达写道，"词语的同一性是理想的"（*VP*, p. 35/41/45）。从某种意义上，它是理想的，是因为它是词语和意义的直接统一（因为我们生活在对词语的理解中），其可以无限重复，并由意志的激活意向联系在一起，存在于所有经验显现之外。"因此，在灵魂的孤独生活中，如此这般的表达的纯粹统一因此应当最终复还于我。"（*VP*, p. 35/41/45）

　　将我们的分析还原到内部生活后，我们遇到了一个有趣的问题：主体在内心独白中是否向自身指示某些东西？例如，假设一位父亲对他的孩子大喊大叫，过了一会儿后，他想到，"你反应过度了，你应该向他们道歉才对。"问题是，在说出这些话时（或者默默地对自己想着这些话），父亲实际上是否向自己指示了什么？他是否以任何方式将自己指向自己以前在任何意义上都不曾拥有的知识？这些内心交流的典型例子和类型实际上是无限的："你爱上了他"、"你犯了一个错误"、"我渴望卷饼"等。或者当我们真的对自己提问并立即进行回答时，情况会怎样？例如，一个人走进一个房间，问自己，"现在，我为什么进这里来了？"过了一会儿他反思说，"啊，是的，我来这里检查恒温器。"我们实际上在这种情况下确实认识到了自己的一些事情。胡塞尔在分析过程中也向自己提出了这个问题,但由于可能到目前为止已经很明显的原因,他拒绝以指示性方式与自身联系起来的可能性:

> 我们是否应该说在孤独中自言自语的人,词语对他而言是作为符号(signs, Zeichen),即他自己的心理体验的指示(indications, Anzeichen)而起作用呢?我并不同意这样的观点。(*VP*, p. 35/41-2/45)[14]

胡塞尔在这一点上必须坚持。因为,如果内心独白中所使用的表达向主体指示了关于主体的某些知识,而主体正在思考这些知识,那么归根到底,所有的语言最终都是指示性的,并且所假定的意义的"纯粹"表达性将变得完全无法实现,甚至是不可能如此。这会破坏表达/指示的区别,但与此同时,如果现象学还原与这种表达/指示的区别密不可分(正如德里达试图证明的那样),那么,上述观点最终会破坏所有形式的现象学还原的可能性。与此同时,它也会严重损害胡塞尔对意义的前表达层面的理解,因为这个层面只能通过使用指示来"体验"。这样的指示,如同我们所说的,在根本上于通向外在性的通道中导致了自我在场的丧失。换言之,自我与自己的关系只能像自我与他人的关系一样,这个提议在胡塞尔的理解中是完全不可接受的。简而言之,如果自我必须通过指示与自身联系,就像内心独白教会主体关于他或她自己的任何事情一样,那么整个现象学课题就会受到质疑。正如德里达所说的那样,如果"整体上'真正意义上的'主体性的理想或绝对孤独仍然需要指示来构成其自身的自我关系",那么"在第一章中宣布的这个本质区别的整个意指理论将会崩溃"(*VP*, p. 36/42/46)。现在让我们看看胡塞尔如何试图证明指示的多余。这将我们带到了第三章的结尾并引导我们进入第四章。

102

我们在上面讨论的 Hinzeigen（表达性指向）/Anzeigen（指示性
指向）的区别在这里再次变得重要,[15]它伴随着现实（reality）和再
现（representation）之间的区别。为了证明纯粹的表达不具有指示
性作用,胡塞尔宣布了两种类型的指向之间的区别,表达性指向
（德里达在这里翻译为"monstration"）和指示性指向。这两种重要
意指模式之间的根本区别在于,指示性指向通过世俗经验世界的
外在性通道,另一方面,正如胡塞尔所理解的那样,表达性指向并
没有通过世俗现实,即使是在宽泛意义上所说的、通过意向主体的
身体的通道,就像符号在成为交流表达的过程中要通过身体一样。
但对于指示,正确的却是相反的情况:"相反,在指示中,一个现存
的符号,一个经验事件指向一个至少是被假定存在的内容"（*VP*,p.
36/42/47）。在指示中,使用一个经验存在用来指向另一个经验存
在;而在表达性指向中,一个被再现的符号直接指向一个纯粹的意
103　义:"在'灵魂的孤独生活'中,"我们不再使用真实的（real,
wirklich）词,而只使用被再现的（represented, vorgestellt）词"（*VP*,
p. 36/43/47）。

指示的经验性本性还导致存在的符号指向具有或多或少的确
定性的存在者或事态,这与内心独白的表达不同:

> 在独白中,当表达充实时,非存在的符号展现（show）那些
> 理想的指称（Bedeutungen）,因此,它是非存在的但又是肯定
> 的,因为它们被呈现给直观。至于内部存在的确定性,胡塞尔
> 认为它不需要被意指。它直接被呈现给它自身。它是活生生
> 的意识。（*VP*,p. 37/43/47-8）

表达是"充实的",因为它不会在意义上牺牲或失去任何东西,
因为它不会通过世界的外在性;出于同样的原因,它是"确定
的"——主体在经验发生的确切时刻生活在经验的涵义中;在到达

意识主体的范围之前,它不会,也不需要先通过世俗的外在性。因此,只要表达性指向仅使用被再现的词语,而非真实的词语,它就因此是充实而确定的,并且它以无中介的方式指向理想的而非经验的意义。

然后,这将我们带到这种再现的状态,以及我们在内心独白中使用的词语的想象(imagination)。第三章最后几页强调了对客体的想象与被想象的客体之间微妙但非常重要的区别——这种区别与主体在内在表达中对自己所再现的表达性指向的地位有关。胡塞尔必须坚持认为"如若我们需要对词语的想象,那我们同时不需要被想象出来的词语"(*VP*, p. 37/44/48)。德里达的听觉感知的例子有助于阐明这种想象/被想象的区别。

每当我们听到一个单词时,对于胡塞尔来说,就自身存在一种"词-符号"的区分,即世界上的经验、可听见的符号,以及对此符号感知的现象(对该符号的倾听)。也就是说,根本上伴随着感知本身的现象是感觉的"存在"(existence),也就是说,是声音的现象性显现与世俗领域中的经验事物相平行的感觉。即使在内心生活的缩小了的范围内,感觉的"存在"也适用于声音符号的现象性显现。正是这种意义 ——"存在"——将适用于被想象的客体,这就是这种"存在"在想象本身中被排除或还原的原因,严格来说:"在想象中,词的存在并不是被暗示的,甚至不是通过意向性的意义被暗示的"(*VP*, p. 38/44/48)。但是,在还原这种世俗的存在方式时,意识强调了灵魂体验中的绝对存在;我们可以说它为更高级别的生活放弃了世俗的生活:

> 这种存在的绝对性只有在与先验世界相对的存在还原中显现。而这就已经是想象,"现象学的重要因素"(《观念 I 》)[16],它将具有特权的媒介赋予此运动。(*VP*, p. 38/44/49)

104

　　这(及其所含的一切)将胡塞尔的"想象"概念,和现象学主题的内在性与德里达所说的"关于想象的经典心理学"(*VP*, p. 38/45/49)明确分开。因为,在经典模型中,图像(image)类似于心灵中包含的图画(picture),一个指向被想象客体的"真实"的指示性符号,一个"复制另一个现实的现实"(*VP*, p. 39/46/50)。然后,想象能够通过产生"记忆-图像"或其"想象-图像"来复制该"图画-图像"。因此,对于经典心理学而言,所感知的图像与作为被想象或被记忆的图像之间的差异不是种类的差异,而是强度的差异。但是,正如我们在上面讨论时间意识的材料那样,对于胡塞尔来说,感知和再现之间必然存在着本质差异,原因有两个。首先,在现象学的意义上,它们就是不同的类型。一个人对某个事件的记忆与对事件的原始体验是不同的现象,相反,无论一个人对当下经验的感知有多么微弱,人们都不会混淆微弱的当前感知与记忆。其次,整个现象学课题是建立在这样的基础上:给予在灵魂内在生活中的意义的纯粹表达性以特权。这需要在感知和再现之间进行根本的区分。正如德里达在其中一个较长的脚注中写的那样,"这种异质性构成了现象学的整个可能性,现象学只有在纯粹和原初的呈现(presentation)是可能的和原初的时候才有意义"(*VP*, pp. 38-9n ＊/45n4/49-50nI)。胡塞尔的这种根本区别是对经典心理学批判的支柱,因为胡塞尔认为,不能认识到呈现和再现的绝对异质性来源于这样一种观点:将图像视为一种复制现实的心理内容。对于胡塞尔来说,图像不是在心灵中包含的东西。

　　然而,(在这里我们开始过渡到第四章)胡塞尔和经典心理学所共有的特征——"它们共同的形而上学预设"(*VP*, p. 39/45/50)——是坚信在场是首要的,感知是原初的,再现是次要的。对于经典心理学来说,这是一个由外部世界印在心灵上的图像,这个图像的现实性向外指向它的客体——因此这个图像的记忆或想象

是它的一个不太强烈的次要版本。对于胡塞尔来说,这种在场是
纯粹意向性的意义。但是,尽管存在这种将现象学与经典心理学
区分开来的严格性,但它们却在一个信念中统一起来:在场是第一
位的。这恰恰正是解构将会削弱的地方,正如德里达在此宣布的
那样:

> 通过宣称感知不存在或人们称作感知的东西并不是原初
> 的,而且就某种方式讲一切都"开始于""再现"(这种观点显
> 然只能在抹除这最后两种观点后才能维持,它意味着没有"开
> 始",而且我们所讲的"再现"并不是对一个被附带添加于原初
> 呈现上的"re"[再]的修改),通过把"符号"的差异再次插入
> "原初物"的核心之中。问题不在于离开先验现象学[……]我
> 们就这样确定了此论文的最初意图——以及长远视界。(*VP*,
> pp. 39/45-6/50)

这一宣布向我们表明,《声音与现象》正在进入其运动的第二
阶段。到目前为止,我们一直在奠定基础。第一章强调了在
1900—1901 年的《逻辑研究》中表达/指示的区别对于现象学课题
其余部分的重要性。我们还试图分别在第二章和第三章中分离指
示和表达的核心或本质。正如我们所做的那样,我们同时指出了
这些概念携带的所有复杂性和纠缠。因此,迄今为止的分析试图
强调这些构成现象学课题的核心观点的重要性,以及其复杂性的
重要影响。

当我们转到第四章(以及随后的第五章和第六章)时,一些重
要的转变开始发生。首先,第四章、第五章和第六章的论点都是为
了证明在胡塞尔的术语中,灵魂孤独生活中指示性符号的多余性。
第一章、第二章和第三章是向我们主张此多余性的基础,并展示了
其的利害关系,但第四章、第五章和第六章开始为这种多余性提出

106　明确的论点。这些论点分别是:来自再现的论点,来自时间化的论点和来自"听到自己说话"的媒介的论点。正如伦纳德·劳勒在译者介绍中所指出的那样,所有这些论点都运作"于胡塞尔现象学自身的领域中"(*VP*,p. xxiii)。由此,正如我们在第一章、第二章和第三章的讨论中所看到的那样,德里达分析得出并探讨了胡塞尔的承诺之纠缠,这些论点似乎与自身背道而驰。但现在赌注更高,因为正如伦纳德·劳勒所说,"第四章、第五章和第六章的论点也在更广泛的一般形而上学领域中运作"(*VP*,p. xxiii)。事实上,我们已经看到了对此的暗示,例如德里达在第三章中写道:"意向性的概念仍然根植于唯意志论的形而上学传统,也就是说,也许单纯地就在形而上学中"(*VP*,p. 29/34/37)。但是,如果说第一章、第二章和第三章更隐晦地指出胡塞尔与整个形而上学传统之间的关系,那么,第四章、第五章和第六章则更为明显。柏拉图、亚里士多德、笛卡尔、休谟、康德和海德格尔的名字开始以更高的频率出现,其中许多是在文本正文中第一次出现。这并不奇怪,正如我们所说,对于德里达来说,胡塞尔的现象学代表了"最具现代性、批判性和警惕性的形而上学形式"(*Positions*, p. 5)。现象学将在场形而上学在其空间和时间意义上联系在一起,并将它们带到其逻辑目的的地步,因为现象学对在场和鲜活的当下的强调与其大多数先驱者不同,现象学是绝对的和不妥协的。现象学中的唯一真理是符合一切原则之原则,是符合在场的纯粹内在性的限制。因此,鉴于胡塞尔是将这种在场带入其完美性中的哲学家,人们可以理所当然地认为,正是在形而上学传统的这一点上,德里达所讨论的位于整个形而上学传统基础中的构成性差异变得最为突出。因此,在第四章中,"解构"一词首先出现在《声音与现象》中并不奇怪。最后,第四章、第五章和第六章所证明的是现象学传统的承诺是由形而上学传统所驱动的方式,同时还有这些承诺被不同的差异结构所破坏的方式(此类差异结构让这些承诺首先变得可能)。

现在让我们进入《声音与现象》的第四章。

意义与再现

在第三章中,我们试图在内心独白的内心声音中孤立出意义的纯粹表达性,这出现在一个人自言自语时。我们说,这是一种对表达性符号的使用,它不会进入到世界,甚至不通过身体的媒介。在它被表达的那一刻,这是一种绝对呈现于其自身的声音,而且它的意向也是以纯粹理想性形式存在于经验世界之外。但最后,我们还是想知道,当我对自己说话并且了解一些关于我自己的事情时,我在这样的情况下显然会向自己指示一些事情吗?由于现象学所强调的原因,我们说,胡塞尔不可能允许有这样的观点。如果我们确实在内心独白中向自己指示关于自己的知识,那么整个现象学课题所奠基在其上的纯粹在场层面就会动摇。因此,对于胡塞尔而言,我们最终能够本质地区分表达与指示,这是一个非常紧迫的问题,这样我们就可以排除或还原指示并通过被表达性符号照亮的被孤立出来的纯粹的意义层面。正如德里达所写,"在孤独的话语中,主体没有从自己身上了解到什么,没有向自己显现什么。为了维持这种证明(其后果在现象学中是无可限量的),胡塞尔依靠了两种类型的论点"(*VP*, p. 41/48/53)。现在我们开始关注胡塞尔关于指示的多余性的论点。

这两种类型的论点(其中第一点在第四章中得到论述)在以下胡塞尔的关键段落中集中体现出来,重点地方以粗体显示:

从某种意义上讲,人们在孤独话语中确实也在**说话**。因此,**把自己想成一个说话者,甚至是自言自语的说话者**,肯定是**可能的**。比如,当某人对自己说:"你错了,你再也不能这样下去了。"但是,在这些情况下,**在交流的严格意义上,在这样的情况中并没有说话**,也没有告诉自己任何事情:人们只能将**自己再现**(man stellt sich vor)为说话者和交流者。**在独白中,词语不能发挥指示**心理活动的此在(Dasein)的作用,因为,**这样一种指示在此不会有任何目的性**(ganz zwecklos wäre)。**因为,此问题关涉的活动本身在那同一时刻**(im selben Aubenblick)被我们体验。(*VP*, p. 41/48-9/54)[17]

108　　　由此,德里达在灵魂孤独生活中抽象出两种类型的、用于证明指示多余性的胡塞尔式论证。在第一种"类型"中,我没有向自己指示任何东西,因为向自己指示任何东西是不可能的;至多,我可以向自己再现自己,好像我在与自己沟通,但仅此而已,这只能是一种再现:"这里我们只有一种再现和想象"(*VP*, p. 41/48/53)。根据第二种"类型",我没有与自己交流任何东西,只能想象自己这样做,因为没有交流的需要;并且之所以没有交流的必要,是因为在灵魂的孤独生活的情况下,心理行为是在其发生的确切时刻由主体体验到的:"心理活动的存在不需要被指示(我们回想,只有一种一般的存在可被指示),因为心理活动在当下时刻是对主体立即在场的。"(*VP*, p. 41/48/53)正如我们所说,第四章论述了第一种类型的论点。第二种类型的论点将是第五章的主题。

　　根据第一种类型的论点,我对自己没有任何指示,因为不可能这样做;当然,我想象自己好像在对自己说话,但这只是自我对自我的再现,仅此而已:"一个人再现自己(man stellt sich vor)为一个说话和交流的主体"(*VP*, p. 42/49/54),德里达写道。从一开始,这就是成问题的,因为它提出了再现的问题,即使在胡塞尔的构思中,这种再现的状态也是模棱两可的。胡塞尔本人使用了再现的

各种意义:(1)在一般理想性的意义上的再现,作为表象
(Vorstellung);(2)作为在场(presence)或呈现(presentation)的变
形的再现,如当下化(Vergegenwärtigung);(3)作为另一个表象
(Vorstellung)的占位符的再现,如代现(Repräsentation)。正如德
里达所指出的那样,"在这里",在一个人对自己再现(representing)
自己的情况中(就像一个人与自己交流一样),"我们必须考虑在表
象的一般意义上的再现(representation)……"(*VP*, p. 42/49/54)。
胡塞尔的措辞是关键所在:man stellt sich vor(一个人再现自
己)——在这里我们看到表象(Vorstellung)这个词的组成部分,但
就表象是一般意义上的理想性的术语而言,它还包括当下化和代
现,正如德里达所指出的那样。[18]

　　但这种含糊性本身就会产生进一步的困难。我们必须牢记我
们在分析中的确切位置——为了孤立出构成胡塞尔所认为的理想
性核心的纯粹表现性,我们试图还原或排除指示性范围,我们推断
这个范围包含所有语言在交流话语中的真实的(即经验的、实际
的)运用。在这样做的过程中,我们孤立出表达的本质,而且这与
指示本质上是截然不同的,因为在灵魂的孤独生活中使用它只能
给我们提供一种再现性的沟通,而不是真实的沟通。因此,在胡塞
尔的术语中,指示将被理解为真实的交流,反之亦然,而表达必须
被描述为再现性的交流。出于这个原因,德里达写道,"胡塞尔在
这里似乎在语言中应用了现实性与再现之间的根本区别"(*VP*, p.
42/49/54)。因此,为了达到意义纯粹的、理想的表达性,根据胡塞
尔的说法,人们必须通过一种在想象再现(imaginary
representation, Vergegenwärtigung)形式中的虚构。

　　但是,德里达说,这种区别——现实性与再现的区分——似乎
并不严格适用于语言,尤其不适合胡塞尔提出的方式。如果在一
般理想性意义上的再现(即表象,Vorstellung)确实是表达性的本

109

质组成部分,那么,德里达认为,这会导致再现本质上不适用于指示或语言的真实使用。

> 首先,我们应该假设,在交流中,在所谓语言的"实际"实践中,再现(从这个词的所有意义上说)不是本质性的和构成性的。我们需要假设,再现是偶然添加在话语实践上的一次意外。(*VP*, p. 42/49/55)

于是,再现将成为交流的指示性领域中偶然的、非必要的"附加物"。但德里达认为,情况根本不是这样,因为无论是否出于交流目的,每次符号的使用都需要一个再现性的组成部分,而且本质上如此。其构成了意指(signification)本身的基础:"从一开始,我必须(在)重复结构中运作,其元素只能是再现性的"(*VP*, p. 42/50/55)。让我们进一步探讨这一点。

包含在语言符号的本性中的,是其在运作这一本质性,也就是说,无论说话人/作者以及听者/读者是在场抑或缺席,在可能是无限次数中,并且在可能是无限的经验情形中,它都必须是可应用的和可识别的。如果一个"符号"只对一个人,在某一次有意义,那么,它根本不是一个符号。然而,虽然如此,我们注意到,

110 在某种意义上,符号的经验运作总是腐化其理想性,仅仅是因为它是一种经验性的使用,也就是,因为这一符号走向世界——符号可能在不同的地理区域中有不同的发音,根据文化或时代等可能会有不同的解释。但是,为了使符号是符号,它必须保持一些理想性的核心:

> 每当一个音素(phoneme)或一个字素(grapheme)在某一个步骤或感知中出现时,这音素或字素必然在某种程度上总是另一个,但是,只有当正式的同一性允许其得以再次发送出

来并且被辨识出来时,它们才能够作为符号和一般语言进行
运作。(*VP*,p. 43/50/55-6)

鉴于我们刚才所说的,现在很明显的是,这个符号总是并且本质
上是与再现一起运作的,在德里达上面讨论的所有三种形式中:
(1)作为表象,因为它意味着一般的理想性范围;(2)作为当下化,由
于其可重复性,它能够在多种情况下代表和重现在场;(3)作为代现,
因为"每个意指事件都是一种对所指和对能指的理想形式的替代"
(*VP*,p. 43/50/56),每次我们使用一个符号时,我们都把它作为一个
替身使用,以指出一个理想的概念。因此,如果胡塞尔希望将"再现"
的概念在本质上分配给内心独白的表达领域,并将"现实性"给实际
交流的指示性领域,那么,德里达认为这是行不通的,因为整个语言
都在本质上受到"再现"概念的约束——符号的每次使用都是经验
(或真实)的操作,但是,如果不指向理想性和再现,任何符号的使用
都是不可能的。因此,语言本身本质上的构成是基于这种矛盾的独
一性(在其每次运作中不可替代的、经验的"现实性")和理想性的纠
缠,换言之,这种纠缠以及由此而来的现实性和再现的本质的不可分
离性,让语言成其为语言。因此,德里达写道:

> 在语言中,再现和现实性不是被补充在这儿或那儿,原因
> 很简单,在原则上是不可能严格区分开两者的。而且,人们必
> 然不能认为这种不可能性是在语言中被生产出来的。一般语
> 言就是这种不可能性,并且单纯通过这种不可能性而成为可
> 能。(*VP*,pp. 42/49-50/55)

此外,如果我们认为或许胡塞尔只是在他排除指示性范围时,
试图孤立出"表达性的独有的再现性特征"(*VP*,p. 43/50/56),这
么上述观点不会带来任何差别。换言之,人们可能怀疑,我们的分

111

析假设了胡塞尔没有做出这样的假设,即因为再现适用于表达性领域,那么它必然不能适用于指示性领域;但恰恰相反,反对意见会认为,胡塞尔实际上并不认为"再现"根本不适用于指示性领域——相反,他只是强调,表达性的本质性质是它专有的再现性特征:虽然指示可能是再现加上其他东西,但表达只是再现的再现性特征。但是,这样的观点无法动摇德里达试图证明的观点。因为,一旦承认每次对符号使用都具有本质上再现性的特征,那么即使表达是纯粹地再现性的(德里达会拒绝这点),那么,在实际或真实话语与再现性话语之间的任何强区别都会立即成为问题。

从第43页到第44页(*VP*, p. 43-4/50-2/56-8)的这两段是文本中含义最丰富和对后面最重要的段落。这里开始了整本书的一个关键预示和最重要的转折点之一:形而上学的历史以现实性与再现之间的这种差异为基础,而且,当我们允许这种再现污染整个语言时,那么在语言本身内,这种激进的差异变得不可持续:"无论问题是涉及表达还是指示性的交流,现实与再现之间,真实与想象之间,单纯在场与重复之间的差异总是已经开始抹除自身。"(*VP*, p. 43/51/56)从柏拉图延伸到胡塞尔以及更后的在场形而上学的传统,其特点是"拯救在场的顽固欲望"(*VP*, p. 43/51/57)。因此,根据形而上学的传统,它将被认为是首要的在场的再现性特征归给符号,因此符号具有"衍生的"、补充的或次要性质。只要符号只能再次-出现(re-present)在场,这个符号才被认为是有缺陷的。(正如德里达多次指出的那样,这也是为什么胡塞尔致力于在本体论意义上的表达性符号的领域之先,建立一个感觉的内在层面的概念。)

现实与再现之间的区别只能通过使用符号来实现。正如德里达所说的那样,"这也是生活在重复和再现所确定、所保障、所构成的效果中,生活在消除了在场的差异效果中"(*VP*, p. 43/51/57)。

只有在一个封闭的符号系统的安全性内，我们才能明确地将"现实性"的特征归结在纯粹的、无中介的、不经修改的在场中。但是，德里达认为，符号，以及更为普遍的语言，是在现实性和再现的本质的不可分离性的基础上构成的，以至于现实性与再现之间的差异只能通过有意忘记符号的根本性质来实现："审查这种差异的姿态就是抹除符号"（*VP*, p. 44/51/57）。这种自相矛盾的结合意味着，在场形而上学只能通过在其使用符号的那一刻抹除符号的真实性质（其本质上是彻底地作为再现的），来建立自身所需要的（现实性与再现之间的）根本差异。因此，有两种方式可以抹除"符号的原初性，而且我们必须注意所有这些运动的不稳定性"，因为它们"实际上非常迅速、非常微妙地从一个活动过渡到另一个活动"（*VP*, p. 44/51/57）。

第一种方式是形而上学传统的姿态，正如我们所说的那样，其抹除了符号的原初性，忽略了其再生产和再现的本质特征，"将它们变成了一种改变单纯在场的修正"（*VP*, p. 44/51/57）。但是我们必须记住，对于德里达来说，在场的奠基价值是整个哲学史的定义性和初始姿态，因此迄今为止还没有其他的符号概念。换言之，符号的形而上学概念是被构成的，基于对符号的抹除而成为可能。因此，第二种方式是在形而上学传统的背景下恢复符号原初性的姿态，其目的是"抹除符号的概念，这些符号的整个历史和整个意义都属于在场形而上学的冒险"（*VP*, p. 44/51/57）。这是被称为"解构"这一课题的姿态，这个术语在本页上首次出现（*VP*, p. 44/52/57）。

然而，恢复符号原初性的姿态让整个系统的其余部分全然发生改变——在场、原初性、同一性，这些是与将符号理解为衍生物的观点绑在一起的价值。因此，"这种模式也支撑着再现、重复、差异等概念，以及它们的整个系统……整个差异的系统被引入到了

113　相同的解构中"（*VP*, pp. 44/51-2/57）。虽然直到 1972 年德里达才在采访集《立场》中"定义"解构，但是，在《声音与现象》的这一页上，他给出了一些关于其结构模式非常重要的细节。首先，我们注意到，他说，这种模式的运动，"始终已经开始了"（*VP*, p. 44/52/57）。也就是说，解构的运作在形而上学历史的每个时刻都在进行着。这是因为，从柏拉图到胡塞尔及其后的形而上学传统的初始姿态，都是在抹除符号的基础上建立符号概念的设定，符号在此作为衍生的再生产和再现。因此，只要符号的概念是对符号的抹除，这种抹除就会潜伏在哲学传统中每个重要姿态的背景中。这就是为什么德里达后来的作品（讨论柏拉图、亚里士多德、奥古斯丁、卢梭、黑格尔、海德格尔等）证明了，正是每个文本在自身的运作过程中削弱了自身。这将我们带到第二个关键点，即解构不是一种方法论，也不仅仅是一组文本阐释。德里达认为，解构不是"雅克·德里达"这个主体发明的东西，不能被简单地采用和应用于文本，就好像从文本之外强行实施的一种意志行为一样。如果解构只是这样一种文本阐释的方法，它就不会在胡塞尔的文本中被定位（其直到 1967 年才被德里达所"发明"），正如德里达认为，它更不可能在柏拉图和亚里士多德的文本中被定位。第三，根据德里达的说法，这就是为什么人们不能简单地放弃在场的奠基性价值并在哲学传统中前进。要成为哲学家，就意味着要从哲学传统中工作出来（work out of）；要从哲学传统中工作出来，意味着要处理一系列继承下来的概念和问题；然而，这些概念的运作基于贯穿整个哲学史的某些决定和预设。人们不能简单地改变这些概念，因为无论喜欢与否，这些概念都带有产生它们的历史元素；例如，当胡塞尔在《笛卡尔式的沉思》中使用"monad"（单子）这个词来描述主观意识时，该概念已经携带了莱布尼兹的回响。然而，人们不能简单地创造新的概念，因为制约概念创造的西方传统规则的运作需要符

合"在场的奠基价值"的相同预设。因此,最后,解构无非就是试图
重新构思人们对何谓思考的理解。开始以新的方式思考的唯一方
法是通过打断处于运作中的形而上学,从而试图打开在场形而上
学传统的封闭。因此,解构的任务是试图将思想推到系统之外,德
里达在其他地方称之为"思考或解构概念之概念"的动力(*Limited
Inc.*, p. 117)。但是,人们只有从形而上学体系内开始才能做到这
一点。这就是为什么德里达认为"这种模式的运动只能在当下和
很长一段时间中从内部,从某种形而上学语言的内部解决"(*VP*,
pp. 44/51-2/57)。

让我们继续。继这一宣布之后,对于本书的其余部分,德里达
论证的推进将开始获得动力。我们说,解构消除了符号概念的原
初性,恢复了符号本质的再生产性和再现性;它通过恢复符号来抹
除符号。这样做,它使再现、再生产和重复成为首要的,而不是派
生和次要的。这将基于对胡塞尔的"理想性"概念的理解。对于胡
塞尔来说,即使在首要的在场模式中,任何经验的意义都必然符合
一种理想性,只要在理想和非经验的情况下,这种理想性在其"被
经历"之前和作为其"被经历"的条件,如此这般地存于在场模式
中,是无限可重复的。因此:

> 当下化(re-presentation)对被再现物有一种作为表象的呈
> 现(Präsentation)。因此,与胡塞尔的清晰意向相反,我们需要
> 让一般的表象本身依附于重复的可能性,并让最简单的表
> 象——呈现(presentation, Gegenwärtigung)——依附于当下
> 化(Vergegenwärtigung)的可能性。于是,我们从重复中得到
> 当下的在场,而不是相反。(*VP*, p. 44/52/58)

根据胡塞尔的说法,话语的结构只能按照"理想性"的概念来
理解,而这只能通过三种不同但相关的方式来理解。首先,能指

（词的感官形式）自身是理想的，只要它可以在潜在无限的案例中作为同一事物而重复。第二，所指（能指指向的理想的意义）是理想的，其存在于一个"外部"，在我们上面的讨论中，此外部在严格意义上是意识的外部，也是在外部世界的外部。第三，意向的对象，正如我们上面所说的那样，当理想的意义穿出自身外部并进入另一个外部，这里是在意识中作为意识的客体。在所有这三种意义中，对于胡塞尔，理想的理想性取决于重复的本质可能性。它"在世界上并不存在，它不是来自另一个世界"（VP, p. 45/52/58）。如果它存在于世界上，它将仅仅是经验性的，并且只能是这样或那样的，只发生一次。如果它来自另一个世界（如柏拉图主义的天真形式），这将恢复一种无法实现和不可知的超越（transcendence），而胡塞尔的整个思想都拒绝此类超越。理想的理想性完全地并只是取决于意义本身的纯粹可重复性。因此，"它的'存在'（being）与重复的能力成正比。"（VP, p. 45/52/58）

存在（being）被认为是理想性，这是因为它的永恒性和本质的可重复性。但是，如果根据理想性（以及重复的可能性）来理解存在和真理，那么感性存在（existence）必须被理解为在某种意义上的虚假或虚幻。于是，这以"其柏拉图形式重新唤起了哲学的原初决定"（VP, p. 45/53/59）。在苏格拉底对话中，每当苏格拉底和对话者试图追溯一个概念时，对话者通常会给苏格拉底列举该概念的例子或经验实例。苏格拉底总是反驳说，他不寻求例子，而是形式，因为后者只要是普遍的，就是可重复的，因此在经验世界中是可以被辨认的。根据柏拉图的观点，经验世界中的事物分享其各自的形式，并且正是在这种程度上，它们分享着存在，但是因为它们不是它们各自的形式，它们也分享着非存在（non-being）。对于胡塞尔来说，理想的理想性并不存在（exist），因为它不是也不能是经验的，但这并不意味着理想性的特征是非存在，因为：

当他肯定理想性的不存在（non-existence）或非现实性（non-reality）时，他这样做是为了承认理想性是需要遵循这样的一种模式，其确实不可被还原到感性存在或经验现实性，甚至是它们的虚构性。通过将真实的存在（ontos on）[19]规定为形式（eidos），柏拉图没有做任何其他事情。（*VP*, p. 45/53/59）

因此，由于强调理想性的存在，现象学思想彻彻底底充斥着纯粹化了的柏拉图主义；此外，这将其与在场形而上学密不可分地结合在一起。德里达认为，"这种将存在作为理想性的决定，以一种矛盾的方式，与将存在作为在场的决定融合在一起"（*VP*, p. 45/53/59）。这种融合是矛盾的，因为胡塞尔所理解的理想性是一种激进的外部，外在于意识和世界，因此，在某种意义上，它从根基上而言是缺席的，不在场的。尽管如此，胡塞尔的理想性将德里达所描述的两种在场模式联系在一起：空间的和时间的在场。它之所以是空间的，是因为理想性涉及一个理想的对象（object）。"object"将拉丁语根 iacere（"扔"）与前缀 ob（"向"）组合在一起，因此意味着被扔向或被扔出的事物。同样的词源搭配出现在法语（objet）和德语中：Vor-stellung（表-象）将 vor（"在前面"）与 stellen（"设置"或"放置"）结合起来。因此，理想性是一个对象，"它总是面对重复活动，呈现在重复活动面前——表-象作为在场的普遍形式，是对观看的接近"[20]（*VP*, p. 46/53/59）。因此，理想性是一种在场，因为在意识自身中，它是一个客体，最充分地呈现给意识的凝视的观看（注视），该意识并不是一个简单的内部。但它也是另外一种在场，因为它源于一种仅仅基于鲜活的当下的时间性而构成的观看；正如我们在上面所看到的，此鲜活当下本身就是基于原初印象的，后者是作为持留和鲜活当下之结构的源点的现在（now）。这两种在场方式在现象学"一切原则之原则"中统一。

116

我们记得，"一切原则之原则"指出：

> 每一个原初的呈现性直观都是认知的合法来源，并且在
> "直觉"中原初地（就是说，在其"个人的"现实性中）被给予我
> 们的所有事物都会被简单地接受为它作为存在者被呈现出来
> 的样子，但同时，也只限于它在其中被呈现的范围内。[21]

原初地呈现给意识的一切事物都是认知的合法来源（我们注
意到"呈现"这个词或者其别的形式在"原则"本身中出现不少于
三次）。正是于当下中，对象的理想性得到了满足。作为意识"现
在时刻"的"当下"确保了纯粹理想性所带来的先验合法性；于是，
德里达认为，这"首先带来了确定性（其自身是理想和绝对的）；在
这样的确定性中，所有经验（Erlebnis）的普遍形式，以及由此而来
的所有生命的普遍形式，一直都是并且总将会是当下在场的"（VP,
p. 46/53/60）。过去不复存在，未来尚未来到；只有当下/在场存在
（is）。我只能绝对肯定我现在正在经历的事情。未来本质上是不
可知的，而关于过去，我很容易被欺骗或误解。只有被标定的当
下/在场的现在点才能肯定地得到确保，因为只有当下存在（is）；它
是过去曾是和将来将是的一切。

此外，就当下的在场而言，我本质上与意义的理想性联系在一
起（这正如胡塞尔所要求的那样），只要这种理想性超越了我的经
验存在，这个被标定的现在点也意味着"我"与死亡的关系。在这
里，我们必须特别注意德里达的动作，因为它们很复杂、非常快速
而且非常大胆。在在场的模式中，我与一种超越我个人存在的理
想性相关，一种我自己的经验的外部，并且是我的经验必须要指向
的外部。因此，也就是说，在意指本身的可能性中，存在一条必要
的通道，它隐藏在一个人表达自身经历的能力中，严格来说，它通
向一个人自我本身的范围之外。每当我无论以任何形式使用任何

符号时,我都与一个无限可重复的符号系统相关,它先于我出生,并且会在我死后继续存在。在上面,我们说在指示性中(也就是说在符号的交流使用中),我们牺牲了意义的直接自我在场,并将符号背后的意向(作为激活该符号的"灵魂")与符号本身分开,因为我们将符号发送到世界中——我们曾说,这等于是一种死亡。在这里的第四章中,德里达更详细地论证了这一点。每次只要我们使用符号,我们就必然地、本质上地与超越我们自己的存在的理想性相关,那么,符号本身的可能性(即在本质上是可无限重复的)意味着使用符号的人的死亡或缺席。哲学所强调的当下的在场巩固了这个观点。如果当下就是正下存在,那么,即使当下的所有经验内容都被清空了,包括我自己的生活和经历,情况也还是如此。德里达写道,"因此,与我的死亡(与我一般性的失踪)的关系,隐藏在这一决定中:存在作为在场、理想性以及重复的绝对可能性"(*VP*, p. 46/54/60)。

德里达认为,这种与死亡的关系正是使得意指成为可能的原因。内在生命的自我在场必须被允许与他者(生命的"他者"就是死亡)相关联,以便进入一个符号系统,使其不再仅仅是经验性的,并且可以被表达。值得注意的是,对于德里达来说,与死亡的关系并不是符号本身;相反,是符号的可能性:"符号的可能性是与死亡的关系。"(*VP*, p. 46/54/60)符号的可能性本身就是自我与理想性的他者的关系,而且,只要这种关系是自我的内在生命,以及灵魂的孤独生活与他者的关系,那么这种关系就是与死亡的关系。这种关系在在场形而上学中被取消或隐藏。让我们看看为什么会这样。

我们说过,在场形而上学希望保持现实性与再现之间的绝对和不可还原的区别。德里达认为,这种区别只能在语言自身内才能维持:通过有意忘记语言本质上具有的再现性的特征,以便将自 118

己置于符号系统的封闭范围内,这样人们可以明确地将"现实性"一词归为一种未经修改的、不经调解的在场。当我们说"x 或 y 是真实的",我们必须积极地并且有意地忘记符号"x"和"y"确实是符号(对于作为词语的"真实"这一符号,也应被忘记),并且忘记符号在本质上具有再现性。这些符号在本质上是再现性的,这意味着它们的意义在本质上是关系性的,因此需要积极地生产。通过抛弃语言本质上是再现性的特征,形而上学传统试图取消这种意义的积极生产(见上文第一章的讨论),此产生本身就是语言的本质性。形而上学试图取消主体和符号之间的生产性关系——这种关系是内在生活与其"他者"的死亡的关系。因此,在取消符号的本质性时,形而上学试图隐瞒死亡本身:"形而上学中对符号的决定和抹除就是掩盖这种与死亡的关系,然而这种关系却在产生着意指。"(VP, p. 46/54/60)

德里达认为,这种与死亡的关系还有更深一层的含义,因为它不再被视为生命的次要或偶然特征。为了在当下,对当下建立一种关系,主体必须将自己与超越主体的理想性联系起来,我们说,这种理想性打开了主体与其自身死亡的关系。这种情况本质地——并非偶然地——发生在每当我们使用符号时,即使我们说"我是"的时候;只要当下就是存在的一切,"是"这个词本质上与在场有关,而这与理想性的重复结构有关。因此,"我是;我存在"这种肯定自身包含了说话者与其死亡之间的关系。"因此,我是原初地意味着我是必死的。我是不朽的是一个不可能的命题。"(VP, pp. 46/54/60-1)德里达建议,每次说出这些词语时都是如此,无论是谁说出,也就是说,即使说话者是神,情况也是如此。"我们因此可以进一步认为,只要它是语言,'我就是正在存在的人'(I am the one who is)就是一个必死者的供词。"(VP, pp. 46-7/54/61)[22]

然后德里达将这一考察带回其原点,即对"想象"、"幻想"和

"虚构"概念的考察;德里达认为,伴随着胡塞尔关于"想象"的概念的,是抹除或还原——一种类似于在符号重复性和再现性特征的情况下所发生的类似的积极遗忘。我们回想起,在内心独白中,想象对于胡塞尔是这样一种能力:人们通过想象可将自己向自己再现,好像一个人在与自己沟通(即使事实上,一个人并不也不能与自己交流)。因此,我们必须说,人们必须通过一种虚构才能达到意义的纯粹表达性。正如德里达正确地指出,在胡塞尔的整个思想中,虚构(以想象和想象性变体的形式)扮演着非常重要的角色。在本质还原的模式中,胡塞尔使用想象来中性化现象客体将要成为的"存在",以便人们可以改变现象的内容并分析当前并不呈现给意识的形式的各个方面。由此,人们因而可以富有想象力地将经验的本质与非本质分开。因此,只要一个人纯粹在本质中运作,也就是在理想的和非经验的领域运作,那么,想象就是中性化的(neutralising)或非设定的(non-positing),这与记忆相对。胡塞尔认为,记忆中的再现模式是设定的(positing),因为伴随着再现本身的是它指向一种现实性,一种以前在场的东西,即"这实际已经发生了"的意义。胡塞尔认为,这样的意义不会伴随着想象的图像,这就是在胡塞尔的哲学中赋予想象以现象学特权的原因。德里达认为,确实,与理想性领域一样,想象本质上也是在重复的可能性的基础上构成的;因此,正是重复,而不是在场会(或应该)作为想象的基础:"打开理想性的纯粹重复的力量,和释放经验感知的想象性再现的力量,彼此不能是陌生的。"(VP,47-8/55/62)

尽管如此,德里达认为,对于胡塞尔,这种"虚构"总是在现实性的瞬间抵达其最低点。确实,考虑到将会出现的问题,这对于胡塞尔来说可能就是这种情况——毕竟,如果人们要到达理想性,即真理,并且必须通过仅由虚构构成的,也仅使用虚构的功能来到达这样的目的地,那么,它对现象学方法来说确实是非常具有破坏性

119

的。因此,德里达提供了来自胡塞尔的文本证据,证明想象的功能
虽然是一种虚构的功能,但却从一种首要真理或原初在场中获得
其虚构。就像记忆本身一样,想象对于胡塞尔而言属于一般的再
现范畴,以当下化(Vergegenwärtigung)的形式存在,其是对在场
(presence, Gegenwärtigung)的改变。它改变了在场,因为它是一
种对记忆的刻意修正,记忆本身就是一种设定的再现,其原因是我
们上面所说的那样:

120

　　　　因此,如果图像是一种现象学中性化的良好的辅助工具,
　　　那它就不是纯粹的中性化。它在自身中保留对原初呈现的最
　　　初参照,即对一种存在的感知和设定的参照,对一种一般信仰
　　　的参照。(VP, p. 47/55/62)

从这里开始,我们转向德里达关于胡塞尔讨论内心独白所运
用的想象时的四个令人不安的观点。首先,我们注意到,表达性现
象被"视为想象的再现"(VP, p. 48/56/62)。为了将表达的表达性
与指示模式中对符号的交流性使用分开,胡塞尔认为,当我们在灵
魂的内部生活中运用表达时,我们只是想象我们正在与自己交流。
因此,我们来到第二点,当我们与自己交流时,我们与自己进行的
话语仅仅是虚构的,但这意味着,存在一种纯粹表达性的非虚构或
实际形式的内部话语。但是,这会让我们来到第三点:如果在符号
纯粹的内心使用中,在符号的虚构和实际使用或方面之间存在着
一种根本和本质的区别,那么这种相同的区别似乎适用于那些符
号的交流性使用。毕竟,在内心独白中,我们恰恰采用了同我们在
交流的方式中所使用的相同符号(因此也是完全相同的理想性);
因此,无论符号是以内部还是外部的方式使用,在符号本身的使用
中,同样的基本区别应该适用。因此,如果内心独白中使用的符号
存在实际和虚构方面,那么符号的交流性使用也应该有相应的区

别。因此,符号的交流性使用的实际性特征会被认为是偶然的,甚至对于指示来说也是如此。因此,这意味着实际性(actuality)"像一个表达外部经验性的衣服一样,它就像灵魂外的身体"(*VP*, p. 48/56/63)。第四,在灵魂的内在性中,这种虚构/实际的区别的作用将表现为两种话语之间的区别:一种实际上是表现性的话语,也就是说,实际上是再现性的话语(但是,我们应该注意到"再现"落在一个偏离纯粹在场的虚构旁边,以至于我们甚至可以说,"实际的虚构");与此相对的另外一种是一个纯粹虚构性的话语,或者,我们可以说,虚构地再现的话语,自我交流的指示性行为表面上看起来就有这样的特征。

此一考察的结论是,不再有一种严格的方法(如胡塞尔所必须采取的方式)来区分符号的实际使用和符号的虚构(或仅仅是想象的)使用。即使是语言的最内部使用,即表达的非交流性使用,在实际上也是虚构的或再现性的,那么,就像我们在符号的情况下所说的那样(其中"现实性"和"再现"之间的区别不能明确划分),想象的内部话语和实际的内部话语之间的任何根本区别都将变得站不住脚。这就是德里达说"符号的抹除(或衍生)因此与来自想象的还原融合在一起"(*VP*, p. 47/55/61)的意思。

于是,这开始了在《声音与现象》第五章中德里达走向其论点的思想运动。因为,尽管在想象的和实际的内部话语之间的彻底区别在根本上不可持续,但胡塞尔仍然不得不坚持这种区别,以便区分意指的表达性和指示性的模式,而且他将不得不坚持这种区别,以便保持现象学还原的可能性的完整性,以及保持作为整个现象学课题支柱的意义的纯粹可能性的完整性。因此,让我们这次跟随胡塞尔,并坚持这种区分(实际的与想象的内部话语之区分)。那么,接下来这会怎样?

乍一看,似乎胡塞尔会致力于这样一种观念,即灵魂孤独生活

121

的意识彻彻底底是一种自我欺骗的意识。"主体会相信他正在对自己说些什么，与自己交流一些东西；事实上，他不会做那种事。"（VP, p. 49/57/64）换言之，如果我们使用上面的一个例子，如果我问自己，为什么我进入一个特定的房间，然后我回答自己，那么，至少（在我）看来，这是产生关于意指的行为的例子，就好像我在某种意义上与自己沟通一样。因此，我对自己的意指的行为的体验将是这样一种体验：我对我自己指示某些我自己的知识。胡塞尔认为，对这种经历的意识是虚假的或具有欺骗性的。因此，这可能导致我们怀疑，经验的核心，无论在何种意义上，事实上都是无意识的：

> 我们可能会在此基础上得出结论：由于意识完全被"对自己说话"的信念或幻觉所入侵（这是一种全然虚假的意识），经验的真理将是一种无意识的秩序。情况正好相反……（VP, p. 49/58/64-5）

122   虽然我们很想得出这样的结论：对于胡塞尔来说，灵魂内部生命的意识是一种虚假的意识，情况正好相反：内在生命的意识直接地在当下被设定的现在点中呈现给自身，而且，它在本质上是"无法受幻觉影响，因为它只在一种绝对亲近中与自身有关"（VP, pp. 49-50/58/65）。因此，在内心独白中出现的对符号的再现性和虚幻性使用本身就是意识自身内在性的次要的、补充性的、非本质性的、偶然的"附加物"。如果内心的独白受到了虚构和虚假性的污染，那么这并不反映在意识本身的直接自我在场中有一个相关的虚构：

> 符号可能相异于这种自我在场，后者是一般在场的基础。因为这个符号对鲜活当下的自我在场来说是陌生的，所以我们

可以说,它对一般的在场(在我们认为可在直觉或感知的名义下
认知的事物中的在场)而言是陌生的。(*VP*,p. 50/58/65)

这将我们带到了德里达早先宣布的第二种"类型"的论点,并
因此将我们带入第五章。根据第二种类型的论点,我无法在内心
独白中向自己传达任何信息,并只能想象自己这样做,因为相关的
心理活动是在其发生的那一刻由主体所体验的。因此,没有任何
(时间或空间的)断裂或间隙需要符号来缝合;这些心理活动在其
起源的确切时刻以无中介的方式被体验:

> 如果它们不通过指示的中介来了解自己,这是因为它们
> "就在那一时刻(im selben Augenblick[23])被我们所体验"。自
> 我在场的当下就像眨眼瞬间一样是不可分割的。(*VP*,p. 50/
> 59/66)

这将确保一个自我在场的绝对时刻,而且它将确定我们对获
得自我知识的能力的假设。也就是说,它会确定这样的显现:作为
思想主体的我对我自己经历的内在性有直接、绝对和立即的访问
权限,并且拥有关于此内在性的直接、绝对和立即的知识。

这将我们带到第五章。

符号和眨眼瞬间

123

当我们开始第五章时,我们进入本书最重要的章节之一,也许
是德里达进行过的最重要的单一分析之一;本章对时间化的分析
不仅构成了第六章的主要支撑点,而且构成了德里达随后的整个
生命中许多概念和分析的支柱。虽然在第四章中我们第一次读到
"解构"一词,但在第五章中,德里达为他多年后的思想引入了两个

最重要的和播散性的术语,即"踪迹"(trace)和"延异"(différance);它们出自对胡塞尔关于"鲜活当下"概念的分析。通过这种分析,德里达在书中第一次转向对1900—1901年《逻辑研究》的讨论,以提出1905年《关于内部时间意识的现象学》的讲座。然而,事实上,他并没有改变分析,而是由于在《逻辑研究》的语境中出现的问题,他转向时间意识讲座,但是这个问题"对于系统的以及历史的原因"(VP, p. 51/60/67)在《逻辑研究》中没有得到彻底解决,这个问题是:"瞬间的尖锐点,即在同一瞬间对其所呈现的生活经验的同一性,于是承担着这种证明的全部重量。"(VP, p. 51/60/67)

正如我们在第四章中看到的那样,胡塞尔认为,当主体在灵魂的孤独生活中使用符号时,他或她不会向自己交流任何信息;他或她最多可以将自己再现为好像自己正在与自己交流一样,但这只是一种想象或一种虚构。这让我们想知道,这是否可以得出:内心独白的意识不会完全是虚假的意识,只要一个人总是认为自己正在与自己交流,甚至作为与他人交流的先决条件。但当然,胡塞尔不会允许这种可能性。相反,他会坚持认为,灵魂内部生活中的整个语言是一种意外的、非必要的"附加物",严格来说它发生在当下体验的意识之上的某个层面。这是因为,内在生活的意识在其被体验到的同一刻立即呈现于自身。这需要当下的一个不可分割的、被设定的现在点,这就要求德里达转向对时间意识的讨论。此外,我们可能会注意到,从《声音与现象》开始,德里达认为胡塞尔最初的《逻辑研究》的本质区别已经含有"胡塞尔所有思想的发生结构"(VP, p. 3/3/1)。通过扩展问题的触须,以便将分析扩充到时间意识讲座中(我们要注意到,胡塞尔直到生命结束仍在解决这个问题),德里达也证明了那个观点的正确性。

在上面,我们讨论了鲜活的当下的结构,注意到它的原初印象的"中心"或"核心"——经验原初留下印象的源点或现在时刻——被原初记忆或持留，以及原初期望或前瞻的晕所包围。关于这种结构，第五章中的德里达仅仅探讨了几个"参考点"，认为他"无法仔细研究时间意识讲座中令人钦佩的分析"（*VP*, p. 52/61/68）。这些参考点同下面这前后两点间的张力有关：原初印象的标定性（punctuatedness），与原初印象和持留的连续性。让我们探讨这些参考点。

首先，"准时性（punctuality）、现在、一刻（stigmē）的观念不论是否为一种形而上学的预设，都在其中起了十分重要的作用"（*VP*, p. 52/61/68）。正如德里达正确指出的那样，胡塞尔比 20 世纪初的任何思想家[24]都更加谨慎地关注时间体验的细微之处。正如我们在讨论上述鲜活的当下时所指出的那样，胡塞尔探索时间意识的尝试都是为了提供一个关于时间是如何被体验的现象学解释，并且胡塞尔认为，时间的当下总是以一种充满记忆和期望的方式被体验的。当下体验永远不会有纯粹的、被标定为一点的、独立的时刻的体验；否则，人们永远不会真正拥有对任何事物的经验（因为经验总是要求语境）。然而，正如我们上面所描述的那样，鲜活当下的这种展开结构是基于一个被设定的现在点来考虑的，它是整个结构的基础，也是原初印象。用胡塞尔的话说：

> 原初印象是绝对没有经过修改的，是所有进一步意识和存在的原始来源。原初印象的内容是"现在"这个词的含义，只要在最严格的意义上来理解"现在"。每一个新的现在都是一个新的原初印象的内容。[25]

在鲜活的当下这种创新结构的中心，胡塞尔让一个自我同一的、被标定的核心完好无缺："尽管它的结构非常复杂，时间性有一个不可移动的中心，一只眼睛或一个活的核心，而这就是将实际现

125

在标定为一个点。"(*VP*, p. 53/62/69)胡塞尔在《逻辑研究》中提到了这个被标定为一个点的原初印象,认为心理活动是以一种无中介的方式被经历的"一眨眼"(im selben Augenblick),即在一刻或一瞬间中。顺便说一句,胡塞尔强调当下的直接体验导致他拒绝了一种无意识内容,它会在事后变成意识,正如我们在弗洛伊德的文本中发现的一样。我们可能会注意到,弗洛伊德是胡塞尔的同代人。

此外,德里达指出,这种对当下-现在(present-now)的强调是哲学传统在其所有阶段的重要组成部分。在上面第四章的讨论中,我们注意到,对于德里达来说,成为一个哲学家就意味着要从哲学传统中工作出来,而要做到这一点,就需要一个人面对一系列继承而来的问题、概念和预设。其中一个构成性的预设是"现在-当下的奠基性价值"。德里达认为,这种奠基性价值是"与形而上学的奠基性二元对立成为一个系统的,即形式(或 eidos,或理念)和物质作为一种现实和潜能的二元对立"(*VP*, p. 53/63/70),它"确保了这样的一个传统:将希腊在场的在场形而上学延续到作为自我意识的在场'现代'形而上学,即作为表象的理念的形而上学"(*VP*, p. 53/63/70)。在柏拉图看来,这种对当下-现在的强调现在体现为通过每一个新的"当下"而实现的形式之永恒不变的持久性。在整个中世纪传统中,对当下-现在的强调的高潮是神圣永恒的概念。它在时间之外,在一个单一、不变的当下中包含着所有的时间。在笛卡尔看来,这个当下-现在从柏拉图形式或神圣全知的永恒领域的先验性,转移到在我思的每个时刻中的"我思故我在"(cogito, *I think*; *therefore I am*)的清楚明白的确定性。而在胡塞尔中,对鲜活当下的强调是强调一种本身不变的时间形式,而其内容却不断更新:引用胡塞尔的话,"实际的当下现在是必然地准时的,并且将持续如此:它是一种持续存在(persists, Verharrende)的形式,而物质总是新的"(*VP*,p. 53/63/70)。[26]虽然其经验内容已发生变化,但作为在场形式的形式在哲学的大部分历史中始终保持不变。因此,现在对当下-现在的强调是整个哲学传统的构成要素。这样,人们不能简单地放弃"在场"的概念,我们必须注意,德里达从来没有动摇过这个观点。让我们回到德里达《声音与现象》的介绍:"而且,这种表达,'在场的奠基性价值',是一种冗余的表达"(*VP*,p. 6/7/5);换言之,它是一种多余,因为在场是形而上学传统的那一奠基性价值:

> 它就是自明性本身,是有意识的思想自身。它支配着真理和意义的全部可能的观念。人们如果要怀疑它,就必须开始以一种来自别处的哲学给意识本身除掉核心(enucleate),该哲学会夺去任何话语可能具有的安全性和根基。(*VP*,p. 53/62/70)

从哲学内部来看,严格来说,没有可能挑战这种奠基性价值的可能性,但这种哲学特征告诉我们一些非常重要的解构主义本质。德里达在这里的话是精确地组织起来的:"对于当下-现在的特权,在哲学内部,是不可能对此作出反对"的(*VP*,p. 53/62/70;强调为导读作者所添加)。这就是为什么德里达的思想会转向哲学的外部。正如我们在第四章的讨论中所讨论的,解构虽然从哲学传统中得到其推动力,但却试图从内部中断这种传统,从而打断其封闭。这种中断通过如下方式运作:"在封闭中存放和证明矛盾的或无法维持的命题,试图在封闭中安全地生产的不安全性,将其朝向外部打开,这只能从某个内部完成"(*VP*,49n/57n/64n),这就是迄今为止德里达在他对胡塞尔的分析中所做的,但严格地说,他是在胡塞尔的领地上运作——他已经证明了矛盾的命题在胡塞尔思想的核心中以一种构成性的方式运作。如果哲学总是一种"在场的

126

哲学",正如德里达所说的那样,那么解构,通过将思想推向使得这种在场体系首先成为可能的外部,成为"一种非在场的思想,即并非不可避免地是在场的对立,也不一定是对消极缺席的沉思,甚至不是作为无意识的非在场的理论"(*VP*, p. 53/63/70)。如果在哲学内部没有可能挑战在场,那么解构主义就会寻求一种摆脱这种封闭的方式,这种方式并不是简单地指向非哲学或反哲学的立场。相反,正是思想的活动使哲学本身成为可能。

127   德里达关于鲜活当下的第二个参考点包括胡塞尔式的持续禁令,即"禁止我们谈论当下的单纯自我同一性"(*VP*, pp. 54/63-4/71)。在经验中从来没有一个单一的、被标定为一个点的原初印象,而且本质上这就是如此。当下总是被持留和前瞻的晕所包围,二者分别是原初记忆和原初期望。让我们回想一下,造成这种结构的大部分动力是胡塞尔拒绝布伦塔诺的记忆观,我们曾说过,这种观念将所有形式的记忆归入再现的范畴下。在这种观点上,严格来说,感知仅适用于当下,与记忆有关的一切都属于对那个当下的再生产或再现中。胡塞尔完全拒绝这种观点,理由是,在以下两种记忆中存在(且必然存在)一种种类上的或本质性的不可还原的差别:一种是为了回忆某一童年时刻所需的记忆类型;另外一种是在听歌或阅读段落时使用的记忆。这一点对胡塞尔来说绝对至关重要:从现象学的角度来看,在每一刻都经历着原初印象的当下与某种记忆之间的连续通道,这一通道将被称为"持留"。人们需要这种记忆才能如此这般地体验当下。因此,如果在作为持留的记忆和作为再现的记忆之间仅仅存在强度或程度的差异(也就是说,不是种类上的差异),那么,只要持留与原初印象在经验的连续性中,这也将导致一种连续性。它在原初印象和再现性记忆之间,或者在感知(以原初印象的形式)和非感知(作为一种记忆,在其持留和再现性模式中)之间。它可能是在更大距离之间的连续性,但仍旧是一种连续性。因此,这将允许非在场感染或污染当下的在场,这对于胡塞尔来说是不可接受的命题。正如德里达所指出的那样,"这证明了他批评布伦塔诺的勇气"(*VP*,p. 55/64/72)。因此,为了在持留和再生产性或再现性记忆之间建立和维持这种不可还原的差异,胡塞尔将在原初印象和持留之间建立本质的连续性,以挽救持留和再生产性记忆之间的本质差异:

> 于是,我们很快就看到,被感知的当下只有在以下情形中才能够如此这般出现:它与非在场和非感知——原初记忆和原初期待(持留和前瞻)——处在**连续**的构成中。这些非感知并不是附加的,不会偶然地伴随着实际被感知到的现在;而是不可或缺地、本质地参与到其可能性中。(*VP*,p.55/64/72)

128

事实上,胡塞尔甚至会允许将感知这一术语应用于持留模式,因为正是在持留模式中过去被构成并"被感知"为自身所是(即作为过去)。因此,在鲜活的当下中,我们遇到了将过去感知为过去的感知。德里达引用胡塞尔,指出:

> "如果我们称感知为任何起源所寓居的活动,即原始地构成的活动,那么,原初记忆就是感知。因为,只有在原初记忆中,我们才能看到过去,只有在原初记忆中,过去才被构成,而且这不是以再现的方式,相反是以呈现的方式被构成的。"(*VP*,p. 55/64/72)[27]

有趣的是,正如德里达所指出的那样,这是胡塞尔整个思想中唯一的一处,认为这种感知模式并不是被感知为一个当下,而是一个过去;而且,这是为了维持持留和再生产性记忆之间的不可还原的差异,并从根本上禁止感知和非感知之间的通道。

如果我们现在把感知这一术语,同时间性对象被给予的方式的差异联系起来,感知的对立面就成了原初记忆和原初期待(持留与前瞻),在此它们登场,以致感知和非感知不断地相互渗透。(*VP*, p. 55-6/65/72-3)[28]

在这段文本中,胡塞尔明确地反对我们刚才讨论的引文,他不仅令人印象深刻地将持留称为"非感知"(其确实与感知截然相反);此外,他允许这种非感知与对当下的感知存在一种连续性关系,他在其他地方将此称为"抽象"和"理想的界限",实际上从未在经验中被给予。胡塞尔接下来的段落非常重要:"尽管如此,即使是这个理想的现在也不是与非现在(non-now)完全不同的东西,但恰恰相反,它正在与它持续打着交道。并且感知进入原初记忆的持续通道与此呼应。"(*VP*, p. 56/65/73)[29]

129　因此,一方面,胡塞尔关于指示性符号在灵魂孤独生活中的多余性的论证,取决于原初印象的标定性,这确实是胡塞尔在《逻辑研究》、《关于内部时间意识的现象学》和其他地方所做的明确承诺。但是,与这一承诺相违背,胡塞尔还认为,当下总是因其与非感知的本质性交往而变得更加复杂。这有可能破坏独立的现在点的安全性,此现在点决定了内部生命的直接自我在场,以及指示性符号的多余性。正如德里达写道:

一旦人们承认这种现在和非现在的连续性,以及感知和非感知的连续性,是在原初印象与持留共同的原初性领域中的,人们在瞬间(Augenblick)的自我同一性中让他者进入,让非在场和非明见性进入一眨眼的瞬间中。在一眨眼中存在一种绵延[30];绵延让眼睛闭上。(*VP*, p. 56/65/73)

如果持留是一种"非感知"模式,那么两种记忆(持留和再生产)之间的区别就不能成为"胡塞尔想要的"、在感知和非感知之间的"根本差异"(*VP*, p. 56/65/73),而是在两种非感知类型之间的差异。这进一步得出,非在场不断在污染在场。如果我自己的领域是在其感知的那个时刻、由意识对自身的无中介的自我在场构成的,那么,通过不断地容纳非感知会导致他异性(alterity,或otherness)污染自我的领域。也就是说,自我与自身的关系就像自我与他者的关系一样;在"何谓作为自我"的本性中就会被包含进一个本质的折叠(folding back)或断裂,其在自我中包含一个构成性差异,该差异让自我的同一性如此成为可能。这种同一性将不再是一个简单的(也就是说"纯粹的"或"未经差异化的")同一性。正如德里达所写的那样:

> 这种与非在场的关系再一次没有惊奇地包围,甚至取消原初印象的在场,它使得原初印象不断重新涌现并且不断净化。但它彻底摧毁了简单的自我同一性的可能性。(*VP*, p. 56/65-6/73)

但鉴于胡塞尔的观点,指示性符号的多余性将建立在内部生活的直接自我在场上,"非在场和携带着在场的他异性的亲密关系,从根基处切入了关于符号在自我关系中无用性的论证"(*VP*, p. 57/66/74)。

これ将我们带到关于鲜活的当下的第三个参考点,并开始过渡到第五章的结束和第六章的开始。到目前为止,我们的分析侧重于还原自我在场内在性中的指示性符号。在第三个参考点之下,我们将看到胡塞尔也需要还原表达性符号,以此来孤立出灵魂内语言的绝对沉默。鉴于其长度(占据近三页的文本),读者可能会随意忘记或忽略这样一个事实:第三个参考点仅包含两个段落;这些段落信息量非常大,并介绍了我们在本章讨论开始时宣布的两

130

个术语:"踪迹"和"延异"。现在让我们看看第三个参考点,然后转到第六章;伦纳德·劳勒在译者介绍中正确地将第六章称为"《声音与现象》的核心"(*VP*, p. xxi)。

第三个参考点涉及这样一个事实,即尽管在鲜活当下的时间结构中,在场容纳了不在场,但胡塞尔仍抗拒在经验内在性中为符号而假定的必要性。归根结底,这将是因为,对于胡塞尔而言,符号落入了再现的阵营,尽管我们已经看到了所有的复杂情况,但胡塞尔仍将继续坚持在持留和再生产性记忆之间的根本区别,让"原初记忆的绝对有效性与次要记忆的相对有效性"对立(*VP*, p. 57/66/74),将持留置于原初性的范围,将再生产性记忆置于再现的范围。因此对于胡塞尔,只有再生产性记忆将包括再现,因此需要使用符号。胡塞尔认为,尽管在在场中容纳进了非存在,但在原初印象与持留模式的关系中,灵魂的内部生活仍然不需要任何符号。

德里达认为,这源于胡塞尔思想中的两个看似不可调和的承诺:(1)只有在与"作为非感知的持留"(*VP*, p. 57/67/75)的交往中,鲜活的当下才被构成为认识原初性的绝对起源;(2)一般的确定性来源是鲜活的现在的原初性。鉴于这两项承诺,持留必须在原初性模式中被加以看守,而且德里达认为,原初/非原初边界必须移动,从原初印象/持留的分裂转移到持留/再生产性记忆的区别,后者是"在两种形式的在场的重-回(re-turn)或重-建(re-stitution)的区别,即持-留(re-tain)和当下化(re-presentation)的区别"(*VP*, p. 58/67/75)。

德里达就这样宣布了《声音与现象》的重要发现之一,即同时让持留(retention)和再现(representation)成为可能的前缀"re-"(再)。这个至关重要的"re-"位于在场本身可能性的构成基础中。让我们慢慢地、谨慎地跟随其讨论。首先,重要的是要注意到,德里达并不是试图简单地"取消差异"(即在持留和再现之间的差异），好像它们只是"同样的事情"一样；事实上恰恰相反。

然而，使两种形式的记忆成为可能的，是德里达在这里宣布的"踪迹"，他称其为"让最一般形式的重-复成为可能"（*VP*, p. 58/67/75）。由于这个术语"踪迹"是与另一个非常重要的德里达术语"延异"一起宣布的，让我们完整地看一下这个段落，以便更好地理解这些术语对德里达的所作为何：

> 若不缩短实际上分离着持留与再现的鸿沟……我们就应该能够先验地说，它们的共同根源（以其最普遍形式的重复的可能性，即在最普遍意义上讲的踪迹[trace]），是一种不仅必须寓居于"现在"的纯粹现实性中的可能性，还必然构成了"现在"的纯粹现实性。通过延异的运动，这种可能性插入到"现在"的纯粹现实性中。如果人们能用这样的语言表达它，而没有违反它或者马上抹掉它的话，那这样的一种踪迹就比现象学原初性本身更加"原初"。（*VP*, p. 58/67/75）

我们立即注意到，在这个段落结束时提到的现象学原初性。正如我们所看到的，现象学原初性的基础是鲜活当下的结构，它为胡塞尔提供了确定性的框架和可能性。因此，通过将思想引导到比现象学原初性更具原初性的东西（当然带着必要的警告），德里达实际上认为踪迹和延异的运作共同构成了建立鲜活当下本身的结构性元素。在尝试根据本段（并在其他文本的帮助下）剖析这些术语的含义之前，让我们再看这一页更靠后的另一个地方，其中再次使用了术语"延异"：

> 在所有这些研究方向中，当下的在场是从回归的折叠（fold）、从重复运动出发被思考的，而不是相反。在这里难道不存在这样的事实：这种于在场和自我的在场中的折叠是不

可还原的；而且这种踪迹或延异比在场更古老，并且为在场获得了其开放性，并禁止我们谈论"眨眼一瞬"（im selben Augenblick）的单纯的自我同一性吗？（*VP*, p. 58/68/76）

由于种种原因，这段文字是非常具有揭示性的。首先，德里达说，追踪和延异为在场获得了其开放性。它们是构成了鲜活当下的生命，是打开当下通向未来的时间厚度，并且在同时收缩和扩大其中的持留。因此，我们对上述段落的解读，即踪迹和延异构成了建立鲜活当下的结构性元素，在这段文字中得以确认。其次，在这段文字中，我们看到以下表达可以互换使用："在场的折叠"、"自我在场的折叠"、"踪迹"和"延异"。虽然我们必须毫无疑问地抵制任何以简单的还原方式对待这些术语的诱惑，好像它们仅仅是"同义词"，然而，它们被互换使用的事实向我们表明，对于德里达来说，这些术语之间有着一种本质联系；因此，让我们仔细解读第五章的这一最后段落，以便准确理解德里达如何看待这些术语。

他说，这种踪迹是最普遍形式的重-复的可能性，而这种可能性或踪迹将他所谓的延异（他将延异理解为一种运动）插入到现在的纯粹现实性中。尽管这样的措辞初看起来似乎很复杂，但德里达在这里（在这个最后的段落中）所做的只是用其解构思想专有的新语言的词汇，来构建在迄今为止的分析中费力揭示出的发现。我们刚刚看到，对于胡塞尔来说，鲜活当下的在场只是与非感知有关才被给予，并以持留的形式存在，因此对于胡塞尔来说，感知和非感知本质上**不断地**相互进入（我们必须注意到这点）。也就是说，在感知和非感知之间存在连续性；一旦建立了连续性，它就禁止任何从根本上区分彼此的努力。我们说，这构成了眨眼瞬间（即时）的绵延，我们甚至可能会说，自我意识内在视觉的核心是盲目的。但是，由于我自己的领域，正如传统所设想的那样，只能被建

立在自我在场的无中介核心的基础上,我们说过,这种在自我关系

核心的非感知等于允许他异性进入自我关系的核心,使自我与自
我的关系只能像自我与他者的关系一样。但是,只有在这种关系
中自我才可以如此这般出现。换言之,自我关系这个短语必须从
颇为字面意义上理解,即从自我与它自身的关系这种意义上理解,
并且在这样的关联中,必须有一个自我折叠回自身的反-思时刻。
因此,在何谓自我的核心,是处在自我关系中的一种折叠,或一个
断裂,一个构成性的间隙(gap-ping)———一种差异的构成性游戏。
这种差异的游戏是德里达现在所说的"延异"。所以从这个意义上
来说,我们已经看到这个术语在某种程度上被讨论过,只是并非通
过明确使用这个术语的方式来讨论。那么,现在让我们更深入地
研究一下这种延异。

　　德里达此时并未提供"延异"一词的"定义",因此,结合德里达
在《声音与现象》中的讨论,我们还将使用其他文本中的一些元素。
他在这些文本中确实或多或少定义了它(或至少定义了它的某些
方面和特征)。"Différance"是一种专有的德里达的新语言,或者,
正如他所说的,是"新书写"(neographism)。虽然其他德里达的关
键术语,如"踪迹"、"药"(pharmakon)、"书写"(writing)、"增补"
(supplement)、"膜"(hymen)、"场域"(khôr)、"绝境"(aporia)等,
在德里达的作品中获得了技术性操作,因此德里达毫无疑问地将
它们变成了自己的术语,但它们仍然是德里达在西方传统文本中
所定位和探索的术语。在这方面,"延异"是独一无二的,因为它是
德里达独创的术语。法语中关于"差异"的词语是 différence,在法
语发音中,与德里达的 différance 无法区分;因此,将 difference 的第
二个 e 变为 a 的改变是听不出的。这种改动并不是为了要聪明;之
所以改为 a,是为了在延异中表示或建立中动语态,而不是严格主
动或严格被动的语态。这是至关重要的,因为德里达会认为,延异

先于并决定着"主动性"和"被动性"的可能性。为了理解这意味着什么，以及为何如此，我们必须注意德里达关于这个奇怪术语"延异"的其他一些事情。

正如德里达指出的那样，"延异"是一种以法语动词 différer 为模型的分词形式，我们可以说它本身就是一个由一种本质的差异构成的动词。一方面，动词 différer 意味着"不同"，也就是说，与某些东西"不一致"或"成为某些东西的他者"。另一方面，différer 意味着"延迟"，如"延后"、"推迟"等。因此，différer 的一种意义是空间的，而另一种是时间的。这样，德里达所说的延异运动沿着两条截然不同但相关的轨迹运作，这两条轨迹都破坏了形而上学对在场的强调。一方面，延异的运动是"空间的"，破坏了形而上学在场的空间感，因为它分化、创造空间和空隙、分离、区分、建立差异等。而在场形而上学寻求绝对的亲近性(absolute proximity)，而延异在那种亲近性中产生断裂。另一方面，延异的运动是"时间性的"，在此它破坏着形而上学存在的时间意义，让当下-现在的同一性不断被推迟。也就是，我们可以说，当下的在场会不断延迟到一个较后的时间，但这个时间不会"到来"。在场永远不会停止，永远不会完全固定。总存在着一种绵延，因此，当下永远不会存在(is)。延异是一种既产生差异(differs)又推迟(defers)的运动，如此这般以这种运动构成在场；但由于它运动这一事实，延异是不断地禁止现在的绝对在场的活动。这就是德里达在其更具框架性的论文和访谈中描述延异运动的特征的方式。现在让我们回到《声音与现象》，以便了解这个词语如何在其中被发现和使用的。

我们必须记住，踪迹是重复的纯粹可能性，德里达认为，此踪迹将延异插入到现在的纯粹现实性中。我们看到：

我们就应该能够先验地说，它们的共同根源(以其最普遍形式的重复的可能性,即在最普遍意义上讲的踪迹[trace]),是一种不仅应该寓居于"现在"的纯粹现实性中的可能性,还必然构成了"现在"的纯粹现实性。通过延异的运动,这种可能性插入到"现在"的纯粹现实性中。(*VP*,p. 58/67/75)

在上面,我们展示了对于胡塞尔而言,理想的理想性在于这样一个事实:胡塞尔所理解的意义(meaning)本质上是无限地可重复的。为了使一个感觉(sense)在现在的在场下被首先体验,即为了在原初印象的当下-现在中留下印记,该感觉必须根本上是可重复的。因此,甚至在原初印象的那一刻之前,重复(re-)的踪迹必须已经铭刻入任何将要或可能会经历的感觉中,并且这会完全作为其在原初印象中留下印记的条件。这种感觉的本质可重复性并不是伴随而来的、事后的,或偶然地获得并复制某个最初是偶然地印在意识材料上的感觉经验。这种感觉的本质可重复性(最终会包含并决定其持留的和再现的形式)已经被铭刻(被标记,或"被追溯")在感觉本身中了。因此,持留的踪迹已经被铭刻在原初印象中,这不仅仅是经验地或偶然地被铭刻,我们甚至可以说,不仅仅是本质地被铭刻,而是必然地被铭刻。这就是说"踪迹不仅寓居于现在的纯粹现实性中,而且构成它"的意义所在。持留的结构性组成部分不是当下的附加物,而是其必要的本质性。如果没有重复的可能性,那么在胡塞尔的意义上如此这种当下就永远不可能。

然而,对于胡塞尔来说,即使持留方式落在原初性的标题之下,严格来说,其并不符合感知的条件。因为如同胡塞尔所明确说明的一样,严格意义上的感知仅适用于印象的瞬间;正是由于这个原因,胡塞尔甚至使用"非感知"一词来再现持留。同时,持留将是一个非常重要的"非感知",正如我们刚才所看到的那样,其踪迹使原初印象成为可能。这种"踪迹"(这意味着一个过去,就像我们谈

135

到,例如当我们走进一个房间时闻到的特定香气的"踪迹"一样)先于它所决定的当下的内容。因此,原初印象的在场,以及胡塞尔鲜活当下的整个结构,必须以比它当初出现时的样子更为复杂的方式来构思。

这种非感知的踪迹存在于与原初印象的"在场"的本质关系中。也就是说,作为一种本质必要性的物质,如果没有与包含持留的这种非感知的本质关系,那么这种原初印象就不会如此显现。在原初印象由一个给定经验打上标记的那个瞬间,即 im selben Augenblick,原初印象在同一时间中与自身的持留保留结构性的关系,我们曾说,此持留首先决定了原初印象,并无异于原初印象自身的非感知。因此,鲜活的当下的结构是建立在一种永不停止的分化运动的基础上的,即分化为现在、持留和前瞻的模式。这种分化(differentiation)的运动本身就构成了鲜活当下的结构基础;在构成"自我关系"结构的关系中存在一道间隙(gap),此间隙不是简单或纯粹的差距,而是我们所提到的在场或自我在场的折叠。

136　　这种生产性的关系位于自我本身的中心,它是时间性的,因为它是意识的结构和时间本身的产生,但它并不严格地是时间性的,因为在此生产性关系基础上构成的自我在某种意义上是一种事物——在它同自身和它同其他事物的关系中的一种意识——它是世界事物可以在此在场的基本条件。因此,它是一种自我的生产性关系,其作为时间和空间的条件而存在——这两者在这种生产性的关系中无法区分地和不知不觉地相互污染。这就是为什么德里达认为,延异是"空间的时间生成(becoming-time)和时间的空间生成(becoming-space)"('Différance', p. 8)。这种生产性的关系,这种延异,产生出自我在场,因为它构成了鲜活的当下的差异结构,但通过同样的运动——构成"发生-关系"(relat-ing)的关系之"关系性"("relat-ing"作为动词是在运动中的),这种运动使自我永远无法达到完全的在场。因此,它构成了,但同时也破坏了自我,以及其在场和"当下"。

我们现在可以更好地理解延异的其他一些方面。在上面我们说,取代 e 的听不到的 a 表示中动语态,并且这对于德里达来说是重要的,因为延异严格来说既不是主动的也不是被动的,并且德里达认为它先于并决定主动性和被动性。由于它决定了作为本源的自我在场的构成(我们可能说,这是行动主体的本源、自由和选择的本源),因此,延异是主动性的条件。然而作为条件,延异本身严格地说并不是主动的,因为传统所理解的主动性就是一个表示原初性的术语,此原初性根植于一个具有意志的行动主体的被构成的自我。对于德里达而言,延异不是严格地"主动的",因为它必须与"意志"和"行动主体"的所有概念完全分开(我们可以补充说,这些概念本身就是形而上学的)。尽管如此,正如德里达所表明的那样,延异是生产性的。它决定了时间和空间,它构成了时间的经验和产生,而且它还在自我关系的构成性中心,行动主体和其主动性因而就源于此处;因此,延异也不是严格地"被动的"。正是由于这个原因,正如我们从一开始,特别是在第三章中,就说的那样,延异是唯意志论哲学传统的解构基础。

这个听不见的 a 的意义何在? 延异只能如此在书写中被识别。耳朵听不到法语发音的 différence 和 différance 之间的差别;它们听起来是完全一样。因此,我们可以说,延异对于德里达来说具有公开的宣示性,因为它破坏了传统哲学给予声音的特权,即将声音作为表达和意义的首要场域,德里达在本文中称此特权为"语音中心主义(phonologism)"(*VP*, p. 69/80/90)。我们将在对第六章的讨论中更全面地研究此问题,因此我们此时仅介绍其重要性。声音无法将 différence 和 différance 区分开来;只有铭写和书面标记才能做到。延异将一般地作为意义的基础,因此也是声音和书写二者

137

的可能性的基础。

但这将我们带到下一点。延异并不严格"在场",但也不严格"缺席";它在严格意义上既不是时间的,也不是空间的;既不是"主动的",也不是"被动的";它不仅仅是"差异",也不是单纯的"同一性";它既不是严格意义上的"自我",也不是严格意义上的"他者";它在严格意义上既不是"声音的",也不是"被铭写的";等等。在这里,我们可以在所有这些配对中发现一个共同点:这些术语都来自西方形而上学传统二元对立的两极。这些二元论是全部的形而上学传统"开凿"整个现实的基石。在这个简短的分析过程中,我们已经证明了——或者更确切地说,见证了——德里达的证明,即延异构成并同时破坏了这些特定二元对立的方式。但是,因为延异是理想性本身构成的核心,德里达会认为,对于西方思想的所有二元范畴(光明与黑暗,善与恶等),延异都以类似的方式运作。它的运动构成了,也同时破坏了它们的运作。因为它以这种方式运作,我们可以说,延异是原初污染的运动。

既然我们彻底解开了这两个非常重要的术语的涵义和关系,并且已经看到它们是如何从德里达对胡塞尔的讨论中产生的,以及它们在这种讨论中的作用,我们现在能够总结对《声音与现象》第五章所进行的阅读。鉴于当下的在场是基于这种延异的运动而构成的;鉴于自我永远不会完全对自我在场,它的在场是不断地自我分化并且在本质上是不断推迟的;鉴于自我只能像它与他者的关系一样同自身建立关系,胡塞尔的指示/表达区别的基础似乎处于危险之中。考虑到德里达阐述这种区别的方式,以及伴随着对指示的理解的相关概念(这些概念与其本质的调解性和交流性方面有关),指示似乎将是"先验的时间化运动"(*VP*, p. 59/68/77)的本质性的组成部分和伴随物,而这一时间化运动在构成自我本身的活动中将自我从自我中区分开来。由于延异概念,时间不再被视为一系列独立自足的当下-现在,而是作为一种有所构成的时间化运动,但只有在它破坏了意识的自我在场的情况下才有所构成。正如德里达写道:

> 同样地,一切在这种还原中向"灵魂的孤独生活"表现出来的东西(贯穿其所有阶段的先验还原,特别是还原至"本性"[Eigenheit]的单子论等范围)难道不是在其可能性中,被那被命名为时间的东西所分裂吗? 它是通过被称为时间的东西所分裂的,而且,我们可能应该给予时间另一个名称,因为"时间"总是给该活动指明一种从当下出发的思想,并且"时间"除了言说当下外不能够谈论其他东西。(*VP*, pp. 59/68/76-7)

换言之,构成自我的自我关系会被"时间"之流所破坏,但这只能通过对"时间"概念的大幅重新表述来说明,只能通过将自我和时间两者的概念根植于延异的生产性关系中。同样的解构活动既破坏了无懈可击的自我的在场,也同时破坏了基于现在而构思的对时间的自足"单子论"的理解:"纯粹孤独的概念——以及现象学意义上的单子概念——被其自身的本源,被其自我在场的条件,而切开。"(*VP*, p. 59/68/77)但更重要的是,为了这个分析的目的,如果在这种时间的分化性关系中,自我与自己的关系只能好像是自我与他者的关系一样,那么即使在灵魂的孤独生活中,人们似乎需要使用符号的指示性形式的一种类似的交流性。也就是说,即使是表达在内部使用时的那种纯粹性,似乎也受到本质上是指示性的方面的污染。因此,毫不奇怪的是,胡塞尔最终会试图悬搁表达性符号在灵魂孤独生活中运作的角色。

最后,德里达证明了第三章的观点:"非常简单,对指示的需要意味着对符号的需要。"(*VP*, p. 36/42/46)即使在胡塞尔的解释中,表达性符号也不能严格地是表达性的。正如我们从一开始就

139　说过的那样,胡塞尔不仅会试图从灵魂的内在性中排除指示性的符号,而且最终,他也将试图在最基础和最根本的经验领域中,甚至否定表达的运作(甚至是在其最纯粹的意义上的表达),以孤立出一个意义的前表达层面。我们现在看到为什么会这样。正如德里达所说的:

> 他将在表达形式中的一般语言,逻各斯的元素,考虑为次要事件,认为它是添加到意义的原初和前表达层面的附加物。表达性语言自身将是在自我关系的绝对沉默中意外出现的事物。(*VP*, p. 59/69/77)

如果自我是在时间化的运动中构成的,那么对符号的任何使用都将是交流性的,因此是指示性的。因此,对符号的使用必须在灵魂的内在性中被完全还原。现象学的声音必须保护一种本质的沉默。

现在让我们转到第六章。

保持沉默的声音

伦纳德·劳勒在译者介绍中如此评论第六章:"我们一直在考虑第四章和第五章中的论证,但《声音与现象》的核心在于第六章。此章涉及书名《声音与现象》的'声音',即内心独白中的声音。"(*VP*, p. xxi)除了出现书名中的声音(la voix)之外,该章的题目本身也很有趣地使用了法语动词 garder: "La Voix qui Garde le Silence",伦纳德·劳勒恰当地将其翻译为"保持沉默的声音"。法语动词 garder 是一个多义词,意思是在"坚持"意义上的"保持",但也有"保守"的意思,例如,当孩子祈祷说:"我祈祷主,保守我的灵魂。"因此,garder 可以被翻译为"保持"、"保存"、"维持"、"坚持"、"保守"、"看护"、"守护",甚至"保护"等。毫无疑问,所有这些意义都在《声音与现象》第六章的标题中运作着,特别是当我们回想起介绍的一些主张时。"语言一直看守着那种一直看守着语言的差异"(*VP*,p. 12/14/13),以及"声音模拟了对在场的'守护'"(*VP*,p. 13/15/15)。这两处都使用了 garder 这个词的形式。

德里达在开始这一章时,再次强调胡塞尔必须进行两次排除性的还原,才能达到现象学的内心沉默。首先,在自我中排除与他者的关系。我们在第五章中发现,考虑到时间化的运动(其涉及延异的本质和构成性的作用),自我只能好像其与他者建立关系一样与自己建立关系。胡塞尔必须悬搁这种自我关系,因为,如果在内部生活中确实存在这样的间隔,当我们在世界中与他者交流时,为了让"经验"发生,自我可能需要使用符号,以指示性的方式使用它们。这将严重损害意义的"前表达的"层面,也就是沉默的层面。其次,出于类似的原因,将"表达"排除,将其作为一种后来添加上去的意义内在层面的附加物。自本书开篇以来,我们已经看到胡塞尔已经寻求(可能面对巨大的困难)从分析中排除指示性符号,因为指示性符号有所指向,而表达性符号有所意味。胡塞尔追求意义的纯粹可能性要求在研究中将这些指示放在一边,以便纯粹的表达性可以被孤立出来。尽管如此,如果在灵魂的内在性中需要一个表达性的符号,如果它是必不可少的,以便使主体能够认识到他或她的体验,那么这种体验本身的自足将被破坏。因此,最终,胡塞尔还必须还原表达领域,将其视为"最后的层面,优先并外在于意义的层面"(*VP*, p. 60/70/78)。只有在这两个还原的基础上,胡塞尔才能在体验的核心设定一个现象学的意义的沉默层面。

德里达然后说,"让我们一开始就考虑第一个还原"(*VP*, p. 60/70/78),他的意思是,还原我的内在中与他者的关系。在这里,

140

我们看到其宣布了一个"两章"策略,类似于我们在第四章中看到的策略,其中德里达宣布了第四章和第五章分别要讨论两个主题。此处,在第六章开头,德里达宣布了胡塞尔必须履行两个"排除"或"还原"。其中的第一个,即与他者的关系,将成为第六章的主题,而第二个,表达的补充性质(以及一般的增补的性质),将在本书的最后一章中讨论。在这两章中,德里达自己的"积极"哲学将开始出现。第六章给出了一个关于内心独白的现象学解释,即当一个人在说话时同时听到自己在说话,灵魂的内在性中会发生什么。141 这种独特的自我感发[31]一直是胡塞尔(和德里达)所追求的目标。最后我们到达了本书的"核心"。因此,让我们开始讨论内心独白的现象学。

正如我们所看到的那样,虽然承认表达性符号在用于交流性时,是以指示性方式被使用,并且表达通常(也许主要地)是以交流方式使用,但胡塞尔仍然认为这两种类型符号之间存在本质区别,这是基于以下事实:当在内部独白中使用表达时,它不会向使用它的主体交流任何信息。对此论点中,德里达说:

> 确实,应该承认,表达与指示之间的区别最终被托付给对"内在生活"的过于概括性的描述:在这种内在生活中,没有指示,因为没有交流;没有交流,因为没有**另一个自我**(alter ego)。但当第二个人在内在语言中出现时,这是一种虚构,而虚构就只是虚构。(*VP*, p. 60/70/78)

胡塞尔用来表示好像是虚假的内在交流的一个例子就是自责,"你错了,你不能继续这样做"(*VP*, p. 60/70/78)。[32]

根据德里达,这种对内心生活的处理以及这些例子的使用都是过于概括性,因为所使用的是一种非常特殊的内心命题类型,而德里达认为,这是胡塞尔非常具有策略性的选择,为了完成他要实现的目标。胡塞尔选择这种命题类型的"目标"是确保我们遇到的命题不能算作指示。正如德里达所指出的那样,这些例子具有一种实际的(practical)性质:"在所选择的命题中,主体将自己作为第二个人而说话,这样他可以指责、劝诫、让其做出决定或后悔。"(*VP*,p. 60/71/79)如果我们考虑到实际命题的运作方式,我们会注意到几个有趣的观点。首先,没有任何东西通过它们表现出来。正如德里达所说,"显现(Kundgabe)和接受(Kundnahme)都没有在运作"(*VP*,p. 61/71/79)。对自己说"这样做"或"不要这样做",这并没有告诉自己关于自己的任何说明性或包含信息的东西。其次,通过这种构型,当我们在与他人进行交流性的对话时,没有指向任何经验或心理的东西。这个命题所指出的世界中并没有一个存在的客体等。鉴于实际命题的这两个特征,很明显,从胡塞尔阐明的那种指示的运作来看,他所提出的这些典型命题永远不能算作指示。正如德里达所说,"胡塞尔需要在实际领域中选择他的例子,以便立即显示其中没有任何被'指示'的东西,并且这些都是虚假的话语"(*VP*,p. 61/71/79)。

142

然而,出于与我们将看到的《声音与现象》第 62 页的第二个论点相同的原因,这同样可以得出以下的观点:这些类型的命题也不是表达。一旦我们采纳了胡塞尔的实际命题的例子,德里达认为,

> 在假设不能找到另外一个属类的命题的情况下,人们的确会从这些命题中得出这样的结论:内在的话语本质上总是实际的、价值论的或有诗学价值的(axiopoetic)[……]但胡塞尔首先要不遗余力地避免的正是这种意向。(*VP*, p. 61/71/79)

换言之,一旦我们遵循了胡塞尔关于这个问题的思考方式,并且我们已经将实际命题与内部声音的运作方式同化,我们可能会

欺骗自己,认为所有内心独白符合这一基本模式。一旦我们有了这个例子,我们可能会认为内心独白只是实际的自我导向,认为内心独白只是以实际命题的形式出现。但正如德里达所说,如果这样的话,我们完全错失了胡塞尔的意图;在我们讨论的过程中,我们必须记住,胡塞尔不断寻求孤立的,是在灵魂的孤独生活中的表达之使用。因为,只有在表达中我们才能找到意义的纯粹可能性。

然而,这个意义以及一般地有意义的语言结构,对于胡塞尔必须是一种非常特殊的类型。胡塞尔在他的整个生命中都持有这一观点:所有有意义的语言的结构必须符合"纯粹的逻辑语法,这种语法或多或少地被与客体关系的可能性所直接支配"(*VP*, p. 61/71/80)。这意味着,有一种句法连接和配置的先验法则支配任何有意义的语言。我们可以说,这种语法是形式,所有经验和自然语言仅仅是这种形式的实例化,而且,这里的客体,在与客体关系的可能性中,是指称(Bedeutung)或一种理想的意义(meaning)。对于胡塞尔,这些先验的语法逻辑规则决定着:"四边形是圆的"这样的命题虽然无疑是矛盾的,但仍然是有意义的,而"热是慢地"是毫无意义的。这是因为,在前一命题的构成方式中,谓词至少在理论上可以通过陈述的方式成为主语的谓项(即使对术语的定义性分析禁止将其作为谓项),但在后一个命题,情况就并非如此。"四边形"是一个名词,"圆的"是一个形容词;而"热"是一个形容词,在句子中没有名词可供修饰,而"慢地"是一个副词。因此,我们至少可以破译"四边形是圆的"这个命题的涵义,以便我们可以说它是一个矛盾的命题,而在"热是慢地"的情况下,甚至这种基本的、初步的破译也是不可能的——这个命题完全没意义。

这个解释的重点以及我们在此花费这么多时间的理由是,胡塞尔将最终把所有意义性(包括其指示性和表达性形式)还原到其严格的理论核心(也就是说,不是实际的核心)。因此,虽然在胡塞尔例举的命题"你错了,你不能继续这样做"的基础上,我们可能会试图得出结论:灵魂内部生活中的所有命题都具有实际的性质,而这绝对不是胡塞尔要做的,因为"胡塞尔从未停止过断言,价值论可还原到其逻辑理论的核心中"(*VP*,p. 61/71/79)。

从这里开始,我们得到了德里达的大胆论证,"值得注意的是,胡塞尔必须在一定的深度上求助于指示的一个本质的理论性核心,以便能够将指示从一个纯粹理论性的表达性中排除出去"(*VP*,p. 61/72/80);让我们详细分析这个论点。我们在本书中的分析开始于注意到在指示和表达之间的看似不可分割的污染。我们说,指示是有所指向的符号,而表达则是有所意味的符号。然而,我们注意到,指示通常是有意义的(如在一张纸上的铭文),并且表达几乎总是有所指向(当我们与另一个人以话语方式交流而使用表达时)。然后我们注意到,当我们与自己交谈时,我们也以某种内部的方式使用表达,并得出,对于胡塞尔来说,这被视为对表达的纯粹表达性的使用,从而纯粹化了"表达"的概念,并让它摆脱了指示性污染。然而,我们想知道这个主体以内部方式使用表达时,是否确实对自己没有指示出任何东西,并且没有得知任何关于自身的信息,但我们也看到,由于理论的必然性,胡塞尔禁止这样的解释,认为我们可以再现自己,好像我们正在对自己说话一样,但这只是一种虚构,而且我们没有必要向自己指明关于自己的知识,因为主体是在完全相同的一瞬间体验到此经验。

现在,胡塞尔用于说明内部生活中的表达并非指示性的例子是"你错了,你不能继续这样做",这是一个实际的命题。胡塞尔使用这些特定命题来证明这些内在命题确实不是指示,以努力消除读者这样的怀疑(这是胡塞尔自己所喜欢的事情之一):主体在内部生活向自己有所指示。正如德里达针对这一命题所说的那样,"在其中没有任何东西'被指示'出来,并且这些都是虚假的话语"

144

(*VP*,p. 61/71/79);关键点在此:这些命题由虚假话语组成,因为它们不纯粹地是理论命题。因此,为了从灵魂的孤独生活中排除指示性符号,以便从指示中提取出表达的纯理论的表达性,胡塞尔采用了不是指示的命题例子,部分原因是它们不是纯粹理论性的。更简单地说,胡塞尔的证明取决于指示符号到其理论核心的可还原性(这部分解释了为什么所讨论的命题不算作指示),以便他最终可能从表达领域中排除指示性符号,以孤立出纯粹的理论性(至少根据胡塞尔是如此);他运用指示的理论核心,以便最终从纯粹的理论性领域排除指示。因此,为了从表达中排除指示,他采用指示的纯粹性,它矛盾地与表达共享其核心。

这就是为什么德里达说:

> 也许,在其深度中,表达的决定性恰恰被它要排除的东西所污染。这种东西就是:Zeigen(指向),即将手指指向一个人眼前的东西,或者指向一个必须始终能够在自身的可见性中对于直觉显现的东西,即与作为指示性"展示"(monstration)的客体的一种关系。在此,指向仅是临时不可见而已。(*VP*, p. 61/72/80)

如果为了从表达中排除指示,胡塞尔必须在他的论证中使用一个指示的本质理论核心,那么也许表达和指示这两者就不是绝对地和在本质上是可分离的;表达看起来会被它试图排除的指示的指向所污染。我们已经在整本书中努力理解这样的一个事实(即使我们直到现在还没有明确地关注这个事实):胡塞尔在彻底地区分"表达"和"指示"的术语时存在着严重的术语困难,因为很多着意要被区分开来的术语都有着共同的德语词根。例如,我们看到德语前缀Hin,意思是"那里"、"离开"或"出去",其同时在"表达"的Hinzeigen(或"向外指")和"指示性幻觉"的Hinweisen(或"显示那里")中运作。同样地,我们看到德语单词 Zeichen(胡塞尔表示"符号"的一般词)位于 Anzeichen(指示)这个词的核心,后者是胡塞尔对于"指示"的技术术语,但这就导致,"表达"也是一个 Zeichen。我们说,Zeigen(指向)本身是表达性指向(expressive referral, Hinzeigen)和指示性指向(indicative referral, Anzeigen)的词根,在我们对第一章的分析结束时,德里达将这点作为一个可能的问题或疑虑提出来,因为胡塞尔永远不会对符号本身的性质进行反思。有人可能怀疑,所有这些术语交织都是偶然的或者可能是不重要的,但考虑到我们在分析过程中遇到的所有其他概念纠缠,人们也可能怀疑无法从根本上区分这些概念术语的无能是一种本质的纠缠,特别是因为胡塞尔从来没有提出一个明确的同符号本身的交涉。德里达在此才明确地这样做了(尽管事实上,这是他一直在做的事情)。

我们记得,用胡塞尔的话来说,"每个符号都是某物的符号"(*VP*, p. 20/23/24);每一个符号都为某物占据位置——并且,由于符号处于另一种东西的位置,因此符号的本性或特征活动是其有所指向(refer)——正如我们所看到的,Zeigen 是表达性指向(Hinzeigen)和指示性指向(Anzeigen)的词根。符号有所指向(refer)——德语为"Das Zeichen zeigt"。这个 Zeigen(指向, referral,或者是展示,monstration)本质上是一个指向性,无论它是以指示性的还是表达性的方式指向(但在这里,我们再次看到这种纠缠的危险,因为我们已经说过,指示所特有的特征是它有所指向,而表达所特有的特征是有所意味)。德里达说:

> Zeigen(指向)始终是一个意向(intention, Meinen),它预先确定了指示性指向(Anzeigen)和表达性向外指(Hinzeigen)之间的深刻的本质统一。而且,在最后的分析中,符号(Zeichen)将始终意指(refer to)指向(Zeigen)、空间、可见性、

146
> 被客体化和被投射的场所和视域,以及作为面对面和平面、明见性或直觉,以及首先作为光的现象性。(*VP*,p. 61-2/72/80)

因此,我们看到,胡塞尔使用指示的理论核心,以便从指示中抽离出表达,这种做法对于其课题来说是有问题的,因为它指向了本质的纠缠或污染,即这两种符号类型的本质不可分割性或核心。符号有所意指,并且这种意指性是一种意向,也就是说,关系性或定向性,其将手势和感知,手指和眼睛联合起来,无论它是指示性地还是表达性地这样做的。因此,"矛盾的是,这个命题并不是指示性的,因为,只要它是非理论性的、非逻辑的、非认知的,那么,它也就不是表现性的"(*VP*,p. 62/72/81)。这引出了德里达认为胡塞尔选择的命题具有启示性的第二个原因。

这个原因与命题的时间维度有关,因为这些实际命题(以及一般而言的这类命题)并不涉及当下。这些具体实际命题的时间框架是过去的错误行为,同时伴随着朝向未来的悔悟和纠正的禁令——换言之,它们关注的是过去和未来,而不是当下;根据德里达的说法,这也是出于胡塞尔的审慎考虑,因为它自动排除了命题的任何本真的表达性。德里达写道:

> 然而,这些命题的时间性形态并非不重要的。如果说,这些命题不是认知的命题,那是因为它们并不直接在谓项的形式之中:它们并不直接利用动词"是",而且,它们的意义(如果不是它们的语法形式)不是在当下。(*VP*,p. 62/72-3/81)

我们到目前为止看过的实际命题,"你错了,你不能继续这样做",它并不是指示,但它们也不是表达,因为它们不是纯粹理论性的;它们不是纯粹理论性的,因为它们不符合,也不能还原为简单谓项的命题模型。这种模型设定在当下,且通过动词"是"(to be)

的第三人称单数的现在时陈述形式"is"(是)来设定的;这个命题
模型是"S 是 P",德里达认为,这是胡塞尔的"基本和原初形式,即
原初命题论(apophantic)的操作,从中每个逻辑命题必须能够通过
简单的组合得以派生"(*VP*, p. 63/73/82)。为了符合胡塞尔对纯
粹逻辑性的理解,一个命题必须最终可以还原为"S 是 P"的形式。
出于这个原因,胡塞尔提出的形式的实际命题,或者甚至是我们在
上面看到的命题类型("你爱上他"、"我渴望卷饼"等),都不可能
纯粹地是表达性的,因为它们使用的动词时态超过了第三人称单
数现在时陈述的"is"(是)、代词(例如"我"或"你")、专名和纯粹
的经验性,这只能是指示性的:"甚至,在'S 是 P'的命题类型中,S
不是一个我们可以用以替代一个人称代词的人,因为人称代词在
所有真实话语中都具有单纯指示性的价值"(*VP*, p. 62/73/81)。

　　正是胡塞尔强调动词"是"(to be)的第三人称单数形式激发
了对声音的讨论:"在这里,人们必须说话"(*VP*, p. 63/74/82),德
里达写道。通过接下来的几段,德里达开始展示"存在"(being)和
"在场"(presence)概念之间的本质关系,以及它们与"声音"在传
统上的本质关系。"存在"的第三人称单数现在时陈述形式是"是"
(is),在哲学传统中与词(word)本身的存在(也就是说,同 phonē[33]
[声音]和意义的统一)具有独特的关系。关于"是",存在一些独
特和特殊的东西,这有别于哲学甚至日常词汇中的任何其他词。
正如德里达指出的那样,海德格尔在《存在与时间》中提出和论述
过这个发现。[34]我们一直使用"是"这个词,却从未停下来关注它意
味着什么,这就导致我们能够大致了解这意味着什么,即使它自身
是一个前主题或前概念的意思。例如,我们非常清楚"草是绿色
的"、"今天是星期三",或者"爷爷已不再是(存在)"的意思(并且
正如读者将注意到的,这些命题中的"是"的每个独特用法都是独
一无二的——第一个是为谓项,第二个是为同一性,第三个是为存

在性的"是")。因此,我们必须对"是"这个词的含义已然有所了解,但实际上定义"是"这个词是一个复杂的问题。它的意思似乎主要地(如果不是单独地)出现在"是"这个词中。

现在,人们可能有充分的理由想知道,这种情况难道不是适用于很多其他事情吗?例如,"美人鱼"、"独角兽"或"圣诞老人"等想象的或非存在的事物?就像"是"这个词一样,这些东西,由于它们不以任何方式存在(exist),难道不是只能在同它们相关的词语的使用中找到吗?然而,在这些存在者(beings)和"是"这个词的意义之间存在着非常重要的差异,这就是:适用于不存在的事物(如美人鱼、独角兽和圣诞老人)的概念不过是通过其他概念而得以充实的概念,这些其他概念确实是有所意谓的意义,这使得不存在的事物的概念本身的意义,通过概念内容有意义地发展出来了。例如,当我们说"圣诞老人"时,一个概念性的形象出现在我们的脑海中:一个胖胖的男人,长着白色长发和长长的白胡子,穿着某种类型的衣服(根据每个人的特定文化背景而有所不同),或许抽着烟斗,可能带着礼物等。对于这种特殊的不存在的东西,我们也可能会想到神话人物所基于的历史人物,以及他占据神圣地位的原因等。当你读到"圣诞老人"这个词的时候,你的脑海中浮现出一幅图像,而且这个图像可能与当我在电脑中输入"圣诞老人"这个词时,脑海中出现的图像没有太大差别。"圣诞老人"在我们身上产生了一个确实以某种方式得到充实的概念的试金石,而"是"这个词却没有,即使我们在使用它时对其的含义有所了解。正如德里达所说,"无论我们是以亚里士多德的方式,还是以海德格尔的方式证明这一点,存在的意义必须先于存在的一般概念"(*VP*, p. 63n * / 74n4/82n2)。为了仅仅开始阐明"是"这个词的含义,我们就必须使用这个词,这表明我们必须已经对"是"这个词的含义有一些含糊的理解。但从字面上说,这是一个什么也不指向的单词,不指向概念性或经验性的任何东西。

> 但是,因为它的意义不指明任何东西:任何物、任何在者、
> 任何本体的规定,因为人们在词语之外的任何地方都碰不到
> 它,它的不可还原性就是词语(verbum)或说话(legein)的不可
> 还原性,思想和声音在逻各斯(logos)统一中的不可还原性。[35]
> (*VP*,pp. 63-4/74/82-3)

因此,"是"(to be)与语言自身分享一个必要的和不可还原的关系。这将导致,对西方形而上学语言的解构必然涉及对存在(being)自身特权的解构。

第三人称单数的现在时陈述形式"是"(is)的特权化促使我们讨论声音,在此我们找到了动词"是"(to be)与"词语的存在(being)和语言自身的存在"之间的特殊关系。但这只会引发更多的问题、顾虑和疑问。即使动词"是"(to be)与词语本身的存在(being)共享不可还原的关系,为什么这导致了给予该动词的第三人称单数的现在时陈述形式"is"以特权?此外,为什么"is"的这种独特关系导致了"S 是 P"这一命题形式的特权地位,作为所有真正有意义的表达所依据的模板?最后,这一切如何都与作为在场的存在决断有关?"为什么声音的悬搁是以在场为形式的存在的悬搁——作为理想性形式的存在的悬搁?"(*VP*,p. 64/74/83)。

为了开始回答这些问题,我们必须转向自我感发(auto-affection)的概念,它在如下的情况中被发现:自我在对自我说话时听到自己:"正是在此,一个人必须听到自己",正如德里达写道(*VP*,p. 64/74/83)。我们上面所说的客体的客观性,或者理想的理想性,在于客体对有意识的凝视在场,在于客体作为一种并不是属于世界的,而是可以无限重复的理想性;它不依赖于此时此地的经验性的非本质因素——甚至不依赖于意向着它的经验主体性,它

149

也不受到这些元素的污染。正如我们在分析过程中多次指出的那样,其理想性的力量取决于其重复的纯粹力量。尽管如此,胡塞尔并不赞同一种天真的柏拉图主义,后者的理想性存在于其他领域:

> 其理想存在在世界之外就一无所是,它就应该在一种媒介中被构成,被重复,被表达,而这个媒介无损于在场和意向它的活动的自我在场:这种媒介既立即保持了在直观面前的"对象的在场",又保持了对自我的在场,即直觉活动对自身的绝对靠近。(*VP*, pp. 65/75-6/84-5)

因此,由于理想的意义在世界之外就一无所是,它必须是被构成的,这意味着它必须被表达,但是在一个环境中,或者如他在这里所说的,在一种"实体"(substancc)中,这种实体不会污染理想在场的纯洁性,直接保持着直观面前的客体的在场,以及直觉行为对其自身的在场。

　　这使我们回到表达的本质和内心独白的表达行为的问题。我们记得,胡塞尔的表达层面必须被认为是"非生产性的",因为在表达行为中被产生的唯一东西是符号本身,但是符号本身不能被理解为:在它所要表达的意义上添加任何东西或有所修饰。正如德里达在这里所说的那样,"完全表达的目的是以在场为形式的恢复,它恢复了实际上被给予直觉的意义的总体性"(*VP*, pp. 64/74-5/83)。只要内在意义本身是建立在与理想客体的关系的基础上的,并且这个理想的客体在世界之外一无所是,那么,表达的任务就是去"维护、尊重和恢复意义的在场。这种在场是立刻在所注视的对象前的在场,又是内在性中对自我的靠近"(*VP*, p. 64/75/83)。它以理想的形式将意义的在场带回自身中,但同时始终不允许意义清空自己或在这样做中失去自身。

　　这需要一种独特的媒介,正如德里达所说,"声音就是这个元素的名称。声音听到了自身"（*VP*, p. 65/76/85）。每当我对自己说话时，声音就是"我在说话期间听到我自己"的活动的本质组成部分——也就是说，说者和听者之间没有距离；由于说者和听者是同一个人，因此该符号不必进入世界以便让听者接听和阐释。这些符号在同时被说出、听到和理解，并且这些能指的"身体"（body）并没有离开激活意向的灵魂：

> 主体并不需要越到自我之外而直接地被其表达的活动所感发（affected）。我的言语（paroles）是"活的"，因为看来它们并没有离开我：它们没有在我之外、在我的气息之外，落入可见的距离之中；它们不间断地归属于我，并且无条件地归我所支配。（*VP*, p. 65/76/85）

在声音的媒介中所表达出来的符号与意识的现象学内在性之间的这种独特关系不同于任何其他关系。所有其他的能指——更具体地来说，书面能指（尽管它们可能本质上指向一种不属于世界的理想性）包含对世界的外在性的指涉（reference），并将此类指涉作为其意义的重要组成部分。但在内心独白的现象学声音中，情况并非如此（至少不是那么明显）。也就是说，对于所有其他非声音的符号，"'外部的''在世界上'的意义是现象的重要组成部分"（*VP*, p. 65/76/85）。然而，在内心的声音中，并非如此显现。因此，声音的意指性的实体（signifying substance）似乎是完全独特的。事实上，德里达写道，从严格的现象学角度来看，"'听到自己说话'的运作是一种绝对独特的自我感发类型"（*VP*, p. 67/78/88）。它的独特性源于其运作中两个看似矛盾但必不可少的方面的融合。首先，"听到自己说话"在普遍性的范围内运作。它所采用的符号所意指的理想性不属于世界，其权力和客观性源于这样一个事实：即使假定没有发言者，这些理想性也是无限可重复、不会有所改变

151　的。第二，与此同时，"听到自己说话"似乎是一种看似绝对自主的自我感发，其基本上颠覆了某一活动进入世界的必要性；它是这样一种"不需要迂回地通过外部性的、世界的或一般非本质性事物的代理"(*VP*, p. 67/78/88)的自我感发。它既是绝对普遍的，也是绝对独一的。我们可以说，听到自身说话是一种这样的自我感发，它体现了激发此自我感发的主体的绝对死亡（因为它只涉及作为其"外部"而超越主体的理想性）以及绝对生命（因为它是一种根本上纯粹的自我感发）的矛盾。德里达认为，每种其他类型的自我感发都必须牺牲这两个组成部分中的一个。例如，让我们考虑"看－被看"(seeing-seen)的经验。为了看到自己，我必然依赖一种不属于我自己的媒介。我必须有一种物质，无论是反射性的还是同摄影有关的，以便产生图像（它本身必须在我之外），以成为我观看的客体；我还需要空间，它以穿过世界的距离的形式出现（与镜子或照片的距离——通过这些媒介我们可以"看到"图像；例如，如果我的眼睛直接压在镜面上，我看不到我的镜像）。在"触摸－被触摸"(touching-touched)的体验中也会出现类似的障碍，例如我将右手放在左手上。这两种类型的自我感发共同体现了将自我的内在世界暴露于外部世界，以便感发自我的必要性。换言之，它们包括一种与外在性和世界之"非本质性"的本质关系："在这两种情况下，我的身体表面，作为与外在性的关系，必须首先在世界中暴露自己。"(*VP*, p. 68/79/88)确实，存在有不依赖于某个行为而进入世界的自我感发形式。这些是我们体内发生的自我感发形式，例如当心脏将血液泵入全身，滋养细胞时，或当中枢神经系统发送和接收来自身体各部位的信号时。然而，这种内在的自我感发纯粹是经验性的，不能像现象学声音那样在普遍的或理想的范围内运作。

　　但是这种矛盾融合的结果则暗示着，即使是身体本身的空间性和经验性（甚至当它在其自身完全内在的运行中被思考时）在现

象学的声音中也会被还原。也就是说,这一声音不依赖于身体,在
这里,我们应该提醒自己,我们在上面讨论了身体的非透明性
(non-diaphaneity),它在显现自己的过程中腐化了表达的意义。而
内部声音中不会发生这种物质性腐化: 152

> 似乎它可以在内在性中避免这种外在性[……]这就是为
> 何"自己听到自己说话"作为绝对纯粹的自我感发,是在一种
> 对自我的接近中被经历的,而这种接近除了是一般空间的绝
> 对还原外,不会是别的什么。(*VP*, pp. 68/79/88-9)

声音的自我感发是绝对纯粹的,因为它涉及非物质自我与同
样的非物质自我之间无中介的直接接触,而且不需要依靠与通过
外部世界的物质性(甚至身体本身的物质性)的必要资源来完成。
重要的是,这种空间的还原不需要对时间或时间性的媒介进行还
原,因为理想性的重复运作不断发生在时间的瞬间中。在非空间
的、纯粹时间的领域中,理想性的构造强化了声音和理想性之间的
本质关系。德里达写道,"当我说话时,它属于这个运作的现象学
本质,即我在说话过程的时间中听到我自己"(*VP*, p. 66/77/87)。

在听到自己说话的行为中,声音在其被说出的当下被听到;因
此,看起来,在绝对自我亲近(self-proximity)的关系中,我感发自己
并且同时被感发,这样,我的符号就不会进入世界,甚至不会通过
身体的非透明性。这种限制带来了所指和能指的绝对亲近性,它
在内心独白的表达性行为中永远不会丢失,这是当我与他人交流
时不能找到的亲近性。正如我们上面所看到的,"话语的现实性将
某种属于非意志(involuntary)关联的东西保留于自身"(*VP*, p. 29/
34/37)。失去这种亲近性会导致我失去对符号的权力。本质上,
符号的交流性使用可能会带来意义丧失——例如,我总是有可能
被误解或得不到很好地理解。我的符号总是有可能以一种腐化其

意向意义的方式被重新语境化。与此同时,当我和另一个人说话的时候,我确实在这样做的时候听到自己说话,但同时,以下情况也是真实的:

> 如果另一个人听到了我说话,那么,这也是让另一个人立即在他心中重复"听到自己说话",同我产生这些话的形式相同。立即重复它,这就是说,不需要任何外在性的帮助而复制纯粹的自我感发。(*VP*, pp. 68-9/80/89)

153　　当我在对方面前说话的时候,存在一种我正控制着对方的权力关系的意味,因为无论对方是否喜欢,我都拥有一种强迫让对方重复同样的自我感发的权力。这是我在"听到自己说话"时发生在自身的自我感发。当我说话时,且我的话语被听到时,听者在自己的灵魂的内部重复了与说话者相同的"听到自己说话"的行为。但是,我也在某些方面放弃了权力,因为我也牺牲了意义的纯粹可能性,因为符号的交流性使用带来了非意志关联的本质可能性。我强迫重复这个符号,但却牺牲了那个符号所意向的意义。然而,在自己听到自己说话的行为中,我在时间内构成了同样的重复,而且没有通过会夺走符号意义的世界来完成。这就是我们所说的能指与所指的绝对接近。作为说话者,我的意向赋予了符号生命;我对符号保持了完整而绝对的权力,因此保持了对符号的意义——理想的客体——的完整而绝对的权力:"这种再生产的可能性,其结构是绝对独特的,作为一种对于能指的无限掌控或无限权力的现象而交出自身,因为能指具有非外在性的形式本身。"(*VP*, pp. 69/80/89-90)

　　因此,声音的表达性媒介(或"实体")也是独一无二的,因为,所指与能指的直接在场意味着能指的身体不同于其他所有表达性媒体,其在自身被赋予生命的那一刻似乎被抹去了。例如,手写的符号留下了一个标记，可能在作者死亡后很好地存活下来。即使当我们向外面的世界说话时，这个符号也会穿越世界的物质性，回响在经验表面、肉身的物质上等。然而，有了现象学声音，"能指的现象学身体似乎在它被生产出来的那一刻被抹除了"（*VP*, p. 66/77/86）。这个符号只是为了将意义提升到理想的形式，并且恰好是在符号得以体现的同一时刻，它被抹除了："它现象学地还原了自身，并将其身体的世俗不透明性转化为纯粹的透明性。"（*VP*, p. 66/77/86）

德里达认为，在与理想的普遍性关系中，维持这种对理想客体的权力，使得声音成为意识和主体性的基础或可能性。我们必须记得，在引言中，德里达将意识的定义表述为"无非是在鲜活当下中，当下的自我在场的可能性"（*VP*, p. 8/9/8）。毫无疑问，这个公式是对胡塞尔一切原则之原则的转述，我们可能会说，它强调了直觉行为对自身的接近（closeness）和伴随性（with-ness）。在整个本文中，"意识"（consciousness）一词是法语单词 conscience 的翻译。因此，可能很明显，英语单词"意识"与 conscience 这个词有着几乎无法区分的词源。这两个词都来自拉丁语 con 和 scire，分别表示 with（和）和 to know（认识）。结合这两个根源，conscire 意味着"相互有所意识"。正是在这个意义上，我们谈论道德良知（conscience），这意味着假定人们在自身内部拥有一种不可言喻的、无法定义的知识，一种固有的是与非的知识；此外，它也是其他可以说是有良知的人都具有的知识。例如，我们可能会说，"任何这样做的人都不可能有良知"。但是，重要的是要注意到，这种伴随知识（with-knowledge）或相互意识（mutual awareness）是我们对良知的道德理解的中心，它也伴随着意识这个看似道德中立的词语的意义。这样，在法语中，这两个词语是相同的。意识是一种伴随知识，它使自我与自我（即绝对地）接近。这是人所拥有的与自己共享的关于自己的知识,但没有这种知识,就不可能有对世界的意义的经验。有意识(to be conscious)意味着一个人的内心体验的意义是可以与严格意义上的超越了自我的理想性发生关联的,并且两者是相关的。但是两者是为了保持在自我内部,并强化这一内部自我经验而相关着的。德里达认为,这种情况只发生在声音的自我感发中,这就是为什么他说,"声音以作为意识(consciousness,con-science)的普遍性形式接近自身。声音是意识"(*VP*,pp. 68/79-80/89)。

具有讽刺意味的是,正是基于所指与能指的绝对亲近性,胡塞尔将宣布表达的层面是"非生产性的",并且他

> 矛盾的是,[他]将能够毫无损伤地还原媒介,同时断言存在着一个意义的前表达层面。同样是在这种条件下,胡塞尔会给予自己还原语言整体的权利,以重新把握意义的原初性,不论这语言是指示性的,还是表达性的。(*VP*,p. 69/80/90)

由于主体对理想客体保持绝对权力(因为能指永远不会离开所指),所以胡塞尔将认为,能指自身并没有为它所表达的意义增加任何东西。因为它无所增加,所以严格来说,它是"非生产性的",因此理论上可以被抛弃为非本质的补充性特征,一种经验层面的附加物。

当胡塞尔做出这一举动时,在意义、语言、声音和书写之间的关系的问题上,他重复了传统的西方立场。亚里士多德在《解释篇》开篇曾有名地宣称,"口语是心灵经验的象征,书面文字是口语的象征"[36]。当读到这个表述,我们可以看到,心灵体验对于亚里士多德而言是首要的,以声音和书写为形式的语言是心灵体验层面的补充;也就是说,它们是非本质的附加物,以某种方式次要地(以及次于次要地)象征着体验。我们首要拥有体验,然后通过使用象

征符号来象征这种体验。但是,在这两个补充性的象征化层面之间,声音具有优先性。声音首次表达了心灵体验的象征,书面符号次要地提供了口头符号的象征——它使口语符号清晰可辨。根据亚里士多德的说法,书写是补充的补充,是一个符号的符号;然后,随着这一举动将被其他大多数哲学传统不加批判地采用,这个观点成了之后的哲学传统的观点。这也解释了为什么,对于一般的西方传统而言,最接近理想领域的书写将是以其音素(phonetic)形式的书写,因为拼音书写与象形书写不同,拼音书写创造出代表语音自身的声响(sound)的象征符号。正如德里达所写的那样,"如果书写完成了理想物体的构建,那么只有在它是拼音书写时才能如此。书写能够稳定、铭刻、写下、具体体现已经预先准备好的说话"(*VP*,pp. 69/80-1/90-1)。在这里,我们看到德里达的术语"语音中心主义"(*VP*,p. 69/80/90),用于描述声音与书写之间的传统二元对立中声音的优先性。

在这个意义上,书写对于胡塞尔是补充性和派生的。我们可以说,直到它的意义被主体在阅读行为中重建它们的意向所激活前,书面符号仅仅是表达性媒介表面上的*尸体*(corpses),无论它可能是什么。德里达认为,字母是一个"总是保持为空的符号"(*VP*,p. 70/81/91),它们仅仅是指示,只能通过再次以表达形式被重新激活——被唤醒或复活——而得到理解。在这里,我们再次听到胡塞尔思想基础中的形而上学传承,其以我们上面所见的身体/灵魂的二元对立为中心。声音的特权是,在自我在场的绝对亲近性,在理想客体对直觉的在场中,以及在直觉行为对自身的在场中,它表达着理想性。符号类似于一个收容意义-意向(sense-intention)的身体,就像人的身体收容灵魂一样。因此,在没有激活意向(其类似于灵魂)的情况下,符号就像一具尸体或一个死亡的、物质的身体。就像西方传统中的"死"的物质一样,严格来说它没有生命。

它需要一个主体的激活意向,以给予它生命。因此,只要符号没有离开在声音运作中激活它的灵魂,声音的词语就是最具有生命的。德里达说:

> 词是一个身体,只有在一种实际的意向将其激活、使之从惰性的发音([作为词的]躯壳,Körper)状态过渡到充满活力的身体(Leib)状态的时候,才会有所意味。词固有的这种身体只有在它被"意谓"(wanting-to-say,bedeuten)的活动激活(animated,sinn-belebt)的时候才进行表达,这个"意谓"把它转变成精神的肉体(geistige Leiblichkeit)。但是,只有精神(Geistigkeit)或活力(Leiblichkeit)是独立的和原初的。(VP,p. 70/81/91)

符号随着时间从将其激活的意向那里所获越多,在意义的绝对清空运作的意义上,它们的死亡风险就越大。

因此,知识的构成和传播——我们应该注意到这需要书写——是一项充满巨大风险的事业。它需要"发现者",他必须首先构成要传播的知识的理想意义,然后必须在说话的媒介中表达这种理想性,然后将这种说话翻译为书面符号的结构,让这样的书写与打算要表达的理想性最"本质"地保持一致,希望这些符号的未来接收者能够以完全相同的方式重构这个完全相同的理想性。历史越是偏离了这种意向的鲜活来源,这种原初意义被覆盖或遗失的可能性就越大:

> 由于这样一种形体化(incarnation)允诺的进化的可能性,意义的"遗忘"和丧失的危险与日俱增。在历史的沉淀中重建被埋没的活动的在场就变得越来越困难了。危机的环节总是符号的环节。(VP,p. 70/81/91)

这种语音中心主义包含了胡塞尔思想的传统维度。但是,我们已经看到,声音的这种特权同时在内部受到质疑:正如胡塞尔所承认的那样,知识的构成、传播和积累需要转换成书写符号,然而,这个书面符号威胁着其试图传播的自我在场。

因此,胡塞尔也必须承认意义构成的时间维度,因此在前一章的阅读中被分析的时间化运动将再次发挥作用,它破坏给予了声音以特权地位的被假定的意义的自我在场。在第一种意义上,知识的积累和传递需要将意义委托给书写,从而产生知识的进一步构建和积累。但更为根本的是,即使在建构活动所谓的"原初性"(即"最先"构成理想性的活动)中,时间化运动本身也是运作性的和构成性的。正如我们所看到的,内心独白的现象学声音相当于空间的绝对还原,因为,能指并不能通向身体的非透明性或外部世界的物质性。但是,它并不等于时间的绝对还原或时间性维度的绝对还原。符号的重复发生在时间的瞬间中,在鲜活当下的构成中——原初印象的核心被持留和前瞻的晕所包围。正如德里达所说,"说话的原初性(言语由此与其他所有意义场所区别开来)来自其结构似乎是纯粹的时间性的方式"(*VP*, p. 71/83/93)。这种纯粹时间性的、非空间的重复确保和保护了理想性。

但这给胡塞尔模式引入了进一步的复杂性。德里达写道,"作为声音运作的自我感发假设了导致自我在场的分离的纯粹差异"(*VP*, p. 70/82/92)。在声音的运作中被发现的、作为理想性构建之奠基的鲜活的当下,与第五章中所阐述和解构的鲜活的当下一样,其自身是在延异运作中被构成的。重复的时间本性确实确保了意义的理想性,但在这样做的同时,它也向我们在第五章中发现的延异运动开放。延异的运动是原初污染的运动,这意味着,这种不纯性不会发生在给定的、偶然的事后发生的事物中,而是作为被给予的事物的本质和组成部分。自我感发,作为自我在场的条件,首先

意味着,在说话的自我和倾听的自我之间存在差异,**并且**,说话的
自我的自我在场和倾听的自我的自我在场在本质上并不是可固定
的。在延异构成性的运作中,每一个都可能进入另一个,也就是
说,它们是由纯粹差异构成的,[37]此差异使得它们都成为可能,因此
德里达说,这种延异不会是"在先验主体那里意外出现的",而是它
"产生了先验主体"(*VP*, p. 71/82/92)。也就是说,正是作为自我
关系或自我感发(在其中,自我与自我相关,就像自我与他者相关
的方式一样),使这样的自我成为可能。

　　但这使整个现象学课题变得复杂化。这种"自我"是先验还原
的条件,但是,由于延异的作用禁止了当下-现在的纯粹自我在场,
先验还原永远不会是纯粹的,因为他异性总是已经在自我的构成
中运作。我们永远不能希望"纯粹地"将世界、身体或他者放进括
号中。胡塞尔本来希望在指示的名下驱除的所有可能性(空间、外
部、世界、身体、物质性、经验性等,在先验性还原模式中被放在括
号内的所有东西),都根植于这种延异。因此,"一旦我们承认自我
感发是自我在场的条件,就不可能实现纯粹的先验还原"(*VP*, pp.
70-1/82/92)。尽管如此,德里达说,思想必须仍然经历还原,因为
只有在先验还原的模式中,人们才能"在同自身最密切的接近中重
新获得差异:不是同它的同一性,它的纯粹性,它的起源接近。它
没有这些。而是与延异的运动最为接近"(*VP*, p. 71/82/92)。换
言之,德里达认为,由于原始污染,通过还原时并没有让我们获得
现象学思想所希望的自我纯粹性,然而,它确实让我们实现了这种
原始污染。只有通过还原,我们才能认识到纯粹还原的不可能性,
以及这种不可能性的原因。

　　因此正是当德里达的分析进行到此处,他展示了自己深刻的
哲学承诺,甚至可以说,这些承诺揭示了德里达的非常传统的立
场。像整个西方哲学传统一样,德里达追求的是*原初*的事物,其将

为主体性和思想的可能性提供基础。这至关重要,鉴于从柏拉图到海德格尔,历史上的每一位哲学家除此之外都没有做过其他任何事情。对于德里达,经过还原的通道是思想可以靠近原初性的最切近的方式,并且,由于这种亲近性,经过还原的通道对于德里达来说是必要的和不可避免的。尽管如此,同样是在这个时刻,德里达的特殊的独特性也随之出现,因为,他发现的原初性是有着原初的运动和污染的,它不是西方传统一直所追求的客体:安全的、有固定的基础,[38]或阿基米德点,[39]当下的在场。我们甚至可以说德里达的延异是非原初的原初性(non-originary originariness),因为它不是简单的或纯粹的起源,而是基础性的生产性关系,它破坏了对思想的稳定性或安全性的任何推定,包括概念(例如"起源","原创性"和"基础")的安全性。同样,正是在这里,在延异的这种非原初的原初性中,德里达定位了意义、真理和思想的可能性。

为了结束对第六章的分析并进入本书的最后一章节,德里达指出,我们迄今为止的分析依赖于声音运作中的自我感发,并提出了我们的追求是否过于短视的问题——也就是说,也许如果我们跟随胡塞尔,将声音和语言的运作(即使是以表达性的形式)放进括号中,也许我们会发现一种"前表达的体验的层面,一种先于指称(Bedeutung)和表达的意义层面"(*VP*, p. 71/83/92)。也许,在意义通过声音被带进表达的那个时刻之前,在灵魂的内在性中,存在一条通向一种无时间性的、自足的理想性的通道。即使在胡塞尔自己的课题中,这种可能性也是不允许的,因为德里达说,理想性本身就彻彻底底地是时间性的。

他指出,自我感发和声音的独特性似乎是它在纯粹的时间领域展现了其意义,我们说,这个领域是空间的绝对还原。这种时间化是表达模式中理想的构成的重要组成部分;但是,更重要的是,对于胡塞尔,意义由此构成的理想本身并没有避免这种时间化。

换言之,"这种时间性并没有展现出一种其本身是永恒的意义。甚至在表达之前,意义就彻彻底底地是时间性的"(*VP*, p. 71/83/93)。因此,胡塞尔的思想将全时性(omnitemporal)与永恒(eternal)区分开来,在他之前的西方哲学传统基本上没有做出这种区别。西方哲学(和宗教)传统中的永恒意味着"时间之外"。在大多数情况下,西方哲学传统在这种永恒真理的名下吸收了逻辑和数学的必然真理;它们是无时间为真的——它们的真理超越了整个时间。对于胡塞尔来说,事实在任何时候都是真实的事实这个观点并没有剥夺真理必须首先是被构成的这一基本要求,而这种构成是一种时间活动;"根据胡塞尔的说法,理想客体的全时性只是时间性模式的一种"(*VP*, p. 71/83/93)。对于胡塞尔来说,在任何时候为真并非意味着在时间之外为真。时间是真理的不可还原的组成部分。

德里达写道,一旦我们谈到时间化的运动,即使我们正在严格地谈论理想,对自我感发的讨论也是不可避免的,在这里,他援引了海德格尔在《康德与形而上学问题》的分析。因此,德里达直接走向鲜活当下的"源头",即那个源点,原初印象的"现在",德里达认为,其只能被理解为自我感发。他写道,"'源点'、'原初印象'(时间化运动以此为基础而产生)已经是纯粹的自我感发"(*VP*, p. 71/83/93)。为了论证这个主张,德里达首先指出原初印象是纯粹的生产。这意味着,它是一种不会被产品的终止(terminus)所停止——或者可以说,所污染——的生产,这些都将导致生产本身的运动的终止。它没有尽头(产品),由于同样的原因,它也没有起源(生产者)——它是纯粹的生产。因此,德里达说,"现在"的新是由"无"(nothing)所产生的。在这里,他引用了胡塞尔的话:

原初印象是这种生产的绝对开始,即最初根源,其余一切都是由此应运而生的。但是,它自身不是被生产出来的,它并不像某种诸如产物的东西那样被生产出来,而是自发产生的(genesis spontanea),它是原初的一代。(*VP*, p. 72/83/93)[40]

原初印象必须像鲜活的当下中核心性的"现在"一样,作为另一个将取代它的现在的构成性要素而被保留,并且,它必须感发自身,以便以非现在或"过去的现在"的模式假定一个新的实际性。尽管看起来很复杂,但时间结构本身与构成主体的自我关系有着平行结构。"现在"之所以变成"现在",只是在于它在其他异性中与自身(另一个"现在")建立了关系才得以可能,只有在一个纯粹的自我感发中才得以可能,"在自我感发中,同一的事物之所以能同一,只能是它通过他者而感发自身,通过成为那另一个相同的他者"(*VP*, p. 73/85/95)。德里达说,鲜活的当下是纯粹自发性,他没有创造任何东西,它创造无。鲜活的当下既不是创造者也不是受造者,而是通过在自身的他异性中的自我关联而构成自己——通过成为他者。只有这样,现在才能被构成。

根据胡塞尔的说法,这种时间化的结构处在意义自身的生产和构成的核心;它只能被认为是一种纯粹的运动,这意味着,为了描述这一运动而制订的所有名称和概念,都必须借助这种运动在第一时间让其成为可能的被构成的意义领域。我们可以说,这些被构成的概念在本质上被假定(甚至可能是"被要求")为固定的或稳定的,但是,由于它们旨在描述流动性的固体,它们在本质上只能是隐喻的。对于德里达来说,这种语言的隐喻不是一种缺乏或不足,而是一种必要性。正如他所说,"人们运用使之成为可能的各种术语来谈论'运动'。但是,人们在本体的(ontic)隐喻中总是已经偏离方向"(*VP*, p. 73/85/95)。同样,德里达在这一点上只

161

是试图将胡塞尔推向胡塞尔自己思想的逻辑结果。在书中较为具有实质性的脚注中,德里达引用了胡塞尔的一个很长的段落:

> "我们只能这样表述这点:我们根据被构成的东西以这种方式来描述此流(flow),但是,从时间角度讲,它全然不是'对象性的'。这是绝对的主体性,它具有我们隐喻地称为'流'的东西的绝对属性。'流'使得'现在'涌现,是在实际性的某点中的一种原初源点,等等。在实际性的体验中,我们具有原初的源点和诸持留时刻的连续性。因为这一切之故,我们缺少名称。"(*VP*,p. 72n/ 84n9/ 94n1)[41]

我们注意到,胡塞尔在这个段落中怀疑我们试图描述这一运动的所有术语,甚至是像"流"这样的术语(应该还包括"运动")。这一点非常重要。在对第四章的讨论中,我们试图描述解构的一些特征,我们说过,其中一个特征是,人们不能简单地放弃所谓的"在场的奠基性价值"而在哲学传统中前行,就像我们在没有这些概念的情况下向前。在那里,我们说,成为哲学家意味着从传统内部着手工作,并且这样做意味着要使用一系列继承而来的概念和问题。我们不能简单地改变我们使用的概念,因为无论喜欢与否,这些概念带有历史包袱(毕竟,必须有一些理由让我们选择以概念X 的名义称呼某些内容;必须有某些我们认为它所携带着的传统内核,即使我们在这样做之前尝试附加所有必要的警告)。同样,我们不能简单地创造新的概念,因为传统中控制概念创造的规则与"在场形而上学"的相同预设一致。

在这一点上,我们应该注意到,这是德里达思想中更具争议性的方面之一。不熟悉的读者可能会怀疑德里达只是简单地为了对解构主义有利而"操纵游戏"。[42]解构主义的运作承认了延异的运动存在于从西方传统继承而来的诸概念的中心。哲学传统所引发的不可判定的窘境,是传统运作的"非此即彼"二元框架的结果。"解构"发现,"非此即彼"的二元框架是在差异的游戏的基础上被构成的。那么,为什么不简单地丢弃它们,并创建新概念或新框架呢? 是否可以说,德里达不过是坚持认为概念必须以它们的方式而被创造,只是为了证明这种形成概念的方式为何是有问题的? 难道他不是如我们之前所说的一样,只是朝着对解构有利的方向"操纵游戏"吗? 为什么不把德里达所寻求的这种原初的不可言说以"流"或"运动"命名? 这些术语有什么错误? 但在这里,正如我们所看到的,这也是在问这个问题:为什么胡塞尔将"流"这个词放在带有恐慌意味的引号中呢?

　　为解释为什么这些术语对于胡塞尔和德里达来说是有问题的,我们只需要问,这些术语中所包含的内容,并且,当我们提出这个问题时,我们就会看到,在场形而上学隐秘地无处不在。人们只需要问问自己,除了用"不能保持不变的事物"这些词语之外,人们还可以用什么其他术语来思考像"流"或"运动"这样的概念? 流动性和运动的概念本身是在强调坚固性和稳定性的概念的背景下构成的。此外,只要我们用来描述这种原初的非原初性的任何术语都是一个被构成的术语时,它的定义("定义"意味着"让其变得有限"),根据定义,会成为一个以概念的方式、被人为强加在一个不稳定地基上的稳定性。因此,正如胡塞尔所说,它在根本上是不可命名的("因为这一切之故,我们缺少名称");然而,它必须被命名,因为不这样做的话,就等于放弃思想的最高任务。在这里,我们看到了驱动整个解构的紧张关系:必须命名无法被命名之物,必须思考无法被思考之物,"完全纵身下去,在继承的概念中摸索,走向无法命名之处"(*VP*, p. 66/77/86)。

　　让我们总结一下第六章的阅读。鉴于这种纯粹运动是位于意义自身生产的核心,因此这种意义"永远不会单纯在场。它始终已经参与到踪迹的'运动'中,即在'意指'的秩序中"(*VP*, pp. 73/85/95-6)。正如我们所讨论的那样,"踪迹"在其最一般的形式中是重复的可能性;它是重复的纯粹可能性。这种踪迹本质地和构成性地将自身铭刻入现在的每一个当下-现在,并且由于意义的产生在这个运动中被捕获,所以踪迹也是这种生产的重要组成部分。然而这会导致,即使意义在其"在场"中,它总是本质性地被以踪迹形式出现的他异性所标记。这就是德里达的术语"元书写"(archi-writing)的意思,这种原初的可铭写性让这样的意义及其重复变得可能(*VP*, p. 73/85/95)。因此,它永远不会简单地在场,即使在主体内心深处最安静的时候。意义始终被其外部所标记,这意味着意义总是在表达(ex-press)的过程中,并且本质上就是这样。正如德里达所说:

> 因为踪迹是鲜活当下同其外在的亲密关系,是朝向一般外在、非本质性等的"敞开",意义的时间化从一开始就是"空间化"(spacing)。一旦人们承认这种同时作为"间隔"或差异,以及朝向外部的"敞开"的空间化,那就不再会有绝对的内在性。(*VP*, p. 73/86/96)

因此,通过德里达,我们注意到了许多重要的发现。首先,尽管我们迄今已经说过,声音自我感发的独特性只是在于其运作的全然时间性的本性,但是,我们现在看到,这种时间化使得它不能禁止自身被空间污染。在其作为时间的构造中,当下的在场是通过踪迹的运动来构造的,踪迹是"当下"朝着自身的外在性的敞开,此外在性在原初就已经将其标记。因此,时间的本质朝着他异的事物开放,这包括空间;德里达写道,"如果我们现在记住,声音自我感发的纯粹内在性假设了'表达'过程的纯粹时间性质,我们看到说话或'听到自己说话'的纯粹内在的主题是与'时间'本身完

全矛盾的"（*VP*,p. 74/86/96）。其次,这种无法从根本上关闭他者
对自我的感发的事实,也成为即将随之而来的主体的内在性。虽
然,现象学课题的先验还原试图将整个经验还原到其纯粹的意义,
而这出现在灵魂的孤独生活的核心,但这种孤独的生活,就像它在
时间化的运动中被构成一样,不能把外面的东西挡在内面之外。
因此,正如我们所看到的那样,伴随着时间被空间的污染,纯粹的
先验还原是不可能的:"时间化同时是现象学还原的力量和极限。"
（*VP*,p. 74/86/96）第三,鉴于意义的产生本质上总是在表达的过程
中,这种表达运动不允许意义在灵魂内在生命中绝对地在场。因
此,不可能从灵魂的孤独生活中彻底还原表达领域。因此,胡塞尔
一直追寻的意义的前表达层面变得不可能。第四,鉴于意义始终
是在通向外部的过程中,因此不再有可以从根本上区分表达与指
示的方法。回想一下,正是通向外部的通道让符号以指示性方式
被使用这一点成为可能。为了隔离纯粹的表现性,我们说,人们必
须还原通向外部的通道(即符号进入外部的过程)。一旦绝对内部
和绝对外部之间的区别被削弱,人们可能希望从根本上区分表达
与指示的标准就将丧失。第五,鉴于意义的产生完全在本质上被
"踪迹"的概念所标记(并且这是其自身的时间化运动所致),因此
"铭写"(或"元书写")的概念本质上甚至伴随着以口头符号的形
式出现的一种特定理想性的所谓"第一次"出现。也就是说,传统
给予声音的特权丢失了。简单来说,当我们说话时,我们都是通过
使用指向理想性的符号来实现的,但是所有被归于这些理想的特
征(重复性、持久性、稳定性等)都是与口头符号相对的书写符号最
恰当的特征。口语符号是最活跃的,但只是因为它直接与说出它
的灵魂联系在一起,这也意味着,它是最富有活力的,最易死的。
书面符号是最为僵死的,因为它与激活意向区分开来而得以铭写,
但它同时更能够被保存、被重复和被传递下去。这些是所有符号

本身的特征,包括声音的口头符号。即使是在内心的声音中,意义的产生也是由一种"元书写"所产生的。

165　　这使我们进入第六章的末尾,此处开始讨论增补(supplementarity)问题。德里达写道:

> 如果指示并不被补充到表达之中,这种表达又不补充到意义中去,人们反而能就此讨论一种原初的"补充"。它们的添加是要来补充一个欠缺,一种原初的非-自我在场。而如果指示,比如日常意义上的书写,必须必然地"把自己补充"到言语中,以完成理想对象的构建,如果言语必须"把自己补充"到思想对象的同一性中,那是因为,意义和言语的"在场"就自身而言已经是一种缺失。(*VP*,p. 74/87/97)

第六章(关于"听到自己说话"的媒介的论点)完成了胡塞尔现象学领域自身的三个论点。德里达现在已经奠定了概念基础,它将组成并构建他自己思想课题的概念原初性的基础。这会在第七章中明确体现出来。

现在让我们转向《声音与现象》的最后一章。

原初的补充

在第六章的开头,我们注意到,现象学课题必须进行两次还原才能构成现象学的"沉默";其中第二个要还原的是"优于和外在于意义层面的,作为更后层面的表达"(*VP*,p. 60/70/78)。因此,第六章的开篇宣布了第七章所要进行的对增补结构的分析,并且,正如第六章的结论和第七章的标题明确表明,这种补充性结构,或一般的增补结构,将会成为"原初的"(*VP*,p. 74/87/97)。在德里达对胡塞尔的解读中,这种增补的原初结构将构成意指运作的基本形式,因此,在第七章中,德里达展示了现象学中的这种形式主义之于胡塞尔直觉主义的强调所带来的根本张力。在这种张力的形式主义那一边,"话语可以是话语,即使它没有使知识成为可能"(*VP*, p. 76/90/100),只要它符合话语结构的某些逻辑规则,即符合"意指的纯粹形态学"(*VP*, p. 76/90/100)。换言之,只要话语按照某些规则运作,它就可以是有意义的话语,不管有没有已被充实的直觉;而另一方面,根据这种张力的直觉主义一极,意义性的可能性来源于意向的直观充实的目的,即被假设为直观内容的、被意向客体最终在目的论意义上的被给予性(givenness)——意义,在其本质上,倾向于真理。这两个相互处于紧张关系的强调占据了胡塞尔的整个语言哲学。因此,在最后一章中,德里达开始探索现象学的张力。早在《声音与现象》的介绍的最后部分中,他已经宣布过:"这两种主要动机之间不可缓解的紧张关系:形式主义的纯粹性和直觉主义彻底性。"(*VP*, p. 14/16/16)现在让我们转向关于增补的讨论。

166

在第七章开头,德里达写道:"这样看来,增补就是延异,就是同时使在场分裂并延迟,并且使之置于原初分裂和原初延迟之下的分化运作。"(*VP*, p. 75/88/98)所以在本章的开头,德里达就示意延异也在本质上与"增补"概念联系在一起。我们在第五章中已经得知,延异在本质上与"踪迹","在场的折叠","自我在场的折叠"等概念有关;在第六章中我们得知,延异与"元书写"有关。我们在上面看到,延异是时间和空间的分化。它结合了法语动词differér的两种意义。因此,正如德里达在这里所说的那样,延异"被认为是先于作为推迟的延迟(deferral, differér)和作为差异(différence)之主动运作的分化(differér)之间的分离"(*VP*, p. 75/88/98)。作为时间和空间的生产性分化(differing),它也是两者相互融合的"位置"或地点——我们在第六章中看到,时间本身的本性是它对外部或对它所不是的他者的敞开,这种本质的开放性不能禁止空间性。自我感发的关系是一种时间关系,但没有这种关系,如此这般的世界就不可能。因此,正如我们所说,延异是空间的时间生成和时间的空间生成。它是生产性的,甚至可能是这种生成性自身,但它先于严格主动或严格被动之间的任何根本区别——它的行为不是"源于行动主体"的行为,它的激情不是激情"对行动主体施加"的激情。最后,我们说,延异是所有西方传统所珍视的二元对立的条件。因此,德里达试图思考使思考成为可能的结构。正如德里达在这里所说的"增补"和"延异"一样,"我们现在必须通过《逻辑研究》第一卷来验证,这些概念以何种方式尊重一般符号(指示性和表达性)与一般在场之间的关系"(VP, p. 75/88/98)。我们也必须确定,这种延异的差异性生成关系如何与"增补"的概念相关联。

　　补充者或替补者被认为是一个附加物,某些事后添加的事物,某些用来替代或弥补在某种程度上不充分的事物。例如,当一个人谈到"补充性收入"时,意味着这是有限的收入,仅用以替代或弥补其首要收入的不足。这种第二收入往往来自第二份工作,若一切顺利,这是一个人不太想去从事的业务,但现在出于经济需要,他或她必须从事这第二份工作。于是,补充是通过替代缺乏者的方式去弥补某种缺失。那么,当德里达在这里将"补充"称为"原初性",是要断言两件事。首先,它"意味着在场的不完整性"(VP, p. 75/88/98)。让我们继续采用那个经济的例子,如果收入需要补充性收入,那是因为主要收入中存在缺失;它的"在场"并不充分,还不够。同样,如果"在场"需要补充,那只能是因为,当下的在场本身并不是全然在场的,它必然是不充分的。其次,鉴于补充本质上是一种替代品,将"补充"称为"原初"是要指出,首要的事物不是原初的呈现,而是原初的替代。于是,这本质上涉及对一般符号的讨论,以及第五章中的再现特权,因为符号本身就是一种替代。在上面,并且一直回到我们对《声音与现象》第一章的讨论中,我们注意到,指向(Zeigen),也叫作"指向性"(referral)或"展示"(monstration),位于表达性指向(Hinzeigen)的词根和指示性指向(Anzeigen)的词根这一事实对于胡塞尔的特殊性,然而,胡塞尔从不处理指向本身的定义性状态——从不处理使符号成为符号的基本问题,即它是其他东西的替代品这一问题。我们注意到"每个符号都是某些东西的符号"(*VP*, p. 20/23/24),但也注意到,胡塞尔从不解决符号这种替代性存在(being-for)的状态,或者"符号是替代"(in-the-place-of)这意味着什么。在我们对第六章的讨论中,我们注意到德里达认为指向"总是一种意向"(*VP*, pp. 61-2/72/80),这意味着指向是一种指向他者的定向性。因此,即使把补充说成是一种替代性的结构,也是要唤起一般性的意义的替代结构,并且,说补充是原初的,就是说在场包含首要的缺乏,并且当下的在场是通过原初运动或替代的时刻(或替代的意指)构成的。正如德里达所说的那样:

168

> 我们最终要开始思考的是,自我在场的自为(für-sich),就传统而言,是在它的与格范围内被规定为反思的或前反思的现象学自我赠予(auto-donation)。它涌现于作为原初替代的补充性运动中,以取代(in the place of / für etwas)为形式,即涌现于我们所看到的意指的一般性活动过程中。自为将会是一种自我取代(in-the-place-of-itself):自为地进行自我取代。(*VP*, pp. 75/88-9/99)

正如德里达说,毫无疑问,"增补的这种结构非常复杂"(*VP*, p. 75/89/99),但尽管如此,德里达已经彻底奠定了基础,以帮助我们理解这种复杂的补充性概念。第五章的分析向我们揭示,在时间化运动中,自我只能以与他者相关的方式同自身相关。这一发现再次在第六章对声音运作的自我感发的分析中得到确认。这一点——自我只能以与他者相关的方式同自身相关——意味着一个主要的、构成性的间隙,或者,意味着德里达在第六章中所称"会分裂自我在场"的"纯粹的差异"(*VP*, p. 70/82/92)。这种断裂或间隙是建立如此这般的自我的必要组成部分;如果一个人只能以与他者相关的方式同自身建立关系,那么自我就只能通过自身的自我替代被思考,其在自我关系的结构中认识到自己的他异性,这首先使得自我成为可能。这只能通过首先以自身替代自身,才会生成一个自我。让我们快速考虑一个非常简单的类比例子:在镜子的反射中看到自我。为了看到自我,自我必须投射出自己的另一个形象,然后,它必须在自己的他异性中来看自己。它必须看到镜子中的反射。我们都清楚,反射不过是提供光波,从身体传递过来,在一个反射表面上折回,反射在眼睛的视网膜上,从而产生一个图像,让人们可以说"我就在那里";也就是说,那个形象是代替物,代表着我,并且是我。同视觉领域相似,在内在的精神领域中也会出现类似的距离化和空间化,虽然当然是在更微小的规模内,一旦内部和外部、空间和时间之间的根本区别被解构了,这样的情况就会出现。自我只能看到自我,并且只能以与替代物的关系一样的方式与自我产生关联。这种"替代"使自我成为可能。

　　然而,如此说来,也意味着这完全扰乱了我们之前对"原初"和"复制"、"主要"和"替代"的一切认知。但是,一旦我们对结构的运作方式有一个大概的了解,我们也可以在德里达目前为止所做的一切分析中认出这种同样不寻常的补充结构在运作:再现是呈现的条件;表达性是意义的条件;指示是表达的条件;元书写是声音运作的条件;持留是原初印象的条件;差异是同一性的条件;他者是自我的条件——在每一个这些传统的二元等级关系中,它们在某种意义上是被翻转的,这样,我们就会看到某种缺席,它的出现将以"不足"(deficient)这一术语为形式。缺席优先于,并决定着某种在场。德里达写道,"补充的奇怪结构出现在这里:它是一种通过延迟而产生它声称要添加的东西的可能性"(*VP*, p. 75/89/99)。补充的结构是:补充先于并决定着认为要被补充的东西。现在,让我们看看这种增补结构如何在意指方面发挥作用。

能指是一个补充,它的任务和功能是:它将最终指向一个理想的意义,否则这样的意义将是不可呈现的。但值得注意的是,"能指并不仅仅是当下化的缺席的所指"(*VP*, p. 75/89/99)。德里达在这里谈到了意义的指示性模式;因为指示性符号本身并不直接指向一个所指(理想的客体),它并非首要地是缺席着的所指的一个再现。然而,与此同时,"指示不仅只是补充所指的缺席或不可见性的替代品"(*VP*, 76/89/99),正如德里达指出的那样,被指示物总是一个存在者(existent)——一个经验的存在者,心理状态或事态。更确切地说,指示还通过迂回的方式指向所指,即通过意指的表达模式。因此,德里达认为,能指:

> 用自己取代另一个能指,另一个能指的秩序,后者承担着与缺失着的在场的另一种关系,该关系由于差异的游戏而更加有价值。这种关系之所以更加有价值,是因为差异的游戏是理想化的运动,而能指愈是理想的,这个运动就愈是提高在场的重复威力,也就愈加保护、保留、利用意义。(*VP*, p. 75-6/89/99)

因此,指示是一个替代品,它替代另外一个替代品(表达),只要它与理想化的运动更密切地相关,它就更有价值,或者,我们可以说,更加充满(full)意义,更具有意义(meaning-ful)。这种替代在口语中是必要的,因为,"正如我们所记得的那样,另一个人所意

170

向的意义,以及一般来说,另一个人的体验,并不会(也永远不会)在一个人身上在场。这就是为什么,正如胡塞尔所说,表达于是起着'指示'的作用。"(VP, p. 76/89/99)因此,说话者表-达(express)一个符号,该符号将听者指向说话者的内部体验,并且,被表达的符号本身成为听者的指示,将听者指向他人的体验,此类体验永远不能完全作为听者的直觉客体而充分在场。

　　因此,在某种意义上,表达被认为比指示更充分,因为,它被认为是跳过了"共现的迂回"(appresentational detour)(VP, p. 76/89/100),后者是意指的指示模式必不可少之物——表达接近于主体体验,并且它更接近于内在体验指向的理想客体。然而,正如德里达所说,"最重要的是"确定"在何种方式上,表达自身在其结构中意味着非充实性"(VP, p. 76/89/99)。这将使德里达对胡塞尔的分析与"直觉主义"的概念直接接触。德里达认为,这种直觉主义在某种意义上或在某种距离中,"支配了胡塞尔的语言概念"(VP, p. 76/89/100)。然而,德里达认为,胡塞尔的语言概念的独特之处在于,尽管它具有直觉主义的承诺,但它仍然受到"语言自由,话语直言不讳,即使它是假的或矛盾的"不妥协的宽容性所驱动,"即使这样的语言和话语是虚假和矛盾的,情况亦是如此"(VP, p. 76/89/100),这种自由意味着,它只需要话语是有意义的,仅此而已。

　　这就是说,在一个非常重要的意义上,胡塞尔的语言概念受到这样的意愿支配:允许语言做语言所做之事,而不一定要与说话者或听者有关,或者更重要的是,不一定要与直观的充实有关。"纯粹的逻辑语法,纯粹的意指形态学,必须先验地告诉我们在什么条件下,话语可以成为话语,即使它不能使知识成为可能。"(VP, p. 76/90/100)正如我们所说,这是胡塞尔思想背后的形式主义推动力——有意义的话语符合某些规则或条件,只要如此,无论所意向的客体是否充实在场,话语都将是有意义的。作为必要之物,表达不需要通过对应于某一客体来得以充实。德里达注意到许多文本段落,其中,胡塞尔将"'充实'意谓(meaning, vouloir-dire)的直观知识的行为"(*VP*, p. 76/90/100)还原为表达的非本质组成部分。他引用胡塞尔的话:

> 如果我们试图把自己扎根于纯粹描述性的土壤中,被意义激活(sinnebelebten)的表达的具体现象一方面会被构成为**物理现象**,在这种现象中,表达根据物理的方面被构成;而另一方面,它又被构成为**活动**,这些活动赋予表达以意义和**偶然的直观充实**,在这种充实中,同被表达的对象性的关联就构成了。多亏这些活动,表达不只是一种简单的声音气流(faltus vocis),而是有所意向的,并且因为表达意向着某些东西,它就与某种对象性的东西有关。[43]

以及:

> 或者,如果不是这种情况,那么表达就会控制着其意义(fungiert sinnvol)而发挥作用,并且表达总是不仅仅是一种**声音气流,尽管它被剥夺了构建它的直观**,该直观为它提供了一个客体。(*VP*, pp. 77/90/100-1)[44]

从这些引用中我们看到,对于胡塞尔而言,表达不仅仅是一种声音气流(字面意思是"声音的呼吸",也即,"仅仅是一个词语"),因为有一种意义-意向激活了表达。意向很可能最后被剥夺了构建它的直觉,也就是说,最初激发意向的客体可能永远不会被充实,但这不会带来任何本质问题,因为胡塞尔声称,这种直观充实无论如何只是偶然的——"偶然",亦即非本质的。因此,在激活表达的意向与其指向的客体的直观之间存在本质区别。德里达写道,"因此'充实'的'直观',对于表达,对于意义的意向来说是非本质的,"并继而写道,"本章的其余部分用于积累这种差异的证据"(*VP*,p. 77/91/101)。

172　我们应该在这里停下来,注意这一点,即直观并没有本质上与意向相伴,这一点仔细反思后并不令人惊讶,因为德里达注意到,表达、意义和客体可以以很多方式合并,在其中,如果客体的被充实的直观是意向的意义的本质组成部分,则完全不会出现这种情况。如果一个有意义的表达需要被直观的客体在场,那么,在一个给定表达(此表达将允许一个被直观的客体与其他客体之间的可替代性)的界限内,可能永远不会有任何意指的,或者也可以说是意指着的内容的残留。但明显地,语言为了真正起到作为语言的作用,必须允许这种可替代性。例如,两个相同的表达可以具有相同的意义,并指定不同的客体("X 是男人"、"Y 是男人");不同的表达可以有完全不同的指称,但可以意向相同的客体(例如,众所周知的"耶拿的胜利者"、"滑铁卢惨败"。这两个表达,拥有完全不同的指称,却指向同一个历史人物,拿破仑·波拿巴);或两个不同的表达可以具有相同的指称,并且意向相同的客体"蓝色"("blau"、"blue"、"bleu")。如果没有这样的意向/直观的区分,这些有意义的组成和组合的变化是不可能的。

而且,没有意向/直观的区分,胡塞尔寻求的纯粹逻辑语法就不可能。纯粹逻辑语法的框架认为,存在着一种统治着任何有意义的话语的句法联系的先验定律,只要这样的话语有意义;我们应该注意到,这一承诺是胡塞尔思想不可或缺的组成部分。我们必须记住,胡塞尔的整个方法论将所谓的真实世界的所谓真实存在放进括号中。在此基础上,胡塞尔的意义理论必须建立一套标准,通过这种标准,一个陈述的意义性可以在没有指涉任何相应的经验客体的情况下进行评估,并且这点必须在本质上如此。如果一个有意义的表达需要一个被充实的直觉，那么任何以下这样的表达对于胡塞尔来说都会被认为是无意义的：这样的表达的意义伴随着"存在"的意义，只要这种意义无法在先验还原的模式中被完全"充实"。这将导致荒谬，因为任何以及所有关于经验事件或客体的陈述——例如"院子里的树很高"——就都将毫无意义。

此外，正是基于上文所述的这种纯粹逻辑语法，诸如"四边形是圆的"这样的陈述是有意义的，而诸如"热是慢地"之类的陈述则没有意义。没有意向／直观的区分，这种区别也是不可能的。根据胡塞尔，只有因为我们可以认识到第一个命题的意义，我们才能先验地认识到它必然是错误，并且我们认识到第一个命题的意义，是因为它符合纯语法法则的框架。在第二个命题的情况下，我们无法得出任何意义，正是因为它不符合这些先验的语法法则。这就是为什么，对于胡塞尔来说，"圣诞老人生活在北极"的说法确实是有意义的，这也就是说，我们可以理解它所意味的为何；而对于许多其他哲学家来说，例如伯特兰·罗素、路德维希·维特根斯坦和鲁道夫·卡尔纳普，陈述只有在可以被赋予真值的情况下才有意义，并且，诸如"圣诞老人生活在北极"之类的陈述，因为它是幻想陈述并且没有指向经验客体，它既不真也不假，因此是无意义的（meaningless）。正如德里达所说：

173

> 如果我们无法理解"方的圆"或"金山"意味为何，我们怎么能得出关于某一可能的客体缺席的结论呢？在无意义（Unsinn）中，在无意义（non-sense）的无语法性中（a-grammatically），我们无法获得这种最低限度的理解。（*VP*, p. 78/92/102）

我们必须能够理解"方的圆"这种表达的意义，以便认识到本质上不存在这样的客体。如果表达需要客体被充实的直观（无论是理想的还是经验的客体),那么胡塞尔理论之重要组成部分的纯粹逻辑语法就是不可能的。

德里达认为,在这些论点的基础上,我们可能要将这个观点推到超出胡塞尔可能不会接受的程度上。如果在意义的意向和客体的直观之间存在本质的区别,正如德里达顺着胡塞尔的逻辑推出的那样,如果这种区分确实是严格的,那么我们不仅要说,充实的直观不需要伴随意义,而且,作为一种本质性,严格来说,它不会或甚至不能伴随意义。换言之,如果充实的直观不是意义-意向的本质组成部分,那么我们可以说,当充实的直观确实伴随着意义-意向时,其仅仅是对表达本身意义性的偶然附加物——意义性是关乎自身的,而被充实的直观是附加的。让我们考虑一下,在客体被充实的直观确实伴随意义-意向的情况下会发生什么。虽然德里达再一次追随了胡塞尔的逻辑,他认为,在被意向的客体的在场中174 所发生的有意义的意向中,表达自身(即有意义的话语本身)在它被说出的那一刻就蒸发了,因为它的唯一任务是将听众指离一般的意义——表达的表达性——而且直接立即将他们指向其指定的客体:"在其客体在场的情况下说出的语言将抹除自身的原初性,或让其自身的原初性消失。"(VP, pp. 78-9/92/103)例如,当人们说"院子里的树很高"时,实际上就是将听众的注意力从表达本身的意义性转移到所讨论的客体上。当意向和直观彼此相伴时,它们变成了表达本身的纯粹意义-意向之外的东西。因此,我们不仅可以说意向不需要客体,而且可以说,在结构上,它需要客体的缺席:"意义的结构原初性将是无对象性(Gegenstandlosigkeit),即给予直观的客体的缺席。"(VP, p. 78/92/102)

然后,德里达继续推进这个论点,尽管他在这样做的时候再次尝试严格跟随胡塞尔[45];德里达认为,除了需要客体的结构性缺席外,在表达的表达性中还需要主体的缺席。德里达考察了在感知

瞬间被说出的,关于感知的陈述的独特话语例子:

> 当我看到窗边的一个人时,我说:"我现在看到一个特定
> 的人在窗口。"这就意味着,从结构上讲,在我的活动中,这种
> 表达的内容是理想的,它的统一性并不被**此时此地**的感知的
> 缺席所损害。在我旁边,或与我有一段无限时空间隔的人听
> 到这个提议,就应在原则上理解我要说什么。由于,这是话语
> 可能性的可能性,因此,它必然构成了那个感知着的说话者的
> 这一说话活动。(*VP*, p. 79/92-3/103-4)

为了让"我现在看到一个特定的人在窗口"的表达能够作为话
语发挥作用,以便它在交流中能够发挥说话者需要它发挥的作用,
表达必须传达某种意义,但由于表达是有意义的(也就是说,它指
向理想的意义),因此它的内容是理想,所以不论有没有客体的
在场,它是有意义的。这种情况就是感知本身在感知着的主体中
的在场。因此,遵循我们刚刚在上面讨论的被充实的直观(客体)
之缺席的逻辑,我们看到,由于充当了主体的感知,同样也会有客
体导致主体缺席的情况。正如德里达所说:

175

> 直观的缺席——以及因此而来的直观主体的缺席——不
> 仅仅被话语所容忍,而且只要人们在其自身中考察这一缺席,
> 它就是一般意义结构所要求的。此缺席在根本上是被要求
> 的:陈述主体和陈述对象二者的完全缺席——作家的死亡和/
> 或他能够描述的对象的消失——并不让文本没有"意谓"。相
> 反,这种可能性诞生了如此这般的意义,使人们听见并去阅读
> 它。(*VP*, p. 79/93/104)

表达这一观点的另一种方法如下：当说话者在场并试图将其感知指示给我们时，他说，"我现在看到一个特定的人在窗口"。为了理解在这样或那样的情况中他所说的这句话意义为何，我们必须先了解这些术语本身以及表达本身的意义。例如，如果我们在纸上看到这个表达，"我现在看到一个特定的人在窗口"，我们不需要知道是谁，或者何时写了这句话，我们也不需要知道这个人看到的人是谁，或被描述的是什么窗口，就可以了解表达本身的含义。这只是因为，我们理解这个表达的意思，因此，我们能够用经验细节来充实其意义，这些细节是事后给我们提供的。这是另一个例子：当我们发现一本匿名的手写日记，其精心细致地描述了在很长一段时间内伴随着单恋对象的情绪和心理状态，而且此单恋对象被匿名称为"她"或"他"，即使在没有作者或其单恋对象的名字的情况下，我们也很可能能够理解这些表达的意思。但非常重要的是，这种在主体缺席时能够理解这些感知的术语和表达的意义的能力，导致在评估意义性本身时主体必然性的结构性缺席，这正如意向／直观的本质区分导致客体的结构性缺席一样。

在这一分析的基础上，德里达将通过对人称代词"我"（我们可能会注意到，"我"是从笛卡尔开始的现代知识论基础）的探索，推进到对元书写及其与死亡和理想化运动的关系的分析。德里达指出，胡塞尔将"我"归为本质上是偶然性的，这意味着"这种表达必须将每次真实的指称定位到具体场合、讲话的人或他的情况中"（*VP* p. 80/93/104）。[46]胡塞尔认为，"我"这个词的本质就在于，在每个被使用到的场合中，它的指称（Bedeutung），它所指的意义（meaning），每次都重新被定位，以事实上正在使用表达的人为基础零点。我们可以说，"我"在本质上是多义的（plurivocal）。因此，它区别于偶然的多义表达（这些表达的一词多义可以通过澄清或进一步清晰表达的方式得以还原——例如"规则"或"光"这样的多义词)以及本质上的单义(univocal)表达(这些表达的意义单一性不被经验情况所腐化,如纯逻辑或数学的抽象表达)。德里达写道,"我们能够通过以下事实认识到一种本质上的偶然表达:我们原则上不能通过永久的、客观的、概念性的再现,来在话语中取代并且不扭曲陈述的意义"(*VP*, p. 80/94/105)。德里达也提供了这种扭曲的例子:"我不应该说'我是满意的',而是应该说'无论是谁,在说话时指示着自己的人是满意的。'"(*VP*, p. 80/94/105)类似的扭曲发生在诸如"这里"("指示着他或她自己所在位置的空间点")、"现在"("指示着他或她自己说话时所处时间的时刻")之类的词语上。胡塞尔认为,所有这些表达都在本质上是偶然的。

胡塞尔认为,由于它们本质上是偶然的,所以它们总是只能是指示性符号,至少在它们被用于话语时。换言之,它们本质上是偶然的意味着,当我们使用这些符号与他人交流时,除了将听者指引到特定的、经验的心理状态,客体,存在或事态("我"、"我的"、"这里"、"这个"、"那个"、"那里"、"现在"、"那时"、"昨天"、"明天"等)之外,它们无法发挥作用。这些表达中的每一个都是从一个纯粹主体性的处所开始,因此,只能通过将听者指回该处所而被理解;正如德里达所说:"我们马上可以看到,所有这些表达的根源,就是主体起源的零点,'我'、'这里'、'现在'。"(*VP*, p. 81/94/105)因此,它们本质上是指示性的,因为它们本质上是偶然的。但是——这一点非常重要——对于胡塞尔来说,对于正在使用这些表达的人,在其使用着的时刻,这种指示性状态可还原到其表达性的内核。在本文的这一页的脚注中,德里达引用了胡塞尔的一段引人注目的段落:

> "在孤独的话语中,'我'的意义从本质上讲是在我们固有的个性的直接再现中被实现的。而这也正是这个词在交流话

177

语中的意义。每个对话者都有他的'我的再现'（I-representation）（以及他个体的'我'的概念），而且，这就是为什么这个词的意义对于每个个体都是不同的。"（VP, pp. 81n/94-5n5/106n1）[47]

这段文字之所以引人注目有三个原因。首先，它引用了直接再现（immediate representation）。从各方面来看，直接再现都会是矛盾修辞，特别是在传统意义理论的背景下。就像"原始副本"这样的短语一样，通过定义，当下化看起来似乎不是直接的（immediate），也就是说不经调解。它是一个再次的呈现（presenting-again），这似乎排除了它未经调解的可能性。因此，这个表达自身也充满了明显的矛盾。其次，假设这种直接再现实际上是可能的，那么为什么再现要求使用术语"我"呢？如果主体确实有可能对自己直接再现他或她自己，也就是说，在没有调解的情况下，那么，为什么他或她还要使用代词伴随那个直接再现呢？正如德里达所说的那样，"'我'将是一个补充，而且，如果直接再现是可能的，那么，'我'存在的理由（aison d'être）就是尚不清楚的"（VP, p. 81/95/106）。最后，"个体的概念"的概念，即一个只确切地适用于单一事物的概念，似乎存在问题。看来，一个概念就其本质而言将包含一个或若干可定义的本质性，在胡塞尔的系统中，此类本质性将是理想的，因此这个概念就可以适用于多个经验或理想的事物。如果不是实际上可以适用，但至少从可能性而言是可以的。例如，谈论"数字的概念"，就是试图孤立让数字成为数字的（一个或一些）核心本质特征。"马"或"人"的概念的功能相似；但是，似乎不可能为特定的、经验性的"马"或"人"制订其概念。因此，对于胡塞尔，主体使用一个个体概念，并且仅对他或她自己应用此概念，这是非常具有挑衅性的，这就像他对某个单一意义的使用一样。正如德里达所指出的那样,"这个个体概念以及这个意义,对于每个个体而言都是不同的,人们不禁对此感到惊讶"(*VP*, pp. 81n/94-5n5/106n1)。

但是,德里达进一步认为,与胡塞尔的主张相反,"我"本身也是作为一种理想性运作。他再次引用胡塞尔的话,指出,"因为每个人在谈论自己时都说'我',因此,这个词具有这个事实的**普遍运作性索引的特征**"(*VP*, pp. 81n/94-5n5/106n1;强调为导读作者所加)。确实,它必须如此,以便让接收者至少能够理解任何说话者在这样使用它时的意义为何。为了使'我'可被使用,被所有从自己生活经历角度讲话的人使用和理解,为了使"我"确实具有普遍的运作性(正如胡塞尔所说的那样),这个术语"我"必须指出一种理想性;因此,在这里,我们之前的所有例子都变得非常相关。为了在说话者缺席的情况下理解感知的陈述;为了以同情的方式体验一个匿名作者所记录的对无名单恋对象的爱意;为了理解任何无论其是否为虚构的第一人称的叙述,这个术语"我"必须具有一些可分离的意义内核——正如德里达所说的那样,它必须"能够为一般的此时此地的我(I-here-now)保持同一,即使我的经验在场被彻底抹除或彻底修改后,仍然能保持其意义"(*VP*, p. 81/95/106)。

德里达说,这来源于意向/直观的区分。如果意义-意向不需要并且在结构上禁止充实了的直观的伴随,那么口头或书面表达的"我"只要是有意义的,就不能要求——并且实际上必须再次在结构上禁止——这种意向的充实;而在这种情况下,这种充满将是"我"意在表达的体验的实际体现。德里达认为,在说话者缺席时和在没有关于说话者的知识时,那种保证了感知陈述"我现在看到一个特定的人在窗口"的可理解性的条件,也保证了"我"的可理解性,无论这是否存在对"我"的内容的直观。出于同样的原因:

178

为了理解某一感知陈述,我不需要去感知,同样,为了理解"我"这个词,我不需要对对象"我"的直观。这种非直观的可能性构成了这样的意义(Bedeutung),如此这般的通常的意义。(*VP*,p. 82/96/107)

此外,正如感知陈述的价值保持不变——无论是现在还是过去,可能的还是虚构的,这同样也适用于"我"的陈述。严格来说,"我现在看到一个特定的人在窗口"这一陈述意味着同样的东西,与其作者的状态无关。作者可能已死去,可能还活着,或者可能是一个虚构角色。例如,其视角虽然可以出现在日记中,但人们可能会发现,此日记只不过是一个虚构作者的文学创作。作者可能说实话,其感知可能被欺骗,或者也可能故意撒谎——但无论作者的情况如何,无论是生是死,"我现在看到一个特定的人在窗口"都意味着同样的事情,并且每次使用都是可以被理解的。德里达说,"我"的情况也是如此。无论作者是活着的、死了的还是完全虚构的,其都意味着相同的东西。

"我"的有意义的话语或铭写允许了非直觉的"我",因此,这需要在"我"的直觉和作为符号的"我"的功能之间进行本质和结构上的区分。说话者的生活或体验对于"我"的运作是无关紧要的,这意味着"我"的死亡事实上已经在每次使用"我"时运行。这将我们带回到了我们在第四章的分析中所进行的关于理想性的讨论。我们在那里说过,只要当主体使用符号时,为了建立自己与当下在场的关系,他或她必然地和本质地涉及超越其自身存在的理想性。我们在那里说过,符号的可能性意味着使用符号的人的死亡或缺席。正如德里达所说,"因此,我是原初地意味着我是必死的。我是不朽的是一个不可能的命题"(*VP*,pp. 46/54/60-1)。在此处的第七章中,德里达进一步论述了这一论点。在第四章中,德里达指出,与超越个体的理想性的关系暗含着与他或她自己的死亡,因此,说"我存在"就同时也说"我是有死者",也就是说,"我总有一天会死"。然而,在这里,德里达指出,我对理想性的使用不仅暗含着我的死亡,而且,使用"我"在结构上也需要我的死亡:"我的死对于读出'我'在结构上是必要的。"(VP, p. 82/96/108)也就是说,"我"的含义必须必然地在结构上以相同的方式运作——即使在说话者绝对缺席的情况下;在"我活着"这个命题中的"我"和"我死了"这个命题中的"我"必须意味着同样的东西,而我实际上是死了还是活着与命题本身的意义无关:"'我活着'的陈述伴随着我的死亡,而且陈述的可能性需要我是死的这种可能性,反之亦然。"(VP, pp. 82-3/96-7/108)

为了完成关于意向和直觉之间本质区别的讨论,德里达回到了他在第六章中称为"元书写"(VP, p. 73/85/95)的概念,他经常将其称为"书写"。回想我们说过的关于意义运动的所有观点:语言如果要有意义,就必须能够在没有说话者和没有接收者的情况下运作;意义通过可重复性的方式运作,采用可重复的意义核心,在一个经验环境和下一个经验环境中重复;正是踪迹,重复的纯粹可能性,使得意义的理想性成为可能,因此再现成为在场的条件并使得其得以可能。鉴于所有这些观点,德里达认为,"语言的自由——'直言不讳'——在书写中和与死亡的关系中有自己的准则"(VP, p. 83/97/108)。虽然声音传统上在语言的哲学视角中享有特权地位,但即使当声音在说话时,它也只能通过使用符号来实现,此类符号本质上指向具有意义的可持续性和可重复的重要内核的理想性。只要这些符号是理想的,其就超越了使用它们的说话主体的经验存在,并且,符号的意义运作本身就是主体对这些符号的声音使用的条件。与口头符号相反,所有这些特征都更接近于书写符号的特点。口语符号被认为是最活跃的,因为它们与说

180

出它们的灵魂的激活意向直接相关,但仔细考虑后得出,由于同样的原因,这些符号也是绝对短暂的,甚至几乎是死亡的。一旦记录下来,书写表达将在主体消失很久后继续无限期地发挥作用。正如德里达所说,"这种书写无法被补充到说话中,因为在说话苏醒的时刻,书写就已经通过将它激活说话而将它双倍化"(VP, p. 83/97/108)。因此,作为补充,书写先于并决定着声音的运作。

如果胡塞尔未能就话语的运作或语言的自由阐明这些相同的结论,那是因为,他的思想(其要求区分意向和直觉,而我们可从这种区分中得出那些激进的结论)的形式主义的一极是与直觉主义的一极处于紧张的关系中,德里达认为,这种紧张的关系继续以"清晰的距离"(VP, p. 76/89/100)统治着整个胡塞尔的语言理论。尽管胡塞尔说了很多关于有意义的话语结构,但他仍然致力于这样一种立场,即话语在本性上旨在实现真理。德里达援引胡塞尔的话:

181

　　　"如果'可能性'或'真理'欠缺,陈述的意向显然仅仅是'象征性地'实现了";它不能从直观中,也不能从必须在其基础上得以行使的范畴性功能中获得构成了它知识论价值的充实。它缺少人们说的"真的"、"本真的"意义。(VP, p. 83/97/109)[48]

德里达接着说,"换言之,真的和本真的意义是'要说出真理'的想要"(VP, p. 83/98/109)。在这里法文版本特别有趣,因为两个"vouloir-dire"(意义)特别接近。德里达的原话是"Autrement dit, le vrai et authentique vouloir-dire est le vouloir dire-vrai",另一种翻译方式是"换言之,真的和本真的"想要说"(这全然呼应第一章,是德里达理解符号的"意义"概念的方式)就是要说出真理的想要。根据胡塞尔的说法,符号就其本性而言,真正想要说的是真理。只要它没有完成这项任务，话语也就不尽如人意，即使它是有意义地被构造的。正如德里达所说的那样：

> 当话语是错误的时候，它可能已经符合其话语本质；但当它是真的时候，它无疑已经达到其完满实现（entelechy）。人们大可以说"圆是方的"，但是只有说圆不是方的，才算是说得正确。第一个命题已经有了意义；但如果我们从中推断出意义并不先于真理，这就是错误的。（*VP*, p. 84/98/109）

对于胡塞尔来说，不仅话语的目的是真理和知识，就好像话语是事后作为有意义的话语的附加物而出现的；而且，知识是首先打开了指向意义性的准则，它是"意义对意识的完全在场，此意识自身在其生命的充实中、在其鲜活当下的充实中自我呈现"（*VP*, p. 84/98/110）。

德里达认为，我们必须认识到的是，即使是这种所谓的胡塞尔思想的形式主义成分（即强调纯粹的逻辑语法，我们从中得出了上面的激进结论）本身也是有限的，甚至可能是由胡塞尔思想中的直觉主义一极而塑造和构成的。我们记得，直觉主义的推动力本质上倾向于知识和真理，并要求直观的充实，意向客体对意识的充分在场。我们必须记住，即使我们在第六章中首先讨论这种形式主义，我们也会以这样的方式来谈论："一种纯粹的逻辑语法，或多或少地立即受到其与客体关系的可能性支配。"（*VP*, p. 61/71/80）德里达现在在第七章中认为，正是这种得以被充实的直观的可能性对胡塞尔来说使得话语有意义。换言之，被充实的直观的可能性是构成和塑造所谓的句法联系的先验法则，对胡塞尔而言，它决定了话语的意义性。"四边形是圆的"之所以有意义，而"热是慢地"之所以没有意义，其原因是前者由于其语法结构至少允许与可能达到充实的客体相关的可能性。正如德里达所说，"圆是方的"和

182

"绿色是或者"或"abracadabra"等之间的差异在于这样一个事实，与客体的关系的形式，以及统一直觉的形式仅出现在第一个例子中（*VP*, pp. 84/98-9/110）。虽然在"圆是方"或"四边形是圆的"的情况下，充实的直观总是会受挫，然而，因为这些表达符合胡塞尔为有意义话语所规定的"S 是 P"的公式，它们指向一个物体的单纯可能性就是它们对于胡塞尔而言有意义的原因。如果一个话语符合某些逻辑法则，那么它就被赋予了意义，并且它符合其结构提供了客体被充实的直观的可能性这样的法则。因此，德里达认为，胡塞尔"根据最传统的哲学姿态，已经基于作为客观性的真理来定义了一般的意义"（*VP*, p. 85/99/11）。毫无疑问，存在着无数的非话语的意义模式，它们表达各种意义的深度和形态（如雕塑、舞蹈、绘画、建筑、音乐等），而且，"胡塞尔不会否认这些结构的意指力量"，但他仍然会拒绝给予它们"有意义的表达"的地位，即作为与客体的关系的逻辑的形式性质。认识到这一点，就是要认识到意义与知识、逻各斯与对象性、语言与理性的最初界限（*VP*, p. 85/99/111）。因此，胡塞尔重复了传统的哲学姿态，其本质上是形而上学的，在范围上是目的论的，其规定着意义必须符合逻辑，这是一种由人类理性预先规定的逻辑，并且其本质驱使它走向自身的实现——意义想要说出真理，实现真理。

然而，正如我们在本章中所看到的，胡塞尔思想的独特唯一性正是这种内部构成性的张力，它在这种紧张关系的两极中运作。如果现象学思想的直觉主义一极为与客体的可能关系提供了推动力，这一关系构成其形式主义一极的纯粹逻辑语法的结构，同时，这种张力中的形式主义的一极通过彻底的思考，合乎逻辑地抵达了其结论：语言的自由和话语的直言不讳（outspokenness），即一种允许语言在主体和直观的彻底缺席中发挥作用的意愿。因此，我们可以看到，胡塞尔似乎属于又似乎不属于在场形而上学；在场形而上学控制和攫住他的思想,但与此同时,他的思想似乎指向一种激进性。

这就结束了我们对第七章"原初的补充"的讨论。之后,德里达总结了他在胡塞尔的文本中的发现,并形成了一个"结论"。在其中他将胡塞尔的全部分析带入到整个形而上学传统进行对话。现在,让我们转向《声音与现象》的结论。

结　论

德里达通过对比两种无限性的模式来总结《声音与现象》:一种是在黑格尔的"绝对精神"概念(作为绝对想要听到自己说话)的框架内的思想,另一种是延异的形式,这是德里达在胡塞尔思想中发现的形式,其需要在场的无限推迟;而且,他在某种意义上通过将胡塞尔的思想推向后黑格尔-康德主义的方向,采用康德式的"Idea"(理念/观念)一词,从而引发了这种对比。因此,让我们先在康德意义上定义"观念",然后开始对《声音与现象》的总结性讨论。在《纯粹理性批判》中,康德将一个观念定义为"一个由诸理念(notions)组成的概念(concept),其超越了经验的可能性"。[49]对于德里达来说,这个理念与胡塞尔的理想性观念密不可分;没有康德式的观念的概念运作,就没有胡塞尔的观念的概念。正如德里达所说,"理想总是被胡塞尔在康德意义上的观念形式思考的"(*VP*,p. 86/100/112)。因此,对于胡塞尔,它超越了经验的可能性的特点让理想总是无限地即将到来;也就是说,理想性永远不能完全在场;它永远不能完全作为直觉的客体而被给予。因此,我们再一次看到,在一个非常重要的意义上,胡塞尔的思想将他推向了对在场形而上学的超越,但这只是在某种意义上。

德里达用以下句子作为《声音与现象》的结论部分的开头:"我

184

们已经验证了意义、理想性、对象性、真理、直观、感知、表达等概念的系统的团结一体。它们共同的模式就是作为在场的存在。"（*VP*, p. 85/99/111）其法语版本是："Nous avons éprouvé la solidarité systématique..."他在这里使用 éprouvé（经验证的）这个词非常有趣。这是动词 éprouver（验证）的过去分词形式，而 éprouver 是另一个德里达可以利用其多义性的混杂词语。除了进行测试或实验的意思外，它还具有经历的意思，如去体验。于是，从某种意义上说，德里达在这个结论开始时的主张是，我们已经试验了这些根植于在场的概念的系统性团结性，也就是说，我们已经测试了这种团结，因为我们已经测试了这些概念团结性的极限；并且我们已经测试了极限，因为我们已经体验了这些极限，并且伴随着这些极限的体验，我们也开始体验超出这些极限。这是德里达试图提出的延异的体验，而且，这种经验会引发超越在场形而上学的思想，即"非在场的思想"（*VP*, p. 53/63/70）。

德里达再一次提醒我们"在场"这一概念的意义："对自我同一性的绝对接近；保持在可重复的客体面前；对时间性当下的维持——这个当下的理想形式是先验生命的自我在场，该生命的理想同一性可以让理想化无限重复。"（*VP*, p. 85/99/111）结合在空间和时间意义上的在场，如上所述，在场的这三个方面包括：意向行为对自身的在场，或自我同一性的绝对接近；作为直觉的理想对象的客体的在场；最后，先验生命在当下时间中的自我在场，这允许了理想意义的构成。这就是鲜活的当下的结构，正如我们在第五章的分析中所看到的那样，这种鲜活的当下在重复（其位于鲜活的当下的核心中）的本质结构的基础上让理想性重复成为可能——我们说过，只有当意义本来是可重复的，它才可以在原初印象中呈现。正是在这种鲜活的当下的基础上，客体的客观性，或理想的理想性，才能成为可能。这就是为什么德里达说，"鲜活的当下是一个不能被分解为主体和属性的概念,其因此是作为形而上学的现象学的奠基性概念"(*VP*, p. 85/99/111)。它是不可分解的,因为它不是事后发生在主体上或修改主体的东西。相反,它就是如此这般的主体自身的条件。

185

　　但是鲜活当下本身就是理想的,也就是说,就像康德的理念一样,它本身不可能在经验中被给予。"鲜活当下实际上是真正地、真实地(等等)被无限地推迟的。"(*VP*, p. 85/99/11)德里达在这里说,这种无限推迟是一种延异,其在这里被定义为"理想性与非理想性之间的差异"(*VP*, p. 85/99/112)。有了这个说法,德里达展示了《声音与现象》的整体凝聚力。在上面,我们引用了以下段落,它指出了德里达所作出的本书最重要的早期主张之一。这很重要,因为它列出了解构课题的利害关系:

> 　　整个分析都将在事实与权力、存在与本质、现实与意向性功能之间的断裂中前进。确实,通过跨越中介,并通过颠倒表面上的秩序,我们很想说,这一定义了现象学空间的断裂,并不先于语言问题的存在,而且不是作为某一领域中的问题,或是诸问题中的一个而被插入到现象学中。相反,它只有在语言的可能性中,并且通过这种可能性才能展现出来。而它的判决价值,即其区分事实和意向的权力,完全地取决于语言;并且在语言中,此判决价值取决于指示和表达之间的彻底区分。让我们追求此解读。(*VP*, 18/21/21)

　　在"结论"中,德里达现在兑现了这一承诺:第一章所追求的解读现在得出结论。经过他在第一章中声称要"跨越"的所有中介后,德里达现在于结论处将延异定义为"理想性与非理想性之间的差异"(*VP*, p. 85/99/112),其对于胡塞尔来说,就是法律上的(de jure)(或本质的"权利")与事实上的(de factor)(或实际的)之间的差异。在这里,我们必须紧跟德里达的步伐。

　　鲜活的当下,即先验生活的形式,是主体性的给予性的理想结构,但由于它是理想的结构,并且由于理想永远不可能是被给予的,如此这般的鲜活当下从未在当下中被给予。也就是说,鲜活当下从未到场;它的在场总是被无限地推迟。然而,就像现象学课题所依据的所有其他本质区分和结构一样,胡塞尔永远不会放弃这种理想性,而其在事实上从未被给予。同样,胡塞尔在"客观的表达和本质上是主观的表达"之间提出了一个本质区分,证明"绝对理想性只能在客观表达的一面"(*VP*, p. 85/100/112)。正如我们在整个过程中所看到的那样,这是引导胡塞尔一生思想的问题,即"那种关系,特别是认知的主体性与已知内容的客观性"[50]的问题,主体的主体性与客体的客观性之间的关系的问题,特别是在本质上是主体性的表达领域内,就像我们上面讨论的那些本质上是偶然的表达领域。即使在这个领域中,胡塞尔也会认为,表达本身的内容是理想的,并且在这一点的基础上得出结论,认为伴随着主体的意义-意向的经验波动只发生在意向的主体性方面。在这里,德里达所引用的胡塞尔的段落值得我们重复引用,我们在这段文字中以加粗形式突出特别值得注意的地方:

　　　　主体性表达根据特定情景调整其意义,此类表达所追求的内容,是一种意义的理想统一,其与固定表达的内容具有相同意义。这就是下述事实所指出的东西:**理想地说,每个主体性表达能够被某一客观性表达所替代**,此类客观性表达将保存每个短暂的意义的同一性。确实,我们应该承认,这种替代并不能实现,这不仅是由于实际的必然性,比如说由于它的复杂性,而且也是因为,在很大程度上,这种替代事实上是不可实现的,同时还因为它将永远是不可实现的。实际上,问题很清楚,当我们肯定任何主体性表达都能够被一个客观性表达所替代的时候,我们不过是在指出客观理性的界限之缺席(Schrankenlosigkeit)。一切存在的东西,都是"自在"(in itself)地可认识的;其存在的内容是确定的,它是依靠这样或那样的"自在的真理"的一个存在……**但是,客观上颇为确定的东西必须允许客观性的规定,而且,理想地说,允许客观性规定的东西必须通过全然规定性的意义一词而允许表达发生……但是,我们离这种理想无限遥远……人们应从其语言中剔除那些从根本上讲是偶然的表达,应该努力用单义的,并且客观上稳定的方式描述主体性经验:显而易见,任何这样类型的尝试都是失败的。**(*VP*,pp. 86/100-1/112-13)[51]

这段文字本身让我们可以一瞥胡塞尔本质区别的"绝境"(aporia)[52](*VP*,p. 86/101/113)。首先,整个现象学课题都依赖于意义的表达性与指示性模式之间的区分,因此,胡塞尔必须维持此区分。即使先验还原尚未在1900—1901年的《逻辑研究》中宣布出来,这种动力(它最终将推动还原,此还原是对意义的纯粹结构的欲望)已经在运作,并且,正如德里达所说的那样,所有被归纳在指示内的事物将是和在还原模式中被排除的元素相同的:经验性、外在性和他者。因此,表达和指示之间的本质区别(与之相伴的是,理想性与非理想性之间的区分,语言符号和非语言符号等)对于胡塞尔来说确实是本质的。其次,在交流中事实上使用符号总是会被语言的指示性成分污染。这是我们从本书开头探讨的观点。因此,胡塞尔将被迫使用不具有交流性的符号,也就是说,不是指示性的符号,并且他在灵魂的孤独生活中的内心声音,即现象学的声音中,找到这样的符号使用方式。再次,即使撇开我们遇到的所有困难(涉及时间化的运动等),现象学声音的内部独白总是

187

采用本质上是偶然的符号。因此,根据胡塞尔,这些符号本质上是指示性的——诸如"我"、"我的"、"这里""那里""现在""那时"、"昨天"、"今天"、"明天"等符号。这些符号本质上是指示性的,它们是内心声音运作的恒定伴随物,而胡塞尔希望将这种内在声音保持为纯粹的表达性。最后,因此为了保持内在声音的纯粹表达性,胡塞尔将被迫得出这样的结论:本质上为主体性表达的内容可以理想地用纯粹客观性的(或理想的)内容替代。经验性的波动确实在主体一侧运作,但这对于胡塞尔来说最终是无关紧要的,因为意向所面对的内容是理想的和不变的;最终,在理想情况下,它可以取代主观意义-意向的摇摆不定的经验内容。最后,表达/指示区别的整体可持续性完全取决于孤立出一个意指的纯粹表达性模式。如果在内在声音的范围内,符号的这种纯粹表达性功能实际上是含糊不清的,那么事实/原则区分所依赖的区别就会消失。

188   正如德里达所言:

> 从这时起,这些"本质的区别"陷入在以下的绝境中:胡塞尔承认,实际上,这些区分从来没有被重视过。在原则上和在理想上,它们被抹除了,因为它们只是作为原则与事实、理想与现实之间差异的区分而活跃着。它们的可能性就是它们的不可能性。(*VP*, pp. 86-7/101/113)

让我们仔细剖析这意味着什么。换言之,实际上,事实与权力之间的区别从来没有被给予。正是由于这个原因,实际上,我们在分析过程中看到了这些本质区别中的每一个都自行坍塌了——这些区别永远不可持续,胡塞尔实际上是这么明确地说过的。而且,原则上,区别必须最终取消自身,因为事实和原则之间的差异,或事实和本质之间的差异,必须事先已经建立起来,以便首先维持这种区别。为了在表达和指示之间进行原则上的区分,我们已经要求在事实和原则之间建立本质的区别,我们必须提醒自己,这种本质的区别是表达/指示区分声称自身要提供的元素。由于表达/指示的区别实际上从未被给予,为了得到维持,它需要的正是事实与原则的彻底区分;它也最终被设计为可以通向这种彻底区分的事物。胡塞尔(违背他的一些其他论点和主张)会认为,为了保持内在声音的纯粹表达性,我们所有的表达,即使是本质上偶然的表达,最终都会被理想的、客观的内容所替代。但是,胡塞尔说,这种可替代性或这种可能性本身就是理想的:"就理想而言,"他说,"每个主体性表达能够被一些客观性表达所替代,此类客观性表达将保存每个短暂的意义的同一性。"也就是说,理想,这种可替代性实际上从未被给予。在我们阅读第四章时,我们注意到现实性和再现之间的任何根本区别只能通过使用符号来产生,其中一个领域或事物可以被指定为"真实",而另一个领域或事物可以被指定为"再现"。但是,一旦我们承认符号的性质本质上是具有再现性的,那么这种只会随着符号的可能性而产生的根本性的区别就变得不可持续。在第七章中,德里达做出了类似的举动。对于胡塞尔,理想实际上永远不会被给予,理想与事实(它本身也是理想的)之间的区别也是如此,因此,胡塞尔只能通过一种倾向于目的论的信仰来维持这种事实与理想之间的区别:"在其理想的价值中,'本质区别'的整个系统因此是一种纯粹的目的论结构。"(*VP*, p. 86/101/11)

德里达说,胡塞尔思想中对这种康德式的,坚持无限推迟的理想性的思想的强调,会让我们认为,胡塞尔从来没有真正相信在场的目的论的充实,

> 他从来没有从降临(parousia)的充实中,从一个积极无限的充分在场中获得差异,他从未相信作为其自身近旁的在场的"绝对知识"的完成,从未相信逻各斯,从未相信无限概念的

完成。(*VP*, p. 87/101/114)

我们记得,在场形而上学的奠基性姿态断言了现实与再现之间的根本差异,认为在场是第一位的,再现是次要的。在我们对第四章中的再现、第五章中的时间化运动和第六章中的自我感发的分析中均显示出,对于胡塞尔来说,在意义和符号的构成中存在着一种构成性的、差异性的运动。看起来,这种生产力会严重破坏胡塞尔思想中在场的任何绝对特权。当我们在胡塞尔的思想中认识到理想性的无限延迟的运作时,这种怀疑将在第七章中得到确认。

然而,正如德里达同样指出的那样,这并不能阻止胡塞尔提出过多的本质区别,它们的作用仅仅是为了使在场成为首要的,而再现成为派生的,这些本质区别包括:表达/指示,理想/非理想,原初印象/持留,持留/复制,主体/客体,意向/直观等。确实,这些区别构成了现象学思想的核心;没有它们,胡塞尔的思想就不会是它所是的样子,也许根本就不会存在(be)。德里达说:"正如我们所看到的那样,整个现象学话语都被在场形而上学的图式所攫取,这种图式无情地耗尽自身,试图让差异成为派生性的。"(*VP*, p. 87/10/11/114)对于德里达,现象学思想耗尽了自己(或者说,"用尽了所有气息", s'essouffle),这正是因为胡塞尔不相信"一个积极的无限的完全在场",然而,他构建着,并继续在他所做的假设的基础上严格防守和重新构建一个完整的思想体系。

这个关于积极无限性的讨论将我们带到黑格尔,以及德里达对形而上学历史封闭的评估。有人可能会怀疑德里达试图捍卫黑格尔而反对胡塞尔,此观点是从以下引用中得出的:"在这种模式中,黑格尔主义似乎更激进"(*VP*, p. 87/101/114),这看起来好像德里达认为黑格尔在某种意义上是对的,而胡塞尔是错的。但是这样的结论是不明智的。让我们更仔细地看看德里达究竟是什么意思。在现在著名的《精神现象学》序言中,黑格尔提出了革命性的主张:"一切都转向一种掌握和表达真(the True)的行为,不仅是作为实体(Substance),而且同样作为主体(Subject)。"[53]黑格尔批评康德留下了一个无法思考的存在(Being)的巨大领域,[54]而且正如德里达所说,黑格尔"揭示了必须考虑积极无限性(这是只有当它思考自己时才得以可能),以便延异的不确定性可能如此出现"(*VP*, pp. 87/101-2/114)。对于黑格尔来说,思想必须一直到达存在的核心,但它只能通过废除思想与存在之间的区别(这是笛卡尔首先激进地提出的)来实现这一点,而这种废除通过精神的发展而发生,在黑格尔称之为"绝对"的思考自身中。现在,读者希望能够发现这一概念中在场形而上学的强烈动机,以及自我感发的运作。这种"绝对的思考自身"的概念一直可以追溯到亚里士多德的《形而上学》,在其中,亚里士多德将神圣描述为思考自身的思想。[55]但在亚里士多德那里,这种思想完全没有差异或调解——第一推动者只思考神圣意味着什么——虽然它可以作为宇宙其余部分的组织原则,因为它吸引了整个存在,但亚里士多德的神性的自我思考的思想并没有渗透到整个存在;相反,它是一种自足的自我思考的思想。然而,在黑格尔的体系中,只有当绝对假定自己绝对地是他者,然后最终克服那种他异性时,绝对才能真正地说是思考自身。正如我们在《精神现象学》的引文中所指出的,实体也必须成为主体。

　　因此黑格尔完成了亚里士多德思想中还只是设想的事物;黑格尔的思想完成了在场形而上学的历史,认识到差异或调解的本质运动是绝对之自我思考(或自我感发)的条件。正如德里达所说,"形而上学的历史是'绝对想要听到自己说话'的历史"(*VP*, p. 88/102/115)。而且,正是就这个意义来说——但也只有在这个意义上,黑格尔的思想于在场形而上学的框架内允许"延异的无限

191　性""如此"出现，⁵⁶因为黑格尔的思想需要一个差异的本质的、构成性的运动；因此，于在场形而上学的图式中，黑格尔与胡塞尔的比较揭示了黑格尔的思想比胡塞尔的思想更为激进，因为于在场形而上学的框架内，胡塞尔费力地努力消除差异，并且使其成为派生的。然而，德里达认为，这种在场形而上学的历史现在已经封闭。黑格尔已经完成了在场形而上学所要完成的事情，并且这样做的时候，他已经取消了这种差异。也就是说，"绝对知识的实现是无限的结束，这样的无限只能是一个没有延异的声音中的概念、逻各斯和意识的统一"（*VP*, p. 88/102/115）。

这种统一，一旦完成，就会产生绝对的生命，其同时也是绝对的死亡。正如我们在整个过程中所看到的，在场形而上学认为声音是主要的意指模式；声音最直接地与灵魂相连，因此它立即与符号本身的激活意向联系在一起。严格地说，符号本身就像一具尸体，一个死亡的、惰性的躯壳，需要意向（一个主体的表达意义-意向）激活性的力量才是能鲜活的。因此，声音的符号是最具有生命的。然而，正如我们已经注意到的那样，声音的符号与书面对应物不同，它们在被表达的时刻就会死亡。当一个人写一封信时，那封信很可能远远超出书写主体的生命周期而保持鲜活，并且可能永远存在，从而不像一个口头符号。因为它最为鲜活，同时也最为濒死。我们甚至可能会说（正如德里达不久会指出的那样）没有书写的声音，既是完全鲜活的冲动，也是完全死去了的。

然后，这又如何连接回黑格尔的思想？黑格尔确实思考无限性，但这是作为绝对的思考自身的无限性，其没有剩余或外部。黑格尔思考自我感发的绝对运作；他思考延异的一个结构上必要的时刻，一种绝对自我和绝对他者在结构上的本质关系；但是，他这样做只是为了最终取消这种差异。精神必须把自己定位为他者，只是为了最终完满而充分地承认在他者中的自我，在这一点上，那种对立或那种矛盾被克服了,因此差异被取消了,或者,我们可以说,差异被归入更高同一性之下。但恰恰是因为差异被取消了,因此不再有调解,不再有运动,不再有生命。因此,在完全充实的在场中的绝对生命———一种没有差异和调解的生命,也是绝对的死亡。这就是为什么德里达说,"形而上学的历史是绝对想听到自身说话的历史。当这种绝对无限性作为自身的死亡而呈现给自身时,历史就封闭了。这是一种没有延异的声音,一种没有书写的声音,它同时是绝对鲜活和绝对濒死的"(*VP*, p. 88/102/115);德里达认为,这就是为什么说在场形而上学的历史现在是封闭的。

192

但正如德里达所论证的那样,胡塞尔的无限(在康德意义上的观念形式中)与黑格尔的作用不同。在这里,我们必须要更加小心,因为德里达的论证非常迅速。正如我们刚才所见,对于黑格尔来说,这个无限被假定为一个必须最终完成的终极目的。当它完成后,被这种思想假定为在结构上必要的差异最终会被取消,我们说,这相当于绝对的死亡。正如德里达所认为的那样,黑格尔"将理念显现为无限的延异,这只能在与一般死亡的关系中产生出来"(*VP*, p. 87/102/114)。这种黑格尔式的同"一般死亡"的关系,与德里达的同"我的死亡"的关系直接形成鲜明对比:"只有与我的死亡的关系才能使在场的无限延异显现。"(*VP*, p. 87/102/114)在"先验生活"的构成中,主体不断地同将他或她带到自身之外的理想性进行关联,在一种必然的关系中,不仅仅是与任何外部,而是与我的外部的关系,也就是,与我的死亡的关系。与此同时,我们可能会注意到,与黑格尔相对,胡塞尔会试图将这种关系边缘化为我的死亡,后者完全符合他的课题范围。正如我们在《声音与现象》的介绍中所看到的那样,对于胡塞尔来说,"生命"是统一本质还原的心理生活与先验还原的先验生活的事物。因此,对于胡塞尔来说,"生命"先于并且决定了还原的运作,也就是说,生命逃脱了还原,而死亡成为经验生活偶然的、非本质的补充。这是为什么德里达认为:"同样地,与积极无限性相比,这种与我的死亡的关系成为一种有限经验的偶然事件。"(*VP*, p. 87/102/114)因此,黑格尔要求通过差异的通道,但只是为了取消差异,这种绝对的生命也是绝对的死亡;相反,胡塞尔将充实的直观假定为一种无法实现的理想,因此不断尝试将差异变为派生物,这意味着与我的死亡的关系只会成为经验生命的偶然事件。因此,德里达认为,两者都错过了关于生命与死亡的关系中至关重要的东西。

193　　同时,主体与客体理想性的关系建立于其上的先验生命,本身是在一种本质上无限延迟和被延迟的结构的基础上构成的。德里达希望展示的是,对于胡塞尔来说,这个无限确实是一个目的,但它是一个本质上无法实现的目的;因此,不管胡塞尔如何努力,有限性是结构中必不可少的本质要素。在场,作为直观的被充实的客体,在本质上总是无限地即将来临的(to-come):"无限的延异是有限的。"(*VP*, p. 87/102/114)但是,如果在这种无限推迟结构的基础上来理解"生命",那么生命在本质上(也就是说,非偶然地)是有限的;这一发现是《声音与现象》的关键。正如在时间化和自我感发的分析中所揭示的那样,"生命"在其外部(即其死亡)的基础上不断地分化自己。要体验差异,就是体验作为呈现的条件的再现(第四章),体验作为自我的条件的他者(第五章),体验作为声音条件的书写(第六章)和体验作为在场的条件的缺席,也就是说,去体验作为生命的条件的死亡。但这并不是与黑格尔思想抽象的、一般的或绝对的"死亡"的概念的关系。相反,它与我的死亡有关,现在可以用它来描述延异:"因此,延异作为与其自身死亡的本质关系,成为生命有限性。它在这种关系之外将一无所是。"(*VP*, p. 87/102/114)这就是为什么,尽管黑格尔在严格的在场形而上学模式内显得更加激进,但胡塞尔的思想却指向在场形而上学的外部。

这是无限自我在场与无限推迟之间的对立。

因此,胡塞尔的思想似乎对在场形而上学有着似是而非的承诺。正如德里达不知疲倦地展现出来的,在胡塞尔明确的承诺中,他仍然迷陷于形而上学的结构中,这种结构让在场(或理想性)变为首要,让再现(经验、调解、事实性和他异性)成为派生。尽管如此,正如德里达的分析所同样表明的那样,胡塞尔的思想在其所有运动中不断指向在场形而上学传统的外部。所以,在结束此部分之前,我们应该讨论一下外部可能是什么样子的:"至于'开始'然后'超越'了绝对知识的事物,人们需要闻所未闻的思想,那些在陈旧符号的记忆中被追寻的思想。"(*VP*, p. 88/102/115)

正如我们在整个分析过程中试图表明的那样,将思想推向这个外部是一项复杂的工作。我们已经说过,解构并不是一种德里达认为自己创造的东西,不是他(雅克·德里达)带给文本并从文本外部强加于文本的东西。它已经在语言本身运行的任何地方运行。因此,在柏拉图、亚里士多德、康德、黑格尔、胡塞尔、海德格尔等人的文本中已经出现了解构。但是西方传统的整个历史都是由一种奠基性姿态构成的,它会将在场设为首要的,差异或再现(或者语言)是次要的、派生的。因此,关于语言本身如何运作、应该如何运作的哲学反思的整个历史也受到这些相同预设所支配。于是,在这个框架之外或超越这个框架思考是非常困难的。人们不能简单地修改旧概念,因为这样做的时候,这些概念(无论人们喜欢与否)会带来一些形而上学的包袱。与此同时,人们也不能简单地创造出新概念。[57] 每当创造新概念时,人们就会在形而上学的框架内工作,此框架支配了概念的运作方式。例如,一个概念与索绪尔所称的所指是同义词,而词语就类似于能指。因此,对于德里达来说,甚至谈论新概念的创造,在某种意义上说,也是已经在形而上学的语言中说话了。这就是为什么他在其他地方说了一句著名

194

的话,延异"从字面上讲既不是一个词也不是一个概念"。[58]

　　这就是为什么外界的思想需要闻所未闻的思想,而在这一点上要想理解德里达,就要完全采用字面的意思,尽管这种表述具有矛盾含义:思考闻所未闻的思想的必要性。我们将延异描述为非原初性的起源,这在某种意义上是合适的,但它同时也是一个危险的表述。这是因为,谈论起源和原初性,就是已经采用了形而上学的语言,好像我们正在寻求首先到来的事物一样;正如德里达所说的那样,"只要延异仍然是一个概念,并且我们问自己是否必须从在场,或优先于在场的角度来思考它,那么它仍然是这些陈旧的符号之一。"(*VP*,p. 88/102/115)要真正思考这种分歧需要重新构思思想本身,也就是说,它需要由"一个闻所未闻的问题"所激起的闻所未闻的思想(*VP*,p. 88/103/115)。但是现在应该显而易见的是,德里达所谓的闻所未闻的问题不能仅仅意味着"一个以前从未有人想过要问的问题",而是一种问题的全新模式,其有着完全不同的强调和目的,在这个问题的另一方面,不应该认为存在一个明确的答案,也就是说,一个呈现给意识的充实的直观。因此,我们相反必须在以下的条件中听到"延异"的概念:"在一个闻所未闻的问题的开放性中,这个问题既不会对知识开放,也不会对作为即将来临的知识的'非知识'状态开放。在这个问题的开放性中,我们不再有所知。"(*VP*,p. 88/103/115)这既不意味着妥协地让自己陷入愚蠢或无知中,也不意味着在尚未发现的知识意义上的一种非知识。这意味着,问题本身将成为思考的模式。我们经常这样思考问题:用我们在学校里被教导的方式来思考问题,认为问题就是有些人已经事先知道答案,让那些不了解它的人来思考——因此,思考的任务就是单纯地得到正确的答案。但这样的问题不能被视为一个真正的问题,这正是因为答案已经为人所知。所谓的"问题将成为思考的模式",就是要放弃对答案的目的论式的信仰。正如德里达所说的那样,"这样一个问题将被合法地听到为:'不想说出任何东西',因为它不再属于'想要说某些东西'的系统"(*VP*,pp. 88/103/115-16)。这个问题不再想说,也就是说,它不再想提供答案了。因此,要思考这种外部思想,需要重新构想我们所说的"思想"、"概念"、"问题"等词的所有意义。"为了思考这个年代,为了'说出'它,必要的将会是其他名称,而不是符号或当下化的名称。"(*VP*,p. 89/103/116)

最后一点可能会让我们停下来:德里达事实上难道不是在第四章中详细论证过(在本书的其余部分,我们难道不是在这个论点中跟随他?):再现必须被视为在场的条件?难道不是踪迹(重复的纯粹可能性)使当下成为可能吗?胡塞尔的德累斯顿画廊的例子可以帮助我们理解这一点。德里达摘录了胡塞尔的文字:

"在我们面前被说出的一个名字令人想起德累斯顿的画廊……我们信步穿行于一个又一个大厅……一幅泰尼尔斯(Teniers)的油画……再现一个油画画廊……这个画廊里的画又再现一些画,这些画让人看到一些可以破解的铭文等。"(*VP*,pp. 89/104/116-17)[59]

胡塞尔在《观念 I》中使用这个例子,以便探索各种意向性可以被分等级地包围彼此的方式,如俄罗斯套娃一样。这个例子中,一个名字被说出,这无意中让听者想起德累斯顿画廊,更具体地提醒了听者最近一次的参观。在记忆中,主体记得走在大厅里,盯着泰尼尔斯[60]的某一幅画作(这里胡塞尔选择的例子非常有趣);这幅画本身就是画着一家艺术画廊,画廊中陈列着许多其他油画。胡塞尔认为,在意向某个记忆的模式中,意向("关注"或"观看")可以持留,它可以在这些不同层面中的任何一个上面持续:存在一个德累斯顿画廊自身的一般性层面;存在着第二个"走过大厅,看各

196

种画作"的经验的层面；还可能存在第三或第四级的层面，即关于看着特定油画或该特定油画的某些组成部分等的记忆层面。

为什么我们说胡塞尔的例子很有趣？之所以很有趣，是因为胡塞尔试图描述凝视的结构性持久在场（abiding presence），但他已经在记忆（这是一种再现形式）方面谈论它了，并且，在这种再现中，他谈到对艺术品（另一种再现）的记忆，更具体地说，是描绘其他艺术品（第三层的再现）的艺术品。我们只需要提醒自己，艺术家的角色可以追溯到柏拉图。在《理想国》[61]的第十卷中，柏拉图谴责艺术家只生产一份副本（世界上某一特定的"事物"）的副本（一种图像再现）。经验事物是原件（即理想形式）的副本，虽然是相当准确的副本。因此，艺术作品只是复制了一个经验事物的副本，而经验事物本身就是一个副本。因此，胡塞尔的例子虽然旨在描绘可能的持续意向的俄罗斯套娃，但它本身就是一个嵌套的玩偶，向我们展示了一种再现中非凡的"镜中镜的深渊"（mise en abyme），在一次关于无数油画的油画的记忆中达到高潮。

当德里达说，"当然没有任何事情发生在这种情况之前"，并且认为"没有什么会安全地悬搁它"（VP, p. 89/104/117），他的意思是，严格来说，没有任何画廊之外的可能。换言之，没有确定性或"全然在场"（VP, p. 89/104/117）的原初零点，即让我们可以将现实与再现区分开来的背景。要体验无限延异的有限性，就要认识到"从未有过感知，并且'呈现'是再现的再现，再现在自身中渴望着作为其出生或死亡的再现"（VP, p. 89/103/116）。但这样会要求我们重新定义"呈现"和"再现"的概念，因为严格来说，"再现"只能被认为是首要在场的次要重复。"呈现"总是再现的再现，这意味着"事物本身"，即现象学思想追求的客体，"总是在偷走"（VP, p. 89/104/11），因为事物本身总是在无限地被推迟。因此，这个难题的解决方法，即再现是在场的条件，并且"必要的将会是其他名称,而不是符号或当下化的名称"(*VP*, p. 89/103/116),是要认识到:一旦一切是再现的再现,"对符号不确定的漂移的经验,作为场景(Verwandlung)的错误和变化,将诸当下化(Vergegenwärtigungen)彼此联系起来,无始无终"(*VP*, p. 89/103/116),一旦不存在走出画廊的可能性,那么,在"当下化"(re-presentation)的意义上,"再现"(representation)这一术语是不足够的。这就是为什么,在某种意义上,在德里达去世近十年后,解构工作才在各方面刚刚开始。它要求的是一种将思想活动"推向不可命名之物"的责任(*VP*, p. 66/77/86)。

最后的思考

现在,我们已经完成了对《声音与现象》的阅读,我们希望人们注意到《声音与现象》两个非常重要的成就,从而为进入到本导读的下一章做准备。这些成就构造了德里达在余下的生命中所做的工作。这些成就坚实地根植于《声音与现象》这一课题自身的动机。这些要点紧跟伦纳德·劳勒在译者介绍中对德里达动机的阐述,它们也是重构"真理"和"价值"的概念的动机。

正如伦纳德·劳勒在译者介绍中所指出的那样:

> 解构主义有两种动机,如果一个人熟悉德里达思想在他一生中被挪用和流行化的情况,人们可能会对这两种动机感到惊讶。德里达的思想是出于对真理的渴望,以及对所有价值的转变的渴望。(*VP*, p. xii)

正如读者可能会或不会意识到的那样,德里达的思想在他一生中面临着大量的蔑视,并且今天仍然如此;很可能,德里达面临着比任何其他哲学家更多的尖酸刻薄的批判和嘲笑,当然是在他的时代,而且自此之后可能依然如此。而这些批评的大部分都是针对德里达对"真理"这一概念的处理。

198　　其中较著名的是批评之一,是哲学家约翰·塞尔(John Searle)对德里达进行的非常公开的文本调和,其最后的结果是 1990 年《有限公司》(*Limited Inc.*)的出版。虽然塞尔拒绝继续辩论或参与《有限公司》一书,但这并没有阻止他继续在后来出版的作品中对德里达进行抨击,这体现在他非常糟糕地将德里达《论文字学》中著名的"Il n'y a pas de hors texte"[62] 翻译为"文本之外无一物(There exists nothing outside of texts)"[63],这种翻译非常刻意地回避了与这句引用的意义进行任何认真的互动,更不用说这并非一种最恰当的翻译了。另一位持续不断的攻击者是布莱恩·莱特(Brian Leiter),他在《哲学会咬人》(Philosophy Bites)的访谈节目中谈到了德里达,"哲学家们普遍认为,像德里达……这样的人是非常糟糕的哲学家,他们说了许多关于真理、意义、知识等的愚蠢和傻气的话……"[64]但最恶毒的攻击可能是来自几位极富声望的哲学家们(其中包括威拉德·蒯因和大卫·阿姆斯特朗[David Armstrong])的著名尝试,阻止德里达于 1992 年获得剑桥大学的荣誉学位,理由是他"对理性、真理和文献价值观的似懂非懂的攻击"('Honoris Causa', pp. 420-1)。在有些学术圈子中,嘲笑德里达,并且恰恰是在真理问题上,是很容易被接受的。事实上,正如莱特的话("像德里达这种人")所显示的那样,在这些圈子里,"德里达"这个名字变成了一个简单化的头衔,代表了他们所认为的一切"坏哲学"。考虑到这一切后,德里达的思想关注真理问题的宣言可能会令人感到震惊或惊讶。

但是我们必须记得,从《声音与现象》的第一章开始,德里达已经(在该章的最后)在思考这样的一个观点:胡塞尔有时候浅尝辄止地讨论一种作为生产的"真理"概念,而不是作为一种已经在"某

个地方"存在的理想性或在场的单纯记录的真理概念。第四章中
对再现的分析和第五章中对时间化的分析完全由真理之构成的问
题所驱动。而当德里达批评在场形而上学的历史时,恰恰是以"真
理"的名义进行的:在场形而上学在"现实性"和"再现"之间存在
着彻底和根本的区别,并认为"在场"是首要的,而"重复"或"再
现"(语言)是次要的,而且正如德里达试图在整个《声音与现象》
中争论的那样,那个观点自身并不为真;它是假的。但是,要削弱   199
在场形而上学(顺便说一句,它将真理定义为在场)并且正是要削
弱"真理"这个词的意义,就是要质疑我们认为自己知道的关于真
理和知识,以及两者之间的关系的一切内容。德里达在《声音与现
象》中所做的正是这项任务;而且,德里达在早期的文章《暴力与形
而上学:论伊曼努尔·列维纳斯的思想》中认为,每个称自己为"哲
学家"的人必须在可预见的未来承担这一任务。因此,《声音与现
象》的成就之一涉及对"真理"意义的专注考察和进行重构的尝试。

　　正如伦纳德·劳勒所指出的,《声音与现象》的另一个动机是
"价值"的动机,并且是"价值"的意义之动机。值得注意的是,德里
达通过对在场的解构而进行的,是在其最亲密的位置,即自我在场
的在场这一点上,对在场进行解构。也就是说,德里达进行了对自
我关系的解构,以及对我们自己的假设——我们建立自我关联的
直接性——的解构;正如劳勒所说"解构表明,'我是'的自我认识
只是表面的"(*VP*, p. xxvii)。在这样做的过程中,德里达剥夺了思
想的稳定的、基础性的安全性。这种挑衅是一种督促去思考的挑
衅,但要在不稳定性的情况下这样做,"以走出封闭,并体验问题的
不安全性"(*VP*, p. xxvii)。正如我们所看到的那样,这种不安全性
必然导致这点:问题(正如德里达重新思考这一概念一样)不是被
对答案的目的论信念而推动。"答案"将是一种当下的、充实的直
观,从而冻结了问题的活力。一旦给出答案,问题将不再是必要

的;问题将得到解决。就德里达对问题的理解,问题从未在结构上、本质上和必然性中得到解决。这是一种根本的不安全性,正是因为,当想到有关我们存在的最重要问题是没有答案的时候,这是令人不安的,甚至是可怕的。但这是生命本身的根本不安全性,解构的课题开启的正是这种不安全性,其使得思考成为可能,但是,这是作为通道的思考,而不作为终点的思考。

最后,伴随着这两者的是,"我是"(德里达将在随后的文本中称之为"主权性"[sovereignty]的概念)假设的自我确定性是我们的伦理和政治概念的大部分基础。因此,通过在《声音与现象》中解构"主权"的概念(即使该术语本身在文本中没有出现过),德里达正在挑起对"价值"本身问题的重新阐述。事实上,我们可以有把握地说,《声音与现象》是对"价值"和"伦理"意义的彻底反思——它是一本具有深刻伦理性质的书,即使伦理问题从未如此出现。"我是"的自我确定性构成了我们关于"意志"和"自由"的概念。正如我们所看到的,解构在场形而上学同时也是对意志、统治和掌控的唯意志论形而上学的解构。在第一章中,我们选择了将"现象学属于经典本体论的这种关系作为我们的兴趣点"(VP, p. 22/26/27),但讨论过程中,我们不断发现这种选择最终是不可持续的,因为对胡塞尔思想的忠诚不断将我们指向超越胡塞尔对经典本体论的归属。因此,解构"主权"的概念就是要解构意志的权力。但要做到这一点,就要求重新考虑我们对待外来者的方式:疯子、罪犯、叛徒等,更不用说穷人和失败者了。"主权"这一概念,即"我是"的自我确定性,在结构上禁止被他者所污染。正是这种自我确定性保证了 17 世纪和 18 世纪出现的"自然权利"概念,因此(在康德和其他人那里)也是民主的理论基础。正是"主权"的概念决定了我能,或者"我可以拒绝"让他者进入我的世界;决定了我们能、我们有权(并且这个"我们"本身的地位就有问题)关闭我们的边界并阻止他人进入;决定了宽恕是处于优势地位的我可以给予或拒绝给予对方的徽章;决定了人类(至少其中一些人)有尊严,而非人的动物则没有,等等。因此,解构主权等于重新构思"价值"本身及其基础的问题的责任。因此,顺理成章的是,这些是塑造了德里达后期作品的问题;在《声音与现象》中进行的所有分析都将启发来的伦理和政治概念。因此,在总结并回应我们早先的观点时,我们可以认为,《声音与现象》为我们提供了德里达所有思想的生发结构。

注释

1. *Cartesian Meditations*, p. 139.

2. Aristotle, *De Interpretatione*, 16a.

3. 这个概念在德里达对"意义"(meaning)的传统定义的理解中将发挥巨大的作用。在法语中,"表达意思"的主要表达方式之一是短语 vouloir-dire,其字面意思是"想要说"(to-want-to-day)。因此,传统意义概念的基础中存在意向和意志的本质成分。正如我们在海德格尔的语境中所讨论的那样,这种唯意志论对于德里达所进行的解构至关重要。

4. Gottlob Frege, 'On *Sinn* and *Bedeutung*', trans. Max Black, in ed. Michael Beaney, *The Frege Reader* (Malden, MA: Blackwell Publishing, 1997), pp. 151-71.

5. 同样参看劳勒的注释:*VP*, p. 97n1。

6. 希腊词"逻各斯"(logos)有着非常丰富和复杂的历史。它是后缀词根是"logy",大多数科学,如"心理学"(psychology)、"生物学"(biology)、"动物学"(zoology)等都以 logy 为后缀。但这种"……学"的通常意义是建立在一种"理性"的古老意义上。在人类动物的理性能力的意义上,这可意味着"理性",但这种理性也可以在更泛的"……的组织"或"……的原因"的意义上得到理解。由于对亚里士多德而言,理性与动物的语言能力有着内在的联系,因此逻各斯也可简单地用于表示"语

201

言"。这就是德里达使用它的方式,将其作为希腊语中表示"语言"的
词,但鉴于德里达负有对西方形而上学进行解构的任务,因此重要的
是,我们需要认识到该词也具有此处讨论的其他意义,因为逻各斯确实
与它们密不可分。

7. *Hic et nunc* 是拉丁语短语,意为"这里和现在",更笼统地说,它指的是时
空中的经验当下。

8. *Logical Investigations*, p. 185.

9. Aristotle, *De Interpretatione*, 16a.

10. Telos 是希腊语,意为"目标"、"结束"、"完成"、"完美"等。

11. Geist 是德语的"精神",在德语中具有很长、很丰富和很复杂的历史。
黑格尔的杰作《精神现象学》(*Phänomenologie des Geistes*)出版于1807年,
"精神"的概念在德里达对海德格尔的阅读中扮演了重要的角色。参
看 Jacques Derrida, *Of Spirit*: *Heidegger and the Question*, trans. Geoffrey
Bennington and Rachel Bowlby (Chicago: The University of Chicago
Press, 1989)。

12. 参看 Lawlor's Translator's Note 3, on p. xxix of *Voice and Phenomenon*。关
于这个段落在胡塞尔文本中的位置,参看 *Logical Investigations*, pp.
189-90。

13. *Logical Investigations*, p. 190.

202 14. *Logical Investigations*, p. 190.

15. 实际上,读者会注意到,德里达在《声音与现象》第一章中使用此区别
时,明确表示,这一区别将在稍后的《逻辑研究》第八章中发挥作用
(*VP*, p. 20/23/24)。

16. *Ideas*, p. 160.

17. *Logical Investigations*, p. 1.

18. 在这方面,劳勒关于这些术语的法语翻译的注释特别有用: *VP*, pp.
101-2n2。

19. 这种奇怪的构造(*ontos on*)似乎起源于柏拉图。它结合了希腊词 einai
(意思为"存在"、"to be")的分词形式和分词的副词形式。因此,它的

字面意思类似于：*存在地存在着*（the beingly being），或*真实地真实*（the really real），或*最真实的存在*，也许还可以是*存在者的存在*（being of beings），等等。参看 Anthony Preus, *Historical Dictionary of Ancient Greek Philosophy*（Lanham：Scarecrow Press, 2007），pp. 67-8。

20. 这个词虽然很微妙和很少见，但非常重要，并且在文本的最后一句中很明显地出现。此处是在本文中第一次出现。

21. *Ideas*, p. 44.

22. 尽管德里达在这里根本没有引用圣经经文，但表达的精确性和极端的语气（*我们可以走得更远*），均表明德里达在这里暗指《出埃及记》第三章中著名的经文：耶和华对摩西说，"我是我所是。"参见出埃及记 3：14。这段文字中，德里达的法语原文是"**Je suis** celui qui **suis**"。在这两种情况下，动词 être（to be，是）的时态都是第一人称单数 *suis*，或"I am"（我是）。

23. 德语的"瞬间"是 Augenblick，字面意思是"眨眼"。

24. 可以说，胡塞尔与亨利·伯格森共享了这一特点。

25. *Consciousness of Internal Time*, p. 70.

26. *Ideas*, p. 195.

27. *Consciousness of Internal Time*, p. 43.

28. *Consciousness of Internal Time*, p. 41.

29. *Consciousness of Internal Time*, p. 42.

30. 我们要记得，Augenblick（"眨眼"）是德语中的"瞬间"或"立即"。

31. "自我感发"一词来自海德格尔对康德时间化结构的描述。参看 Martin Heidegger, *Kant and the Problem of Metaphysics*, trans. Richard Taft（Bloomington：Indiana University Press, 1990），§34, 132-6。德里达采用并扩展了这一术语，保留了其整个时间维度，但目的是描述自我在自我关系中与自己接触的方式。有人可能会争辩说（事实上，导读作者也持这一立场），《声音与现象》整体上是对西方"自我感发"概念的沉思。

32. *Logical Investigations*, p. 191.

33. phonē 是一个希腊词,意为"声音"和"语音"。

34. Martin Heidegger, *Being and Time*, trans. John Macquarrie and Edward Robinson (New York：Harper and Row, 1962）, pp. 21-35.

35. 这三个词 verbum,lebein 和 logos 分别指"词语"（拉丁语）、"说话"（希腊语）和"语言"或"理性"（希腊语）。另请参见本书第 2 章的注释 6。

36. Aristotle, *De Interpretatione*, 16a.

37. 在《论文字学》中,德里达将延异"定义"为"差异自身无法命名的运动。"参看 *Of Grammatology*, p. 93。

38. 亚里士多德在《形而上学》中的第一因是一个不动的推动者。

39. 笛卡尔在《第一哲学的沉思》的第二沉思中有名地指出了此观点。

40. *Consciousness of Internal Time*, p. 106.

41. *Consciousness of Internal Time*, p. 79.

42. 这就是在《有限公司》（*Limited Inc.*）的后记中,杰拉德·格拉夫（Gerald Graff)代表"某些美国评论家……"对德里达提出的确切批评。

43. *Logical Investigations*, pp. 191-2;强调为导读作者所加。

44. *Logical Investigations*, pp. 192;强调为导读作者所加。

45. 德里达在脚注中引用了《逻辑研究》随后的段落："在感知的陈述中,我们就如同对一切陈述那样,区分内容和对象,而且以这样的方式,我们通过内容就可明白自我同一的意义（Bedeutung）,而且听者对此也能够正确领会,尽管他自己没有感知到。"（*VP*, p. 79n/93n/103n2）

46. *Logical Investigations*, p. 218.

47. *Logical Investigations*, p. 219.

48. *Logical Investigations*, p. 196.

49. Immanuel Kant, *Critique of Pure Reason*, trans. Paul Guyer and Allen W. Wood (Cambridge：Cambridge University Press, 1998）, A 320/B 377.

50. *Logical Investigations*, p. 2.

51. *Logical Investigations*, pp. 223-4.

52. 正如劳勒所说,"aporia"（绝境）一词最终将成为德里达的技术术语,它与"问题"不同。参看 *VP*, p. 93n15。参见本书第 3 章"研究辅助",

尤其是"绝境：德里达的后期概念"部分。

53. G. W. F. Hegel, *Phenomenology of Spirit*, trans. A. V. Miller（Oxford：Oxford University Press, 1977）, pp. 9-10.

54. 康德可能以建立本体/现象（noumenon/phenomenon）区别而最为闻名。为了解决现代主体和客体的认识论断裂，康德认为，本体，或物自体（thing in itself），是自在（in itself）的，不可知的。理性主体可以思考本体（因此与希腊词 nous[心灵]有联系），但它永远没有它的*知识*。它只能对事物的现象具有真正的知识，这些知识是根据理性的纯粹范畴而构成的。

55. Aristotle, *Metaphysics*, Book XII, Ch. 9, in *Complete Works of Aristotle：The Revised Oxford Translation*, Vol. 2. Ed. Jonathan Barnes（Princeton：Princeton University Press, 1984）, pp. 1698-9）.

56. 在很多场合，德里达都会明确地说，延异首先出现在黑格尔，尽管这一主张当然伴随着许多警告事项。参看'Différance', p. 14。同时参看 Leonard Lawlor, *Derrida and Husserl：The Basic Problem of Phenomenology*（Bloomington：Indiana University Press, 2002）, p. 205。

57. 从某种意义上讲，这将使德里达与其同代人德勒兹区分开来。

58. 'Différance', p. 3.

59. *Ideas*, pp. 246-7.

60. 大卫·泰尼尔斯二世（David Teniers the Younger, 1610—1690）是一名佛兰德风俗画家，被狂热的艺术爱好者利奥波德·威廉大公（Archduke Leopold Wilhelm）聘用，为他所收藏的艺术品进行分类。泰尼尔斯二世的做法很有名，多年以来多次为大公的收藏品精确地描画细节。其绘画的细节如此细致，不仅包括油画画作，而且还包括在画中伴随画作的铭文。

61. Plato, *Republic*, Book X, 598b-c, in *Complete Works*. Ed. John M. Cooper. Associate Ed. D. S. Hutchinson（Indianapolis：Hackett Publishing Company, 1997）, pp. 1202-4.

62. Jacques Derrida, *De la grammatologie*（Paris：Éditions de Minuit, 1967）,

p. 227.

63. John Searle, *Mind, Language, and Society: Philosophy in the Real World* (New York: Basic Books, 1998), p. 19.

205　64. Brian Leiter, *Brian Leiter on Nietzsche Myths*, <http://philosophybites. com/2009/09/brian-leiter-on-nietzsche-myths. html> (last accessed 27 November 2013)

3

研究辅助

本章旨在涵盖几个不同但相关的部分。首先,它旨在为德里达和胡塞尔的一些更重要概念提供一个"快速参考",这些概念在《声音与现象》中发挥着核心作用。其次,我希望向读者介绍一些积极的策略,便于后续进行关于德里达哲学的讨论和写作。这部分将包含"进阶阅读"的推荐文本。最后,我希望提供一个名为"绝境:德里达的后期概念"的术语表,以展示《声音与现象》分析在德里达其余所有作品中的中心地位,其中我们将简要描述他后期作品中的一些伦理和政治概念。

术语表

这一部分是一个"术语表",但我们必须记住,严格来说,《声音与现象》中使用的术语并不是任何传统意义上可以被定义的术语。[1]定-义(de-fine)字面的意义是"使其有限"(make finite),对概念的本质进行限制和尝试界定,一个人用想要有所定义的词指向这个概念。到目前为止,应该清楚的是,出于两个主要原因,这种特征不能适用于德里达的术语。首先,正如德里达所说,它们是"超先验的"概念(*VP*, p. 13/15/14)。它们是先验的基础,并且本质上是流动的;因此,人们不能为它们设定限制,因为它们正是构成和撤销"限制"的所有概念的结构。其次,与此伴随,德里达的诸超-先验概念相互渗透。正如我们所看到的,人们在谈论"延异"的时候不能不同时唤起"踪迹"、"元书写"和"增补"的概念。

207　　但是,本节旨在实现术语表通常会实现的作用,提供书本中心概念的简明描述,以方便读者快速参考。

元书写(书写)(Archi-writing[writing])

这是仅在《声音与现象》中明确出现的术语之一(*VP*, p. 73/85/95),并且它在《论文字学》中更频繁地出现。但同样,它在《声音与现象》中有所作为,但通常只是在"书写"的指称下。这个术语是挑战声音作为最接近灵魂的表达媒介的传统特权的中心。从柏拉图开始,并且决定性地在亚里士多德那里,关注语言本质问题的哲学家们都认为,经验中首要的是精神层面,而声音(直接与灵魂相联)产生一个口头符号。然后,为了确保在没有说话者的情况下符号是可交流的,次要的符号,即书写符号,由此产生,其作用是转录口头符号。元书写破坏了这种传统的声音特权。德里达的元书写,以及其**可重复性**(iterability),意味着符号的基本条件。声音使用口头符号的必要条件之一是,它所说的符号必须已经是被铭刻在语言中。也就是说,每当我们说出任何符号时(甚至是"我"这个符号),我们都会采用永恒、稳定、可从一个语境转移到另一个并且"可重复"的理想性。它们是先于我们存在的符号,而且无论有没有我的在场都能发挥作用。但这些永久性和稳定性的特征更符合书面而非口头符号的特征。声音确实与灵魂立即联系在一起,但正是在这个问题上,当它的符号被发出时,它们就会沉默,而理想的意义仍然存在。因此,即使是口头符号也会"被铭刻"在语言中。如果没有这种铭刻,就不会有口头符号。

意义/指称(Bedeutung)

这个德语术语与 Sinn(**涵义**)一起,在德国思想中具有丰富而复杂的历史。在《逻辑研究》(以及《声音与现象》中),它基本上是**涵义**的同义词。一般来说,Bedeutung 这个词可以被翻译为"意义"(meaning)(这就是大卫·艾利森[David B. Allison]1973 年的翻译),尽管有时它也被翻译为"指称",意思是,一个术语或一个名称指向的事物。对于胡塞尔来说,无论如何,这两个(术语指向的意义和指称)基本上是相同的。然而,德里达希望给"Bedeutung"这个词赋予更加细致入微的意义。他在《声音与现象》第一章中指出,Bedeutung 对于胡塞尔总是与"意志"(will)的概念有关。也就是说,Bedeutung 是说话者和符号都想说的事物——Bedeutung 是在**表达**中"被表达的事物"。因此,德里达认为,传统法语翻译将 Bedeutung翻译为"意指"(signification)是不够的,他使用另一种法语表达来代表"意义",即 vouloir-dire(意谓),其字面翻译为"想要说"。

208

解构(Deconstruction)

如果我们把它看作是雅克·德里达"创造"并应用的"方法论",那么,我们就有可能不可逆转地模糊这个概念。它既不是文学批评的策略,也不是相对主义、主观主义或虚无主义,也根本不是"主义"(如"解构主义")。在《声音与现象》的第四章中,德里达开始阐释这个奇怪的术语"解构"的意思。它与**在场形而上学**的破坏有关;正如他在第四章中所说,**在场形而上学**是在决定关于符号的意义的基础上构成的。更具体地说,它认为在场是首要的,而再现(符号的使用)是次要的和补充性的。我们可以在形式/质料区分上看到这一点,这是传统中的一个重要区别。这种区分赋予了"形式"特权,这种"形式"永远"在场"并且不变,而填充形式的"质料"将会不断发生变化（胡塞尔在**鲜活的当下**的概念中使用了他自己的形式/质料之区别的版本。）因此，**在场形而上学**的所有概念性决定将按照二元逻辑运作，该二元逻辑给予在场特权并试图抑制或压制缺席。但是，为了论证这点，**在场形而上学**的传统必须采用它认为是次要和补充性的符号。因此，传统必须在它使用符号的那一刻刻意忘记其再现性，从而抹去这个符号的真实本质，而且这种抹除在于哲学传统的每一个时刻的背景中。这就是解构发生的情景，这就是为什么它不是通过主体对文本所做的事情；相反，文本本身的语言本身就会破坏自己，从而破坏了可能会是某个作者试图表达的意向（无论是柏拉图、亚里士多德、黑格尔还是胡塞尔等）。同样重要的是，我们要注意，对于德里达来说，这种形而上学的给了在场以特权的决定，是不可避免的；在场是并且一直是哲学传统的奠基性价值，因此开始挑战这一点就是已经将我们的思想转移到哲学之外的某个地方，而且转移到一个也不是非哲学的地方。换言之，德里达并不认为我们可以抛弃哲学传统给我们留下的问题。我们不能简单地改变我们的概念，因为无论我们如何努力，这些概念总会带来一些内容污染。但我们也不能仅仅创造新的概念，因为支配概念创造的法则和逻辑按照在场的根本特权来运作；因此这说明了解构的重要性。如果我们不能摒弃传统并重新开始（因为这样做将始终伴随着概念形而上学的包袱，它将我们更深刻地与传统联系起来），我们仍然可以试图在系统的运行中破坏系统，从而探索形而上学体系削弱自身的方式。在《立场》(*Positions*)中，德里达通过两个时刻描述了这一点。一个是逆转的时刻，其中文本控制性的二元对立被推翻（再现优先于在场，书写优先于声音等），而第二个时刻是超出二元对立本身（因此超出系统本身），朝向一个超先验的结构（此结构首先使得二元对立成为可能）。因此，它指向形而上学系统的"外部"，试图不断重构思考何谓思考。解构远非虚无主义,从根本上说是乌托邦式的。

延异(Différance)

　　在所有德里达的术语中,这个术语可能是最难"定义"的,它实际上是德里达给予这个不可能但必要的结构的最早、最持久的名字之一,他试图在胡塞尔的作品中,以及整个传统中的其他地方找到此结构。此外,重要的是要注意,在他的所有术语中,延异是一个完全由德里达创造的术语(这与他的许多其他术语不同,后者从相关文本中被抽出并在文本本身中播散)。延异是法语单词différer的分词变位,它本身就是一个具有双重意义的词。一方面,différer 意味着"差异化",如"变得不同",而另一方面,它也意味着"推迟",如"延后"、"滞后"、"延迟"等。因此,在时间和空间意义上,延异是一种污染结构,它既构成又扰乱在场的条件。在空间上,它会产生差异、差距等;在时间上,它延迟或推迟了在场的实现、充实或完成。在第五章对时间化运动的分析中,延异被发现。因为原初印象本身在留下印象时总是已经被印刻下了一种可以重复的意义,这种重复的可能性是原初印象本身的条件。换言之,在当下经验时刻的"第一次"发生中,已经存在重复和可重复性的运作,后者是一种与当下经验的那一刻之外的关系。重复不是事后发生的事情,不是随后再度产生出经验的在场。相反,重复的可能性(他称之为**踪迹**)是所谓的"第一次"的条件。因此,这种关系性是生产性的;它构成了当下瞬间的在场。但是,由于时间的本质是它打开了其他异性,它也不能禁止空间元素的进入,无论它怎样努力地禁止。在先验意识的核心,时间渗入空间,空间渗入时间。这就是德里达所说的延异,即它是"空间的时间生成和时间的空间生成"。以同时间/空间的区分类似的方式,这种生产性的关系性是西方传统中所有受到推崇的二元对立的条件。但是,只要这种关

210

系性是至关重要并保持活跃的,那么,延异会同时禁止绝对在场的实现。它决定了意义,但是只要这种决定是活跃和不断的,它就不允许意义完全"稳定",这将禁止意义与其对立事物之间的通道。延异将导致任何一个术语或意义的内在性总是受到其他异性的污染。因此,延异是可能性的条件,但也是不可能性的条件。

悬搁(Epochē)

这个古希腊词是早期怀疑论哲学家最爱的词语,它意味着"悬停",就像悬搁一个人的断言一样,暂停同意这个或那个命题。对于胡塞尔来说,悬搁是一种停止同意他称之为**自然态度**的策略,这种态度是我们仅将外部世界的"真实"存在"接受"为事实的不加批判的、非反思的方式。我们应该注意到,悬搁在某种程度上与笛卡尔的激进怀疑方法相似,但外在世界的存在并没有被悬搁所否定或拒绝;相反,对它的信仰是在方法论上被悬搁的。通过悬搁这种"信仰",并将我们的分析放在意识意向和意义可能性的结构上,我们可以将自己局限于一个绝对不容置疑的知识领域。悬搁与**还原**密切相关。

211

表达(Expression)

它是德语单词 Ausdruck 的英文翻译,是胡塞尔在《逻辑研究》开始部分中区别出的符号的两种类型中的一种。"指示"是指向其他地方的符号,而表达本身就是一种有意义的符号,也就是说,它是语言的、概念意义的意义的直接显现。当胡塞尔试图着手识别和孤立意义的纯粹可能性的结构时,他所追求的是在表达形式中的符号。另见**指示**。

指示(Indication)

Indication 是德语单词 Anzeichen 的英文翻译,这是胡塞尔在《逻辑研究》中阐述的两种符号中的另一种。指示性符号是在某种意义上将接收者指向某物或其他地方的符号。发烧指示出身体有疾病或感染,但发烧并不意味着疾病或感染;院子里的动物踪迹指示出动物的存在,但它们并不意味着动物的生命。重要的是要注意,正如胡塞尔所做的那样,任何时候我们使用符号与他人交流,我们的符号,虽然是表达符号(只要它们是语言的、概念符号),也是指示符号,只要它们将听众指向别的东西,无论是世界上的经验客体还是说话者的心理状态。另见**表达**。

可重复性(Iterability)

这个术语只在《声音与现象》中出现过一次(*VP*, p. 64/75/84):reiterable,但它在整个《声音与现象》中隐秘地发挥着重要作用,并在德里达的许多后期作品中都是如此。德里达的"可重复性"意味着符号必须是可重复的,作为符号的条件。为了使一个符号作为符号起作用,至少必须有一些可转移的"内容",其可从一个经验语境"传递到"另一个语境,并且可以跨越时间被其他人识别。另见《声音与现象》的第四章,但特别是如下部分:*VP*, p. 42-3/50/55。

212

鲜活的当下(Living Present)

这是胡塞尔用来描述他称之为"内时间意识"结构的术语,其描述方式富有现象学意味。它由原初印象的核心组成,其周围环绕着持留和前瞻的晕。原初印象是每个当下感知的不断更新的现在点,在每个时刻不断被新内容所填充。随着每一次印象都让位于一个新的印象,胡塞尔说,这种体验的感觉在接下来的若干时刻里保持下来,直到最终在意识的视角中淡出和溜走。这种意义在此得以被保持的记忆,就是胡塞尔所说的"持留"。每个原初印象伴随着"刚过去"的持留。此外,胡塞尔说,伴随着原初印象的还有对未来的指向性,其充满了某些隐含的期待。这种对未来的指向是胡塞尔所说的"前瞻"。另请参见**原初印象**、**前瞻**和**持留**。

在场形而上学(Metaphysics of Presence)

这是另一个非常难以确定的德里达式术语,因为它在其作品中无处不在。但它实际上并没有看起来那么复杂。在场形而上学基本上与西方宗教和哲学思想的历史同义。在场形而上学是在一个决定的基础上运作的,即在场是"首要的",然后再现或符号的使用在事后才出现,以试图重现在场。我们应该注意,这种努力是有缺陷的或不充分的尝试,而且在任何意义上,那个在场事实上都已经丧失了。传统在其空间和时间的意义上都赋予在场以价值(参见**延异**,这是德里达试图破坏这种在场的双重意义的方式);在空间上,它为直觉行为的在场及此行为的客体之于意识的在场提供了价值。这就是为什么胡塞尔的现象学原则在外部世界的真实存在中悬搁了"信仰",正是因为它在意识之外,因此它受到外界干扰的污染;它对灵魂来说不够"在场"。在时间上,在场形而上学将当下时刻推崇为确信性的保证——未来是不可知的,记忆是可被污染的;当下是所有时间中真正的存在(is),而且在当下时刻的意识现象,作为现象,是不容置疑的。无论外部世界是否存在,无论它与我对它的看法是否相符,可以肯定的是,在我认为我看到了的那一刻,我看到我认为我看到了的东西。因此,在场形而上学包括一个决定:在场是首要的,而再现是次要的。在这个决定的基础上,它假定了二元区别,以便对世界进行必要的区分。德里达在《声音与现象》中指出,这种范式性区分是形式/质料的区别。每当这种情况发生时,任何被给予的事物的性质都被认为是形式和质料的结合。它的形式是它的本质,它永远不会改变,而质料就是那些填充形式的所有经验显现的"填充物"。这种形式被认为是最真实的,而质料是次要的、有缺陷的和非必要的。正如我们所看到的,"形式"的特权是它通过每个新的当下时刻保持恒定。从当下到当下,"质料"不断得到重新塑形,而形式保持不变。形而上学传统的所有其他二元对立都以类似的方式运作。在二元对立中,其中表示与灵魂最接近,或拥有与灵魂最亲密的东西,或者表示在整个时间内不变的东西的术语,就是当下的术语,这使其成为有特权的术语,而那个转瞬即逝的、次要的术语被认为是"缺席"的、不足的、有缺陷的,甚至"堕落"的术语。如果我们考虑一下,我们也可以看到,我们所说的这个构成了在场形而上学的传统的"决定",即认为在场是首要的决定,在某种意义上阻止了思考,因为人们已经知道一个人在思考的路径上的起点和终点。因此,在试图**解构**这一传统时,德里达正在尝试重新激活思考。

自然态度(Natural Attitude)

自然态度是非主题性的主观态度,它以理所当然的态度看到外在于意识的世界的真实存在。在这种模式下,主体发现自己身处一个充满了客体的世界中,这些物体存在于预先建立的安排和价值体系中。世界就是如其所是,它里面的物体就是如其所是;无论是否有我对它们的认知,无论是否有任何关于它们的知识,情况仍旧如此。这个主体同时也是一个思考的物体——有时是主动的,有时是被动的——是一个向外观看客体世界的具体灵魂或思想。自然态度是在**悬搁**的行为中要被悬搁的。

214

原初印象（Primal Impression）

这是胡塞尔用来描述鲜活的当下的核心术语。这是每个当下感知不断更新的现在点。胡塞尔认为，每个新的"现在"都会以新内容来填充，并且这些内容会以原初印象的形式被留下印象。由于它是持留模式中将被持留之物的最终起源，因此原初印象是胡塞尔所说的感知的"源点"。另见**鲜活的当下**。

前瞻（Protention）

正如胡塞尔所说，这个术语也可以被认为是"原初期待"（primary expectation）。类似于持留之于记忆的作用，前瞻是期望的一种非再现性形式。换言之，它与我们所说的"期望"的标准方式截然不同。这些标准情况，比如有我们在等待这个或那个朋友，或者这个或那个事件。胡塞尔认为，我们意向生活的每个时刻都伴随着对一种对于未来的基本的、非主题性的敞开结构。我们坐在椅子上，不用首先检查它的稳固性，因为我们期待它会支撑我们；我们的头部和肩部穿过一扇关闭的门，因为我们期待门没有上锁，而且当我们接触手柄时，门将会顺利打开。大多数时候，这些原初期待完全没有引起注意，除非有某种违反常态的行为——椅子断裂或门已上锁。当这种情况发生时，我们的震惊就表明了我们之前曾期待会出现不同的结果，即使这种期待并非完全明显。这个原初期待就是胡塞尔的前瞻所指。另见**鲜活的当下**。

还原（Reduction）

正如我们在讨论**悬搁**时所说，这两个术语（**悬搁**和还原）是非常密切相关的；事实上，它们是如此密切相关，至少就我们的目的来说，它们几乎是无法区分的。正如我们上面所说，**悬搁**意味着胡塞尔悬搁了自然态度。该悬搁以还原方式进行。在他的一生中，胡塞尔将多次修改**悬搁**和还原之间的关系，也使得还原功能的意思更精确。在他更加详尽而丰满的形式中，有两种还原模式。一就是所谓的"**本质还原**"（eidetic reduction）（后来几乎完全与**悬搁**同义）。Eidos 是一个古希腊词，意思是"形式"，事实上，它是柏拉图用来描述形式（eidē）的词语。在本质还原的情况下，现象学家将外部世界的真实存在放在括号中，以研究经验客体和意识的意向结构。通过一种称为"**本质变异**"（eidetic variation）的策略，现象学家可以检查意识的客体，并确定什么是、什么不是其构成必不可少的东西。这样一来，他就拥有了本质的知识。然而，这导致了世界的残余，即灵魂（psychē）没有被触及。当胡塞尔开始更为激进地进行现象学课题时，灵魂或自我也将被置于括号内，这将是第二种还原模式，即先验还原（transcendental reduction）。这将整个世界中立化了，包括我自己的灵魂，严格地将它还原为它作为感觉的状态。根据胡塞尔，先验意识的模式是任何事物（如世界）的可能性条件。

持留（Retention）

正如胡塞尔所说的那样，思考这个术语的另一种方法是"原初记忆"。胡塞尔说，持留是一种记忆，但根本上不同于再生产性的或再现性的记忆。对于再现性的记忆，我们试图在有意识的凝视下带回一个曾在某一时刻在场，但此后又滑出意识的经历。然而，持留与当下的时刻仍然保持至关重要的联系。换言之，持留是一种从未离开意识的记忆。这是一种情境化的记忆，使当下的经验如此这般地成为可能。例如，每当你读一本书中的一个句子时，你需要在你的意识中保留刚读过的前几个单词，以便进行语境化，从而理解你现在正在阅读的内容。另见**鲜活的当下**。

涵义（Sinn）

在上面讨论**意义/指称**（Bedeutung）时，我们注意到，这些术语在胡塞尔的《逻辑研究》中是同义词，在德里达的《声音与现象》中也是如此（因为它几乎专注于《逻辑研究》）。严格地说，Sinn 最好被翻译为感觉（sense），其在更广泛的意义上说，它也可以被翻译为意义（meaning）。正如德里达所指出的那样，胡塞尔的同代人戈特洛布·弗雷格发表了一篇著名的论文《涵义与指称》（On *Sinn* and *Bedeutung*, 1892），其中对这两个概念作了明显的区分。但在《逻辑研究》中，胡塞尔将这两者视为同义词。当他最后确实想要区分这两个术语时（在 1913 的《观念 I》中），他采取的并非弗雷格所强加的根本区别，而是**意义/指称**（Bedeutung）专门用于特定语言意义的范围，而涵义（Sinn）则涵盖了内在经验的整个层面，包括在语言之前的纯在场的层面，德里达跟随胡塞尔，将这个层面称为"意义的前表达层面"。

增补（Supplementarity）

这是早期解构的另一个基本术语，并且德里达将表明它是**延异**、**踪迹**和**元书写**的同义词（虽然可以肯定的是，它们绝不是纯粹地可互换的）。正如德里达试图思考的那样，补充的逻辑是：补充先于其本应要补充的事物，并且是其先行条件。这并不像看起来那么复杂。于**在场形而上学**的条目中，我们看到，哲学传统是在"在场是首要，而再现是次要的"这一决定的基础上构成的。也就是说，为了试图保持或再次产生原初在场的时刻，再现出现在事后。再现是一种补充。但正如德里达指出的那样，再现需要补充的事实表明，在在场的"首要"时刻，已经存在一种基本的、结构性的缺乏，这种缺乏将提前需要补充来替代在场或取代它。这意味着,即使在"首要"时刻,在场也并不"充实";它是由原始缺席所构成,并且是与原始缺席一起构成的。

踪迹(Trace)

这个术语颇有资格地与**延异**同义,并且可能更接近德里达所谓的**元书写**,因为"踪迹"是一个铭写的术语。他将这种踪迹定义为重复的纯粹可能性(这也会使其与"**可重复性**"密切相关)。但是,另一种思考踪迹的方法是将其作为同一性领域内的他异性的符号。让我们来看看它是如何工作的。在《声音与现象》的第五章中,德里达会说,这种踪迹将延异的运动插入到现在的纯粹在场中。任何被给定的感觉在当下经验之原初印象中,留下意义的必要条件是,它原初地是可重复的。对于胡塞尔来说,没有东西可以只在一个时刻内为一个主体呈现一次。可重复性使得它在**持留**模式下是可持留的(retain-able)。但是,我们已经看到,**持留**是一种首要记忆的模式。这意味着在某种意义上,一种原初记忆是呈现的"原初"时刻的前提。这意味着原初印象始终与持留模式有关,并为之让位,让自己对其屈服。这就是为什么德里达会认为,踪迹插入到**延异**中(后者是一种生产性的关系性),插入到现在的自我在场中。踪迹是(意义的)重复的纯粹可能性;这导致意义与其他异性的自我污染的关系;这是原初印象的被给予性的条件;原初印象决定着持留;因此,踪迹的本质关系构成了原初印象和持留的积极生产,它们彼此交流并且自我分化。

217

进阶阅读书目

简要概述

如果希望更深入地了解德里达的工作,这里列出的文本旨在为德里达思想提供一般概述。它们都是专为可读性而设计的简明介绍,不仅阐明了德里达工作的理论方面,而且随后将这些理论元素追溯到后期德里达的作品,即在他思想中的所谓"转向"之后的道德和宗教领域。

Penelope Deutscher, *How to Read Derrida* (New York: Norton, 2006).

这本书对于德里达的入门者来说真的很不错,因为每个"章节"都提供了德里达本人的简短摘录(通常不超过一段),以及作者的几页评论。因此,本书为读者提供了关键段落,其中大部分都是众所周知的艰涩文本,然后逐步介绍了阅读此类段落的策略。从这个意义上讲,这几乎就像是一种哲学上和文字上的"学徒训练"。多伊彻的书也很有帮助,因为它提供了有关德里达后期概念的一些简短解读,例如"礼物"(gift)和"宽恕"(forgiveness)。

Simon Glendinning, *Derrida: A Very Short Introduction* (Oxford: Oxford University Press, 2011).

格伦丁宁的书在不到 150 页的篇幅中,成功地对德里达发展的整个过程中的要点和术语进行了概括性的概述。它提供了非常短的、易于理解的章节,每个章节都专门针对特定主题、术语或主题。理论、政治和伦理问题都以清晰而简洁的方式涵盖其中,对于那些希望进一步熟悉德里达思想基础的人而言,这是宝贵的资源。

后续阅读

我所说的"后续阅读",指的是能够加深对《声音与现象》的理解的文本。本部分旨在为读者指明与《声音与现象》相关的、有用的首要和次要材料(包括来自现象学传统本身的材料)。有关德里达的二手文献有着庞大的体量,由于本导读涉及的是对胡塞尔进行分析的《声音与现象》,我在这里列出的材料可以帮助人们更加熟悉现象学传统本身,或重点探索德里达和胡塞尔之间的关系,以及更一般地了解德里达和现象学传统之间的关系。但是,我需要提出警告。此处列出的我称之为"后续阅读"的文本,我是想让人们不要轻视它们。除了专门的现象学材料外,这些书都深入地研究了德里达与现象学传统的关系的问题,因此它们也要求对现象学传统的其他人物(例如海德格尔和列维纳斯)具备深刻的知识。尽管如此,它们还是开始深入了解德里达及其与现象学传统的关系的最佳场所。

Dermot Moran and Tim Mooney (eds), *The Phenomenology Reader* (London:Routledge,2002).

为了真正丰富人们对《声音与现象》的解读,对现象学传统进行较为深入的研究是必要的。莫兰和穆尼所编的作品无论如何都无法穷尽一切。但这更多是由于现象学传统本身的庞大性和多样性。这是我在本节中列出的唯一主要材料。并且因为这是一本非常出色的选集,这些节选会使你熟悉现象学传统中的那些重要时刻,其中包括相当大量的弗朗兹·布伦塔诺(胡塞尔的导师)作品节选。除了摘自胡塞尔和海德格尔的重要片段外,读者还会从本书第一章《萨特、梅洛-庞蒂和列维纳斯》中读到许多其他思想家的片段。

219

Dermot Moran, *Introduction to Phenomenology* (London： Routledge，2000)。

尽管这本书只有十多年历史,但确实是一部经典著作。对于莫兰和穆尼所编的选集而言,这是完美的伴读作品,甚至可以说,尽管一手和二手文献都是至关重要的,但考虑到选集中所选内容的有限性,以及此书的学术深度,莫兰的二手书可能会稍有优势。这确实是一本通俗易懂的阐释作品,在实际不到 500 页的文本中,它深入覆盖了现象学传统的最重要元素。莫兰首先是一位胡塞尔学者,本书很好地体现了这一点,其中有关胡塞尔的讨论非常有帮助。但因为它也包括有关萨特、梅洛-庞蒂和列维纳斯的章节,所以它与选集相平行。结合莫兰和穆尼所编的选集 *The Phenomenology Reader*,这本书将是充实读者关于现象学传统的知识的绝佳文本。

Leonard Lawlor, ' Translator's Introduction： The Germinal Structure of Derrida's Thought ' , in Jacques Derrida, *Voice and Phenomenon*： *Introduction to the Problem of the Sign in Husserl's Phenomenology*, trans. Leonard Lawlor (Evanston： Northwestern University Press, 2011)，pp. xi-xxviii.

在美国乃至全世界,伦纳德·劳勒是最重要的德里达学者之一。在他 2011 年的《声音与现象》译本的译者介绍中就可以看出这一点。考虑到其阐述的清晰性和密度,译者介绍极为简明。而且,它在快速列出《声音与现象》论证的重点和进展方面做得非常出色。

220

Leonard Lawlor, *Derrida and Husserl*： *The Basic Problem of Phenomenology* (Bloomington： Indiana University Press, 2002)。

十多年来,这本书仍然是整体介绍德里达思想的最佳文本之一,但这需要人们已有一定的知识,因为从任何角度来看,它都不是"介绍性"文本。本书深入探讨了德里达对胡塞尔思想的参与和挪用,对包括《声音与现象》在内的几乎所有德里达有关胡塞尔思想的主要著作，进行了仔细严格的解读。此外，它也跟随线索进入德里达后期的政治著作的主题，对《马克思的幽灵》进行了仔细的阅读。由于本书如此详尽地讨论了德里达与胡塞尔的关系，并且由于这正是在德里达"成为"德里达的这个形成时期，所以，本书以令人钦佩的深度，分析了后来将成为德里达整体思想标记的概念的形成。这就是为什么我们会说，这是对德里达思想的最佳全面介绍之一。

Paola Marrati, *Genesis and Trace: Derrida Reading Husserl and Heidegger*, trans. Simon Sparks (Stanford: Stanford University Press, 2005).

本书探讨了在德里达与胡塞尔、海德格尔思想的互动中，时间、发生(genesis)、原初和踪迹的概念。这些都是在阅读《声音与现象》时得到详细探索的概念。所以说，假设读者愿意熟悉马丁·海德格尔的思想，那么马拉蒂的著作就提供了一个深入而周到的沉浸式对话，它涉及德里达对有限性、理想性和先验的理解。在认真研究了《声音与现象》并熟悉了海德格尔思想中的主要要素之后，此书是极佳的选择。

Joshua Kates, *Essential History: Jacques Derrida and the Development of Deconstruction* (Evanston: Northwestern University Press, 2005). 221

从某种意义上说，本文本比这里列出的其他两个主要的二手文本的讨论范围更广泛。凯特斯开篇就提出了一些非常具体的问题，它们与解构本身的性质、德里达的动机、德里达对语言和再现的关注，以及这是否使德里达陷入怀疑主义的问题有关。在试图找出这些问题的答案时，凯特斯主要地(尽管不是完全地)转向了德里达在现象学传统中的思想形成期。在此过程中，他对本节中提到的伦纳德·劳勒和马拉蒂的文本提出了一些带有批判性的反思。

绝境：德里达的后期概念[2]

最后的这部分旨在为德里达后来的一些概念提供一个介绍性的探索。它是一个"术语表"，类似于本章开头的术语表，但它的独特之处在于，这里的术语并没有在《声音与现象》中出现，在德里达任何1960年代后期的文本中也找不到。本节的写作有两个原因。首先，它是为了提供一个关于驱动德里达后期思想的一些问题和关注的基本介绍，因此人们读完此导读后，不仅可以对《声音与现象》有深入的理解，而且可以全面简要了解德里达的整体思想。其次，它也是为了证明德里达思想的连续性，以说明这样的事实：这些后来的伦理、宗教和政治概念的出现不是凭空而来的，而正是出自我们在《声音与现象》中所看到的动机和分析。在德里达后来的思想中将继续发挥重要作用的两个基本要素是：(1)对"主权"概念的解构；(2)在场的无限推迟。我们将看到其在后来的每个概念中以这种或那种形式出现。

动物性(Animality)

在德里达的职业生涯中，特别是随着对海德格尔思想的更广泛讨论，"动物"的问题变得越来越紧迫。要理解其原因并不难。让我

222 们看一下他称之为"主权"的概念。这是人类关于自我意识的感知，我们似乎直接、无中介地获得了关于我们自身的丰富经验；我们似乎对自己绝对透明。这种无中介的自我在场在17世纪的笛卡尔哲学中，成为理性本身的同义词，然后在洛克那里成为我们称之为人类"权力"的保证者或基础。这些权力也是绝对的，不可侵犯的——即使对于君主也是如此。在西方传统中，"理性"、"主权"和"权力"概念之间存在着重要的联系。我们可以在整个哲学传统的多处看到这

种趋势。例如,笛卡尔将整个现实分为思维实体(灵魂)和广延实体(或身体)。一旦这种二元对立建立起来,那么一切不是身体就是心灵,并且一旦"思考"被笛卡尔使用的精确的人类中心主义方式所定义,被确定为灵魂的本质活动,那么,遵循笛卡尔组织其系统的方式,人们可以得出,动物没有灵魂,也就是说动物不会思考,因此严格来说,是没有感觉的(因为感觉是一种思维模式)。对于康德(他的作品起码比笛卡尔对待非人类的动物要更仁慈),只有拥有道德能力者才能具有尊严,而且只有理性才能保持道德,因此,只有人类才能拥有尊严。虽然康德仍然会说,我们不应该对动物任意地施加残酷行为,但这与动物本身无关,而是,因为任何残酷行为都是对人类尊严的攻击。再一次,海德格尔比笛卡尔更"仁慈",但他仍然认为动物"世界在世界中是贫乏的",也就是说,它们确实与世界有关,但不是如此这般地与世界有关。例如,一只松鼠确实与树有关,但不是作为树的树,而是作为"筑巢和隐藏食物的地方"的树,这是基于松鼠不是此在的事实——它不是一个关心自身存在意义的存在者。哲学传统长期以来,一直试图通过理性或语言来阐明人类动物(human animal)是什么,然后一旦这个标准被提出来,就会将所有非人类的动物归结在"动物"名下,好像所有非人类动物在根基上确实都是完全一样的。

当我们试图制定一个区分人类和非人类动物的本体论标准时,我们就会接受一种形而上学的分离主义(separatism),在这种分离思想中,所有非人类动物都只是一种与人类不同种类的东西,并根据我们理解这种分离的方式,我们可能会进一步认为,人类作为主导者可以根据适合人类的方式对待非人类。这种看法最近变得越来越残忍。正如我们的祖先所做的那样,我们不再只是吃掉碰巧已经存在于地球上的动物。我们现在大量生产它们。我们通过人工授精来伪造它们的生殖机制,立即杀死不符合某些标准的幼崽,操纵它们的遗传结构,喂它们尽可能低级的食物,在它们短暂的生命中,将它们禁锢在难以忍受的狭窄空间里,然后以最经济的方式野蛮地杀死它们。而且,我们竭尽所能避免思考这个问题,因为人类有能力实现的野蛮残暴形象不能不引起我们对遭受痛苦的生灵的同情。因此,我们付出了巨大的努力,以便刻意让自己对痛苦视而不见。德里达引用了功利主义哲学家杰里米·边沁(Jeremy Bentham)的观点,后者认为,我们如何对待非人类对手的相关问题不是对方是否可运用理性或使用语言的问题,而是其是否能够感到痛苦(suffer)的问题。对于德里达来说,这是很重要的,因为除了理性、羞耻、语言、自我意识、爱情等,感到痛苦是人类在传统中剥夺了非人类动物的又一个特征,并且仅将它们限于人类经验的领域。正如笛卡尔试图指出的那样,只有人类才能真正感到痛苦。但"感到痛苦"意味着无能为力。在希腊语中,情感(pathos,从中衍生出"suffer"一词)与人格(ethos)相对;人格关系到一个人所做的事情,而情感与发生在一个人身上的事情有关。(例如,"激情"[passion]这个词就来自 pathos,我们以我们的方式使用它,因为受难是超越我们的——我们无法选择它们。)因此,认为只有人类可以感到痛苦,就是说只有人类才有力量感到无能为力。但这本身就挑战了我们所接受的"主权"概念,并为其注入某种弱点。在这里,德里达将使用《声音与现象》中的论证元素,以证明我们对自己意识的关系并不像我们想象的那么直接。

　　相反,德里达说,我们这些不希望走上形而上学分离主义路线的人可能会认为,唯一的替代性选择就是接受一种生物学的连续主义,即生命是按等级组织的,理性在顶层,但一个物种同它下一级的物种之间没有任何精确的本体论断裂。德里达认为,这种策略尽管出发点很好,但由于多种原因仍然存在问题。首先,这里仍然存在一种等级,其中各种物种之间的界限和差异是按顺序组织的,这并不尊重动物生命的多样之间的差异和关系。其次,理性仍然是"衡量"其他动物的基准,因此,当我们将"权利"扩展到其他动物时,往往倾向于基于人们所认为的动物与人类的相似程度。再一次,主权地解构将在这里以破坏理性绝对权威的方式运作。此外,德里达认为,基于"同一性"类别的伦理(尊重那些"和我们相像"的人)根本不是真正的伦理。最后,根据前面的说明,取决于人们将"理性"的界限标划在哪里(并且取决于人们如何理解对非理性的责任的衡量标准),人们让这个"连续统一体"发挥作用的时候,能够为各种残酷和杀害行为(甚至针对人类同胞)提供一种"科学的辩护"标准。在过去人类其实已经这样做了。德里达对此将提出他"过度增长的界限"(limitrophy)这个概念,它意味着界限的扩大、加强和传播。它不是试图"取消"差异或界限,而是让它们成倍增加。这废除了等级制度,因为"理性"(通过对"主权"的解构它已经成为问题)变成了众多差异中的一种;但是在废除等级制度时,这种"过度增长的界限"重新建立了不同生命物种之间的众多差异。

如需进一步阅读,请参阅《动物故我在》(*The Animal that therefore I Am*)、《兽与主权,卷一》(*The Beast and the Sovereign, Volume I*)和《兽与主权,卷二》(*The Beast and the Sovereign, Volume II*)。

绝境(Aporia)

这是一个希腊术语,字面意思是"没有出路"或"僵局",将表示"没有"的前缀"a-"与表示"通道"的词根"poros"结合起来。随着德里达的问题和关注开始更明确地转移到政治、宗教和伦理领域(虽然,清楚的是,这些问题一直在德里达的作品中运作,而且他明确地这样说过),他开始以"绝境"来描述解构工作的特点。在1989年的文章《法律的强力:权威的神秘基础》中,他将此视为"不可能的经历"(p. 243)。实际上,本节中讨论的许多术语(**宽恕、礼物、好客、正义和责任**)都明确地落在了德里达后期作品中的绝境的题目下。对于德里达来说,绝境与"决断"的时刻是本质上相关225 的。从根本上说,这个决断基本上是"不可决断的"。用非常基础的术语来说,我们只需要考虑在必须做出"决断"的情况下会发生什么。我们把一个时刻描述为一个"决断"的时刻,正是因为:虽然似乎有"利弊"考虑将我们拉向彼此相反的方向,但在决断的任何一方,都没有任何确定的东西可为我们描绘出一条明确的道路。"决断"这个词在词源上与意思是"切割"(cut)一词有关,比如"剪刀"(scissors)、"切口"(incision)等。做出"决定"就是要在事物的结构中切下去——这是以前没有的切割,并且在做出决定之前,也没有任何东西可以清楚地标明我们必须选择的路径。这正是我们所说的"决断"的意思。德里达在《死亡的礼物》中认为,这个决断总是类似于克尔凯郭尔式的"信仰的一跃",而且总是一种"疯狂",因为这是违抗理性的。理性不能决定(如果可能的话,恰当地说,那个时刻不会是一个决断的时刻)。要体验这种绝境,就要体验一个人必须决断,并且不能避免决断,但决断最终将会在直面不可绝断性时作出。要体验绝境,就是体验不可能性的必要性。这一点至关重要;在描述这些绝境的结构时,德里达并不想暗示它们是绝对不可能的。例如,德里达说,**礼物**并非绝对不可能的。绝境的要点是,绝境的概念是作为对不可能性的体验而成为可能。

如需进一步阅读,请参阅《绝境》(*Aporias*)、《法律的强力:权威的神秘基础》、《死亡的礼物第二版与秘密的文学》(*The Gift of Death Second Edition & Literature in Secret*)。

到来的民主(Democracy to Come)

"到来的民主"这一概念使用了我们在《声音与现象》中看到的无限推迟的结构。该概念首先在《法律的强力》中首次得到暗示,在《马克思的幽灵》(*Specters of Marx*)中正式被介绍,在《友爱政治学》

(*The Politics of Friendship*)中得到讨论,并在《流氓》(*Rogues*)中得到更加彻底的清楚阐释。正如他所有其他带有绝境意味的概念的情况一样,德里达希望从根本上将他所谓的"到来的民主"或纯粹的民主,与历史和政治宪法中已经被建立的民主区分开来。在《流氓》中,他写道,"民主一直是自杀性的,如果有一个即将到来的民主,那也只是在我们思考另一种生命,生命以及生命的力量的条件下"(*Rougues*, p. 33)。在这里我们必须回顾,生命概念的这种重新定义是《声音与现象》的核心任务之一。这种重新思考所反对的生命概念是一种绝对的、无中介的自我在场,我们最终得出的结论是,这种生命一旦被获得,它就同时是绝对鲜活的和绝对濒死的。在《流氓》中,德里达认为民主遭受自我免疫逻辑的侵扰。德里达在这里借用了生物学领域的一个术语。"自我免疫"(autoimmunity)描述了有机体通过任何数量的疾病,开始将自身的组成部分识别为外来的并且对它持有敌意,因此开始攻击自身。

这种民主被自身免疫——德里达认为它是"构成性的"(*Rogues*, p. 63)——所侵扰的事实导致它通过一种能够在第一时间推动它的动力来摧毁自身,并以此动力的名义来进行。以民主的名义,民主摧毁了自己。让我们看看它如何是构成性的;德里达说,民主是一种对承诺的继承,例如,是对自由和平等的承诺。然而,这一承诺只能在一个规则体系中实现;为了"民主"得以实现,为了使它真正成为"人民"的"规则",它必须为重要的事情设定条件,以使某人是"人民"的一员。它必须决定谁是、谁不是"民主"的朋友,以及如何对待那些在系统之外的人,而且这绝对是必要的。这是因为,如果错误的参与者被允许进入民主(demos),那么民主本身及其所代表的一切都会受到威胁。如果允许错误的要素进入民主的边界或政治生活,那么自由和平等的民主价值观将处于危险之中。如果我们将这种逻辑推向极限,我们就会发现,在试图将自己构建为"人民"时,民主因此试图将赋予其纯洁性的多样性进行同质化。在试图通过确保自己的同一性而成为以民主的方式最为充分地"活着"时,它因而绝对地变得有自杀倾向。正如德里达所指出的那样,最可怕的极权主义政权通过民主机制得以上升。

"到来的民主"的功能与**正义**(justice)相似。实际上,德里达指出,这两个术语之间存在着不可分割的本质关系。到来的民主不应从康德理念的意义上去思考。德里达说,康德意义上的理念,即使是无限延迟,但至少在原则上是理想的"可能性"。在这里,德里达确实断言他说的是康德的当代应用,而不是严格的康德式的解释。然而,到来的民主不应被视为一种可能性,甚至不应被视为某种存在于历史终结的某个理想视野中的、无限延迟的可能性。到来的民主是一个**绝境**,也就是说,其本质就是不可能的。对于德里达而言,这就是将"到来"(to-come, à venir)与"未来"(future)区分开来的事物:"未来"被认为是一个会在某个时刻"在场"的时间,而到来仍然永远在到来中。但是,和**绝境**的结构一样,这种民主承诺的可能性正是被经历为其不可能性的体验。

而且(和**正义**一样),到来的民主不是我们可以等待的东西。然而,对到来的民主的需求却就是在此时此地。因此,它要求"一种激进而无休止的政治批评"(*Rogues*, p.86)。只要世界上所谓的"民主国家"容忍不必要的受难、饥饿、压迫、国际或宗教间的敌意、可预防的疾病、贫困等,无论是在自己的国界内还是在其他地方,这些民主国家做得都是远远不够的,并且需要受到挑衅和批评。但这带来了另一种民主的自我免疫,一种可能是基于对生命概念的完全不同的理解的自我免疫。这种"自我免疫的表达"(*Rogues*, p.87)是无休止的自我批评的权利。民主概念的基础是公开批评该制度的任何和所有方面的"权利"。这种"权利"是自我免疫的,因为它对于民主而言同时是承诺的实现和死亡的威胁。正是在这种无休止批评的权利的基础上,民主将自己理解为无限地完美;然而,与此同时,允许这种无条件批评使民主受到其自身缺陷的威胁,因为原则上没有任何东西可以免受这种批评权利,包括宪法和系统法律,甚至是民主自身的奠基原则。另见**绝境**和**正义**。

如需进一步阅读,请参阅《谁害怕哲学?》(*Who's Afraid of Philosophy?*)、《大学之眼》(*Eyes of the University*)、《流氓》、《法律的强力》、《马克思的幽灵》。

宽恕(Forgiveness)

德里达对"宽恕"的分析既使用了对主权的解构,也使用了**绝境**的结构。他认为,"宽恕"是一种植根于亚伯拉罕传统的伦理观念,因此它需要从我们通常思考宽恕的方式进行一些重新构建。由于这是一个"伦理"概念,它必须与面对面的关系有关,特别是在侵犯者与被侵犯者之间,在罪人和受害者之间;换言之,没有国家也没有第三方有权给予宽恕——只有人类才有权。此外,"宽恕"是一个伦理概念,这意味着它不是一种"经济"概念。我说"经济"的意思是,"宽恕"不能与"交换"的概念联系在一起,因为后者是一种经常出现的情况。"宽恕"通常被理解为天平的平衡一样,就像我们可以认为,一个在监狱服刑的人现在已被社会"宽恕";他已经还清债务,所以现在值得拥有第二次机会。但如果他的罪行导致了他现在已经还清的债务,那么这根本不是一个"伦理"事件,而是一个经济事件——也就是说,天平的平衡被抛弃了,现在他通过其监禁而使得其恢复平衡。同样,作为我们"宽恕"的一个条件,我们可能会要求另一个人悔改。这也是一种经济概念,一种扭曲"宽恕"的"纯粹"概念的交换条件。也就是说,如果你要改变,那么我会"赐予"你宽恕。而且,由于它要求该人成为犯罪者以外的其他人,因此宽恕者根本不会原谅违法行为(或违法者)。因此,纯粹的

228

宽恕必须是无条件的(因为任何条件都建立了交换经济)。

但此外,这种"非交换性"因素本身必须完全"纯粹",才能使宽恕变得纯洁。如果行为本身首先被理解为是"可原谅的",那么它被认为是可以纠正的那种事物。如果它是"可以原谅的",那么就可以通过某种方式得到纠正——可以重新建立正义的平衡;但这至少再次构成了经济概念的结构,因为,如果它包含了纠正的可能性,它就不需要首先得到宽恕。因此,如果该行为是可以原谅的,则"宽恕"不适用。严格来说,宽恕适用的唯一情况是该行为是"不可宽恕的"。但是,当然,如果该行为是不可宽恕的,那它就是无法被宽恕的。

此外,让我们回顾一下"第三方宽恕"的概念,正如我们所看到的,德里达认为这是不可能的。只有被侵犯的个人才有权给予罪犯宽恕。然而,这也意味着,如果罪犯侵犯的对象现在死了,严格来说,"幸存者"是不能给予罪犯宽恕的。因为"受害者"不能参与面对面的会谈以给予对方宽恕。但是,如果我们更进一步遵循这一逻辑,任何时候一个人成为某一不可宽恕的行为的受害者,即使他或她的身体存活下来,在某种非常真实的意义上,那个被侵犯的人现在已经死了。他或她的身体可能仍然存在,但经历过创伤的人现在已经消失了,一个不同的人取代了其位置。因此,在某种意义上,虽然第三方不能给予宽恕,但它必须始终由第三方授予;只有第三方可以宽恕。

最后,宽恕的概念通常用"权力"来构思,好像它是人类主权者(受害者)有"权"给予的"象征"(token)或硬币。这源于对作为例外权力的"主权"概念的传统理解。"法律的强力"恰恰在于主权者可以随意悬搁法律;这种权力在于他可以在任何情况下给予他选择的任何人以宽大处理。换言之,主权对"有罪"方拥有"权力",因此,如果他或她愿意,他或她有"权力"可以给予被判者以宽大处分。这种权力几乎存在于所有司法结构中。主权者给予宽容的权力植根于他或她之于被判者之上的权力。因此，虽然它是"宽恕"的行为，但它是一种结构上暴力的宽恕。它首先"彰显了"它对另一方的权力，然后，通过"意志"的行为，放弃这种权力。在很多情况下，我们称之为"宽恕"的事件都在以类似的方式发生。我们的宽恕行为植根于从国家转移到个人的主权概念，它实际上是我们"权力"的表达。我们相信自己拥有对另一方的权力，他们现在处于我们的怜悯之中，通过我们自己的"权力"和"意志"，我们给予他们宽大处理。由于宽恕常常被误解，其取决于一种人类的可能性，一种植根于个人的自我主权的"我可以"。然而，德里达认为，纯粹的宽恕不能依赖于这种暴力。它必须是一种无条件的宽恕，不是根植于"主权"的概念，不是以一种某人施加给他人的自上而下的"权力"的形式而出现，而是以脆弱或无力的基本经验为基础。德里达认为，这种宽恕，即纯粹的宽恕，既是必要的，也是不可能的。另见**绝境**。

若要进一步阅读，请参阅《论世界主义与宽恕》(*On Cosmopolitanism and Forgiveness*)。

礼物（Gift）

230

礼物的**绝境**与**宽恕**的绝境非常相似，两者以同样的方式运用了对主权的解构。为了真正成为"礼物"，礼物不能成为经济或自我激励策略的一部分，也就是说，它不能涉及可计算性或交换。从最基本的意义上和最基本的层面上，我们知道情况就是如此。例如，即使是最世俗的形式中，当给予者只是为了给自己获得一些好处而给予礼物时，我们毫不犹豫地认识到，赠送礼物的这种行为以及这样的礼物本身是不纯的，因此它与提供者为其自己获利密不可分。但是，当我们将这种逻辑推向极限时，正如德里达所做的那样,很明显,纯粹礼物在结构上就是不可能的。

例如,我们已经说过,为了使礼物变得纯洁,礼物的给予者必须不期待任何回报。但是,这种约束也附带地适用于收礼人渴望得到的任何感谢信号。像收礼人所说的"谢谢",这样简单的东西将会污染礼品的纯度。如果送礼者送礼是为了得到"谢谢",情况就尤其如此。但是在更深的结构性层面上,为了使礼物变得纯净,不得在任何意义上"激发"收礼者进行回礼,或让收礼者感到需要如此。换言之,如果礼物的赠予在接受者身上产生了任何意义上的"偿还"愿望,那么它就已经将接受者带进了经济关系中,扭曲了礼物的纯洁性。然而,承认收到礼物的行为只能激发人们表达感激之情。因此,为了使礼物变得纯净,收礼者必须不知道礼物已被赠送出去。礼物必须秘密地赠送。

然而,这种保密性也必须延伸到给予者,并且不仅是对接收者保密,而且是对给予者自己的保密。换言之,给予的行为也必须对给予者保密;送礼者无法认识到他或她已经赠送礼物。如果送礼者已经认识到给予了礼物,做了一件好事,那么这种认识本身就会成为"所获得的好处",而这样的礼物就不再是礼物。在马太福音书中,耶稣对众人说:"你施舍的时候,不要叫左手知道右手所做的,要叫你施舍的事行在暗中。"[3] 这非常接近于德里达要表达的意义。

231　　因此,这样的纯粹礼物是收礼人没有认识到已经收到了的礼物,或者是赠送者没有认识到已经赠出了的礼物。但是,这使得纯粹的礼物在结构上是不可能的。然而,为了与绝境的结构保持一致,礼物只有在对礼物的不可能性的体验中,并作为这样的体验,才是可能的。另见**绝境**。

要进一步阅读更多,请参阅《死亡的礼物第二版与秘密的文学》、《被给予的时间Ⅰ:假币》(*Given Time*:*I. Conterfeit Money*)、《记忆:献给保罗·德曼》(*Mémoires: for Paul de Man*)、《上帝、礼物和后现代》(*God, the Gift, and Postmodernism*)。

好客(Hospitality)

好客可能是德里达后期作品中最具重要的伦理概念之一。这是很有趣的,因为它不仅涉及**绝境**的结构,而且,还包括无限延迟和主权解构的要素。从广义上讲,好客是一种伦理概念,意味欢迎他人进入属于我的事物中。但是,德里达认为,好客不仅是众多伦理概念中的"一个"。回应海德格尔《关于人道主义的书信》,德里达注意到其词源,即希腊语"ethos"("伦理"[ethics]一词即从中得出)与"家"或"熟悉的居住地"的概念有关。换言之,德里达认为,谈到"伦理",就是说一个人欢迎另一个人进入自己熟悉的住所。换言之,伦理就是好客。此外,好客在整个西方文化中具有非常深厚的价值。犹太-基督教中罗德(Lot)及其家人的故事可与希腊罗马经典中的鲍西(Baucis)和腓利门(Philemon)的故事相呼应。正如德里达所说,"好客就是文化本身而不仅仅是诸伦理中的一种"(*On Cosmopolitanism and Forgiveness*, p. 16)。因此,让我们进一步分析这个概念。

为了好客,我必须欢迎他人进入我的家(不论"家"这个词对我意味着什么)。这种欢迎是我作为主人必须"授予"他人的事物,以便对方可以被允许进入我的家。但请注意,外人正在进入我的家;也就是说,家仍然是我的。这是我的"财产",我是它的主人。为了实践好客,我必须仍旧是房子的主人,因为如果我不是房子的主人,我就不能表现出好客,因为房子不再是我的。因此,我必须决定谁可以进入,何时以及在什么条件下进入。

但是,正如我们所说,好客是欢迎他人进入属我的事物。为了使这种好客纯洁,它必须是无条件的。如果说出"我仅在……情况下才欢迎你",这是在两种意义上制约了好客。首先,它对他者的他异性设置了先验限制。也就是说,只要对方并非全然地是他人,只要对于我的"期望"而言对方有足够的同一性和符合性,对方便可以进入。因此,在这种观点中,受欢迎的不是他者的"他异性",而是他者的"一致性"(sameness)。其次,由于这种他异性是有限的,因此欢迎本身也是有限的。即是说,"我只能欢迎这么多,仅此而已。"因此,真正的热情好客必须在完全没有任何期望视域的情况下运作;纯粹的好客将是一种朝着到来(to-come, à venir)的无限开放性(我们甚至可以说,无限的"推迟"),无论要来到的是什么、是谁,以及在什么情况下它可能会来。

因此,我们已经可以预见到分析的下一步。上面,我们说,家必须保持为"我的",我的"财产"。但正是由于这个原因,我们"不纯"的好客的欢迎以及他人的他异性受到了限制。我们对家设置了能够容忍的界限,正是因为这样,我们可以维持对家的权力,而为了可以如此,我们必须保持对在我们家中的他人的权力。因此,放弃这种权力(正如我们刚才建议的那样,这对于纯粹的好客是必要的),也就是放弃自身主权的权力,也就是说,放弃一个人掌握的"财产"。因此,这种纯粹的"好客"理念将不含有操作性的"主权"理念。因此,好客不会来某个自主权的"我能",例如"我可以授予你……"这种情况。它完全是对他者无条件的欢迎,而且首要地,是对另一个无法预见其到来的他者的欢迎。因此,我们可以看到,纯粹的好客会带来巨大的风险。实际上,德里达会注意到,纯粹好客形式的事实机制将是"不负责任的"。他写道:

> 这是一个知道如何改变和改进法律的问题,一个知道这种改进是否可能在一个历史性的空间内发生的问题。这种改进发生在无条件好客的律法(the Law)(其对其他所有人,所有的新来者——不论是谁——提供了一个先验条件),以及那

种拥有好客权的诸多有条件的法律(the conditional laws)之间。如果没有这些有条件的诸法律,那一无条件的律法(The unconditional law)将可能落入一种伪善的和不负责任的欲望的危险中,没有形式和没有效力,甚至在任何时刻都可能被歪曲。(*On Cosmopolitanism and Forgiveness*, p. 23)

与其他**绝境**的模式一样,好客的概念必须在纯粹的好客的不可能性的经验中运作。换言之,它必须建立法律和限制,但它应该始终在这样做时着眼于纯粹的好客形式。正是因为好客是不可能的,它必须被遵循。在我们认为我们已经建立了好客的那一刻,根据定义,我们就已失去了它。这就是**绝境**的运作方式。另见**绝境**。

有关进一步阅读,请参阅《论世界主义与宽恕》、《论好客》(*Of Hospitality*)、《好客》(Hostipitality)。

正义(Justice)

随着《法律的强力:权威的神秘基础》一文于 1989 年的发表,正义开始成为德里达思想的中心。德里达认为,就任何法律或法律体系而言,法律的确立都是在一种根本的无根基性(groundlessness)上进行的。也就是说,只要它是奠基性的时刻或奠基性的、机构性的行为,那么,法律体系自身,不能被建立在任何最终会为其基础进行辩护的事物之前。法律的确立总是在法律之外发生,而且必然如此。因此,法律始终是一种"建构",这意味着法律总是"可被解构的"。但正如德里达所说,这根本不是一件坏事。法律总是可以解构的事实意味着,我们可以继续追求政治和司法进步。事实上,法律是无限地解构的,这要求我们必须这样做。这种追求,现在于德里达作品中被塑造成解构本身的运作,是以正义的名义而被要求的,德里达指出,正义本身却并不是可被解

233

构的。解构现在要以一个本身不可解构的正义的名义来实行。这揭示了一些关于一般绝境结构的非常有趣的东西，因为这个相同的逻辑将适用于我们在此讨论的所有其他绝境性的概念(**礼物**、**好客**、**宽恕和责任**)。这些概念本身现在于德里达思想中作为解构自身的可能性或条件。它们自己不是可以被解构的，但是以它们的名义做出的每一个决断都将永远是可以解构的。因此，正如德里达所说的那样，"解构就是正义"('The Force of Law'，p. 243)，我们可以很容易地回应说，"解构就是礼物"、"解构就是好客"、"解构是宽恕"、"解构是责任"。例如，无论何时何地以好客的名义作出决断，解构都必须进行干预，因为它知道这样的好客是"不可能的"，而且必须始终坚持不懈地追求好客。因此，这种绝境性的、结构上的不可能性成为解构的条件。这就是为什么德里达说"解构是作为对不可能之物的体验而成为可能的"('The Force of Law'，p. 243)。

德里达组织围绕三个**绝境**展开对正义分析，它们似乎在逻辑上彼此遵循。一是"规则的悬搁"。这种**绝境**与**责任**的运作类似。我们认为，为了让决断变得"公正"，它必须符合"规则"或"法律"。但如果这就是此决断所做的一切，也就是说，如果它只是遵循既定的法律，那么这个决断因其符合法律而可能是"合法的"(legal)，但它不是"公正"(just)的，也就是说它不是基于，或追求正义的决断。历史上的无数例子说明，法律或法律体系后来被认为是根本上不公正的，因此同法律一致本身并不意味着正义，而对法律的轻率应用实际上会否定决断的时刻。而且，严格地说，仅仅以一种真正公正的方式应用法律是不可能的；法律就其本性而言具有一般性和普遍性，而每个案例都是唯一而独特的。例如，法官不会而且绝不仅仅是"应用"法律；然而，法官必须毫无疑问地援引法律，因为如果法官不会至少在某种意义上参照法律来衡量其决断，那么没有人会认为法官是"公正的"。因此,法官必须阐释案件中的各种独特要素,并在诸要素的基础上作出判决。但在作出判决时,法官会在每次应用法律时重新制定法律。但重新制定法律要求我们必须悬搁它;因此,这种重新制定将永远是一种基础性的暴力行为的重复,这种暴力行为首先产生了法律制度。

第二个**绝境**,他将之称为"不可决断性的困扰"。正如德里达指出的那样,正义的决定开始于试图阅读、阐释、理解甚至计算法律的意义。但是,这个将安排执行法律时所必需的计算的"判决"本身,却是不可计算;为了成为一个真正的"判决",它必须认识到这一事实。每个判决都必须经历不可判决的经验,其意识到事先没有任何可计算或可预测的事物可以让这个或那个特定的判决变得必然,因为法律的一般性和普遍性不会、也不能完美地"符合"这个单一案例的独特细节。德里达认为,不可判决性不仅仅是两个可能判决之间的动摇,而是对不可能的判决的经验,即判决本身的不可计算性,伴随着做出判决的必要义务,以及考虑法律适用性的个体。但是一旦这个判决被"做出"并执行,那么一条规则就得到了应用。但正如我们已经指出的那样,从规则的应用中得出的判决严格地说并非一个判决,因此当然就不是严格意义上的"公正"。决定着这种判决的不可判决性继续像鬼魂一样困扰着判决本身,这样,我们就不可能在某一时刻真正地说出"这个判决是正义的"。我在这里援引《声音与现象》的语言表达方式:正义的在场是无限延迟的。但这将我们带到下一点,因为德里达希望将"正义"的概念与康德意义上的"观念"分开,后者承担的是"调节性观念"的作用。这将我们带到了正义的第三个**绝境**上 。

德里达称第三个**绝境**是"阻碍知识视阈的紧迫性"。注意到这个术语"视阈/地平线"(horizon)的意义很重要。德里达认为,视阈是一种可以定义一个人进步的开放性和限制性。说它是一种开放性,是因为它定位了求索者行动的方向;它的限制性在于人们相信最终会到达地平线。因此,一方面,通往地平线的道路就是不得不意识到,地平线不是、也不能是、也许甚至必须不能是此时、此地。另一方面,其预设是人们最终会到达地平线,那时地平线将完全呈现在主体的时空中。对于德里达来说,正义永远不会以这种方式运作。一来,正如我们所说,即使正义的"在场"也是无限推迟的;尽管如此,对正义的要求,对正义的呼吁始终是直接在场的;因此有了一种"紧迫感"。我们不能"等待"正义,因为对正义的需求本身并不等待。二来,即使我们拥有世界上所有的时间,即使我们被给予了法律及其条件的所有知识的充分"在场",情况也仍然如此;这个特殊时刻、这个特殊的决断,超出了这些条件和法律的一般性;因此,当决断将会被做出时,就其本质和必然性而言,它将是一个可以被解构的运用。因此,与地平线不同,正义永远不会"在场"。另见**绝境**、**责任**和**到来的民主**。

进一步的阅读,请参阅《法律的强力:权威的神秘基础》、《马克思的幽灵》。

责任(Responsibility)

责任的**绝境**源于这样一个事实,即"责任"的概念包含两个不可调和的要求:(1)要求将个人消融到伦理共同体中;(2)对个人绝对独一性的要求。这种对立出现在德里达讨论克尔凯郭尔对亚伯拉罕的献祭故事的阐释中。更具体地说,根据这个故事,当亚伯拉罕和以撒接近祭祀地点时,以撒向亚伯拉罕询问献祭羔羊的下落,亚伯拉罕回答说:"我儿,神必自己预备作燔祭的羊羔。"[4]德里达说,这就等于亚伯拉罕没有说话。亚伯拉罕通过没有回应的方式来回应。只要他没有向以撒透露他与上帝之间的秘密,亚伯拉罕就等于没有说话。他也没有将自己的意图告诉妻子撒拉。他绝对孤独地承担着自己的责任。让我们进一步研究这个问题。

　　当我们说"你要负责任"时,通常的意思是,存在一些公认的成文的或不成文的社会或文化规范,以及公认的伦理准则,某一个体违抗这些准则,我们便蔑视他/她。作为伦理共同体的成员,他/她不应该违抗。因此,通过说"你要负责任",我们所说的是,被告诫者需要认真地反思这些成文和不成文的规范是什么,然后尽一切努力遵循此类规范。这是我们所说的"责任"的意思,即遵守伦理共同体的忠告。现在,如果亚伯拉罕用他心中的真理回答了以撒(尽管如此,亚伯拉罕肯定不会向以撒撒谎),如果他试图解释他的责任的本性,那么这将是尝试最终说服以撒,说明自己行动的正确性。以撒在这种情况下是伦理共同体,因为他和亚伯拉罕是唯一的两方。换言之,这将会是试图赢得以撒,让他意识到,亚伯拉罕必须做他将要做的事情,从而使亚伯拉罕重新融入伦理共同体中。但是,如果亚伯拉罕以这种方式说话,他就会因此而放弃对自己决定所承担的全部负担。从这个意义上说,"负责任"的努力实际上已经陷入了不负责任的境地。通过试图"负责任",将自己融入伦理共同体,我们实际上放弃了对我们的决定的责任。

　　相反,当我们说"负责任"时,我们有时也意指,"坚持你的决定,将其作为你自己的决定"。换言之,这会反对先前对责任(即"你应负责任")的理解,这也要求不再重新回到伦理共同体的普遍性中,于是个体就是绝对地独特和单一的。这将是德里达"纯粹"责任的模型,之所以是纯粹,是因为它完全承担了自己决定的重量,并且没有通过试图根据一般性的要求为自己"辩护",以改变这种重量。面对伦理共同体的"理性",因为这种责任不寻求重新同化,它只能表现为疯狂。另见**绝境**。

　　要了解更多,请参阅《死亡的礼物第二版与秘密的文学》、《绝境》、《法律的强力:权威的神秘基础》。

注释

1. 亚瑟·布雷德利(Arthur Bradley)提出与我这里非常相似的观点,参看 Arthur Bradley, *Derrida's Of Grammatology: An Edinburgh Philosophical Guide* (Edinburgh: Edinburgh University Press, 2008), p. 145.(译按:中译版参看:亚瑟·布雷德利,《导读德里达〈论文字学〉》,孔锐才译,重庆:重庆大学出版社,2019 年。)

2. 写作此部分时,我参考了以下文献:Leonard Lawlor, 'Jacques Derrida', *The Stanford Encyclopedia of Philosophy*, Fall 2011 edn, Edward N. Zalta (ed.), < http://plato. stanford. edu/archives/fall2011/entries/derrida/> (last accessed 27 November 2013);

   Jack Reynolds, 'Jacques Derrida', *Internet Encyclopedia of Philosophy*, James Fieser and Bradley Dowden (eds), <http://www.iep.utm.edu/derrida/> (last accessed 27 November 2013)。

3. 马太福音 6: 3。

4. 创世记 22: 8。

参考文献

德里达的著作

Derridla, Jacques. *Acts of Religion*. Ed. Gil Anidjar. New York: Routledge, 2002.

—. *The Animal that therefore I Am*. Ed. Marie-Louise Mallet. Trans. David Wills. New York: Fordham University Press, 2008.

—. *Aporias*. Ed. Werner Hamacher and David E. Wellbery. Trans. Thomas Dutoit. Stanford: Stanford University Press, 1993.

—. *The Beast and the Sovereign, Volume I* (*The Seminars of Jacques Derrida*). Trans. Geoffrey Bennington. Chicago: The University of Chicago Press, 2009.

—. *The Beast and the Sovereign, Volume II* (*The Seminars of Jacques Derrida*). Trans. Geoffrey Bennington. Chicago: The University of Chicago Press, 2011.

—. 'Différance'. In *Margins of Philosophy*.

—. *Dissemination*. Trans. Barbara Johnson. Chicago: The University of Chicago Press, 1981.

—. *Edmund Husserl's Origin of Geometry: An Introduction*. Lincoln, NE: University of Nebraska Press, 1989.

—. *Eyes of the University: Right to Philosophy 2*. Trans. Jan Plug and Others.

Stanford: Stanford University Press, 2004.

——. 'The Force of Law: The "Mystical Foundation of Authority" '. Trans. Mary Quaintance. In ed. Gil Anidjar. *Acts of Religion.*

——. *The Gift of Death Second Edition & Literature in Secret.* Trans. David Wills. Chicago: The University of Chicago Press, 2007.

——. *Given Time: I. Counterfeit Money.* Trans. Peggy Kamuf Chicago: The University of Chicago Press, 1994.

——. *Glas.* Trans. John P. Leavey, Jr. and Richard Rand. Lincoln, NE: University of Nebraska Press, 1986.

——. *De la Grammatologie.* Paris: Éditions de Minuit, 1967.

——. ' *Honoris Causa:* This Is Also Extremely Funny'. In ed. Elisabeth Weber. *Points: Interviews 1974-1994.*

——. 'Hostipitality'. In ed. Gil Anidjar. *Acts of Religion.*

——. *Limited Inc.* Trans. Samuel Weber. Evanston: Northwestern University Press, 1988.

——. *Margins of Philosophy.* Trans. Alan Bass. Chicago: The University of Chicago Press, 1982.

——. *Mémoires: for Paul de Man.* Trans. Cecile Lindsay, Jonathan Culler, and Eduardo Cadava. New York: Columbia University Press, 1986.

——. *Of Grammatology.* Trans. Gayatri Chakravorty Spivak. Baltimore and London: The Johns Hopkins University Press, 1974.

——. *Of Hospitality: Anne Dufourmantelle Invites Jacques Derrida to Respond.* Trans. Rachel Bowlby. Stanford: Stanford University Press, 2000.

——. *Of Spirit: Heidegger and the Question.* Trans. Geoffrey Bennington and Rachel Bowlby. Chicago: The University of Chicago Press, 1989.

——. *On Cosmopolitanism and Forgiveness.* Trans. Mark Dooley and Michael Hughes. London and New York: Routledge, 2001.

——. ' La phenomenology et la clôture de la métaphysique'. *ΕΠΟΧΕΣ.* Athens. February 1966.

——. *Points: Interviews 1974-1994.* Ed. Elisabeth Weber. Trans. Peggy Kamuf and Others. Stanford: Stanford University Press, 1995.

——. *The Politics of Friendship.* Trans. George Collins. New York: Verso, 2006.

——. *Positions.* Trans. Alan Bass. Chicago: The University of Chicago Press, 1981.

——. *The Post Card from Socrates to Freud and Beyond.* Trans. Alan Bass. Chicago: The University of Chicago Press, 1987.

—. *The Problem of Genesis in Husserl's Philosophy*. Trans. Marian Hobson. Chicago: The University of Chicago Press, 2003.

—. *Psyche: Inventions of the Other, Volume II*. Ed. Peggy Kamuf and Elizabeth Rottenberg. Stanford: Stanford University Press, 2008.

—. *Rogues: Two Essays on Reason*. Trans. Pascale-Anne Brault and Michael Naas. Stanford: Stanford University Press, 2005.

—. *Specters of Marx: The State of the Debt, the Work of Mourning, and the New International*. Trans. Peggy Kamuf. London: Routledge, 1994.

—. *Speech and Phenomena, and Other Essays on Husserl's Theory of Signs*. Trans. David B. Allison. Evanston: Northwestern University Press, 1973.

—. *Voice and Phenomenon*. Trans. Leonard Lawlor. Evanston: Northwestern University Press, 2011.

—. *La Voix et le phénomène*. Paris: Presses Universitaires de France, 2003 [1967].

—. *The Mork of Mourning*. Ed. Pascale-Anne Brault and Michael Naas. Chicago:The University of Chicago Press, 2001.

—. *Who's Afraid of Philosophy?: Right to Philosophy 1*.Trans. Jan Plug. Stanford: Stanford University Press,2002.

—. *Writing and Difference*. Trans. Alan Bass. Chicago: The University of Chicago Press,1978.

胡塞尔的著作

Husserl, Edmund. *Cartesian Meditations: An Introduction to Phenomenology*. Trans. Dorion Cairns. Dordrecht, Boston and London: Kluwer Academic Publishers,1999.

—. *The Crisis of European Sciences and Transcendental Phenomenology: An Introduction to Phenomenological Philosophy*. Trans. David Carr.Evanston: Northwestern University Press, 1970.

—. *Ideas Pertaining to a Pure Phenomenology and to a Phenomenological Philosophy, First Book*. Trans. F. Kersten. Dordrecht, Boston and London: Kluwer Academic Publishers,1998.

—. *Logical Investigations, Volume I*. Trans. J. N. Findlay. With a new preface by Michael Dummet, and edited with a new introduction by Dermot Moran. London: Routledge Taylor and Francis, 2001.

—. *On the Phenomenology of the Consciousness of Internal Time* (*1893-1917*). Trans. John Barnett Brough. Dordrecht, Boston and London: Kluwer Academic Publishers, 1991.

—. *Phenomenology and the Crisis of Philosophy*. Trans. Quentin Lauer. New York: Harper and Row, 1965.

—. *Philosophy of Arithmetic: Psychological and Logical Investigations with Supplementary Texts from 1887-1901*. Trans. Dallas Willard. Dordrecht: Kluwer Academic Publishers, 2003.

本书引用的其他著作

Aristotle. *Complete Works of Aristotle: The Revised Oxford Translation, Vol. 1*. Ed. Jonathan Barnes. Princeton: Princeton University Press, 1984.

—. *Complete Works of Aristotle: The Revised Oxford Translation, Vol. 2*. Ed. Jonathan Barnes. Princeton: Princeton University Press, 1984.

Boyer, Carl B., Rev. Merzbach, Uta C.. *A History of Mathematics*, 2nd edn. NewYork: John Wiley and Sons, 1991.

Bradley, Arthur. *Derrida's* Of Grammatology: *An Edinburgh Philosophical Guide*. Edinburgh: Edinburgh University Press, 2008.

Caputo, John D. *The Payers and Tears of Jacques Derrida: Religion Without Religion*. Bloomington and Indianapolis: Indiana University Press, 1997.

Caputo, John D., and Michael J. Scanlon, eds. *God, the Gift, and Postmodernism*. Bloomington: Indiana University Press, 1999.

de Beauvoir, Simone. *The Prime of Life*. Trans. Peter Green. New York: World Publishing, 1962.

Descombes, Vincent. *Modern French Philosophy*. Trans. L. Scott-Fox and J. M. Harding. Cambridge: Cambridge University Press, 1980.

Deutscher, Penelope. *How to Read Derrida*. New York: Norton, 2006.

Eves, Howard. *Foundations and Fundamental Concepts of Mathematics*, 3rd edn. Mineola, NY: Dover Publications, 1990.

Foucault, Michel. 'Introduction'. In Georges Canguilhem. *The Normal and the Pathological*. New York: Zone Books, 1991.

Frege, Gottlob. *The Foundations of Arithmetic: A Logico-Mathematical Enquiry into the Concept of Number*. Trans. J. L. Austin, M.A. Evanston: Northwestern University Press, 1950.

—. 'On *Sinn* and *Bedeutung*'. Trans. Max Black. In ed. Michael Beaney. *The Frege Reader*. Malden, MA: Blackwell Publishing, 1997.

Glendinning, Simon. *Derrida: A Very Short Introduction*. Oxford: Oxford University Press, 2011.

Gutting, Gary. *French Philosophy in the Tweentieth Century*. Cambridge: Cambridge University Press, 2001.

—. *Thinking the Impossible: French Philosophy Since 1960*. Oxford: Oxford University Press, 2011.

Hegel, G. W. F. *Phenomenology of Spirit*. Trans. A. V. Miller. Oxford: Oxford University Press, 1977.

Heidegger, Martin. *Being and Time*. Trans. John Macquarrie and Edward Robinson. New York: Harper and Row, Publishers, Inc., 1962.

—. *Kant and the Problem of Metaphysics*. Trans. Richard Taft. Bloomington and Indianapolis: Indiana University Press, 1990.

—. *Pathmarks*. Ed. William McNeill. Cambridge: Cambridge University Press, 1998.

Hill, Claire Ortiz, and Haddock, Guillermo E. Rosado. *Husserl or Frege? : Meaning, Objectivity, and Mathematics*. Chicago: Open Court, 2000.

Kant, Immanuel. *Critique of Pure Reason*. Trans. Paul Guyer and Allen W. Wood. Cambridge: Cambridge University Press, 1998.

Kates, Joshua. *Essential History: Jacques Derrida and the Development of Deconstruction*. Evanston: Northwestern University Press, 2005.

Kierkegaard, Søren. *The Concept of Anxiety*. Ed. and trans. Reidar Thomte in collaboration with Albert B. Anderson. *Kierkegaard's Writings*, Vol. VIII. Princeton: Princeton University Press, 1980.

—. *Fear and Trembling*. Ed. and trans. Howard V. Hong and Edna H. Hong. *Kierkegaard's Writings*, Volume VI. Princeton: Princeton University Press, 1983.

Lawlor, Leonard. *Derrida and Husserl: The Basic Problem of Phenomenology*. Bloomington and Indianapolis: Indiana University Press, 2002.

—. *Early Twentieth-Century Continental Philosophy*. Bloomington: Indiana University Press, 2012.

—. 'Jacques Derridla', *The Stanford Encyclopedia of Philosophy*, Fall 2011edn. Ed. Edward N. Zalta. <http://plato. stanford. edu/ archives/ fall2011/ entries/ derrida/> (last accessed 27 November 2013).

—. *Thinking Through French Philosophy: The Being of the Question*. Bloomington and Indianapolis: Indiana University Press, 2003.

—. ' Translator's Introduction: The Germinal Structure of Derrida's Thought', in Jacques Derrida. *Voice and Phenomenon.*

Leiter, Brian. *Brian Leiter on Nietzsche Myths.* <http://philosophybites. com/2009/ 09/brian-leiter-on-nietzsche-myths.html> (last accessed 27 November 2013).

Levinas, Emmanuel. 'Sur les "Ideen" de M. E. Husserl'. *Revue philosophique de la France et de l'étranger*, CVII (1929), 54th year, no. 3-4, March-April, pp.230-65.

—. 'Martin Heidegger et l'ontologie'. *Revue philosophique de la France et de l'étranger*, 113 (1932), pp. 395-431.

—. *Totality and Infinity: An Essay on Exteriority.* Pittsburgh: Duquesne University Press,1969.

Lévi-Strauss, Claude. *The Savage Mind.* Chicago: The University of Chicago Press, 1966.

Macksey, Richard, and Eugenio Domato, eds. *The Structuralist Controversy: The Languages of Criticism and the Sciences of Man.* Baltimore: The Johns Hopkins University Press, 1970.

Marrati, Paola. *Genesis and Trace: Derrida Reading Husserl and Heidegger.* Stanford:Stanford University Press,2005.

Moran, Dermot. *Introduction to Phenomenology.* London: Routledge, 2000.

Moran, Dermot, and Tim Mooney, eds. *The Phenomenology Reader.* London: Routledge, 2002.

Nietzsche, Friedrich. *Basic Writings of Nietzsche.* Ed. and trans. Walter Kaufmann. New York: Modern Library, 1966.

—. *The Gay Science, With a Prelude in Rhymes and an Appendix of Songs.* Trans. Walter Kaufmann. New York: Vintage, 1974.

—. *On the Genealogy of Morality.* Trans. Maudemarie Clark and Alan J. Swenson. Indianapolis and Cambridge: Hackett Publishing Company, Inc., 1998.

Peeters, Benoît. *Derrida.* Trans. Andrew Brown. Cambridge: Polity, 2012.

Plato. *Complete Works.* Ed. John M. Cooper. Associate Ed. D. S. Hutchinson. Indianapolis: Hackett Publishing Company, 1997.

Powell, Jason. *Jacques Derrida: A Biography.* London and New York: Continuum, 2006.

Preus, Anthony. *Historical Dictionary of Ancient Greek Philosophy.* Lanham: Scarecrow Press, 2007.

Reynolds, Jack. 'Jacques Derrida'. *Internet Encyclopedia of Philosophy*. Ed. James Fieser and Bradley Dowden. <http://www.iep.utm.edu/derrida/> (last accessed 27 November 2013).

Sartre, Jean-Paul. *Existentialism and Human Emotions*. Trans. Bernard Frechtman. New York: Philosophical Library, 1957.

Saussure, Ferdinand de. *Course in General Linguistics*. Ed. Charles Bally and Albert Sechehaye, with the collaboration of Albert Riedlinger, trans. Roy Harris. La Salle: Open Court Press, 1972.

Schrift, Alan D. *Twentieth-Century French Philosophy: Key Themes and Thinkers*. Malden, MA: Blackwell Publishing, 2006.

Searle, John. *Mind, Language, and Society: Philosophy in the Real World*. New York: Basic Books, 1998.

Sokolowski, Robert. *Introduction to Phenomenology*. Cambridge: Cambridge University Press, 2000.

Wilder, Raymond. *Introduction to the Foumdations of Mathematics*. New York: John Wiley and Sons, 1952.

Willard, Dallas. 'Translator's Introduction'. In Edmund Husserl. *Philosophy of Arithmetic: Psychological and Logical Investigations with Supplementary Texts from 1887-1901*.

Zahavi, Dan. *Husserl's Poenomenology*. Stanford: Stanford University Press, 2003.

索　引

图书在版编目（CIP）数据

导读德里达《声音与现象》/（美）弗农·W.西斯尼
（Vernon W. Cisney）著;孔锐才译.--重庆:重庆大
学出版社,2022.6
（思想家和思想导读丛书）
书名原文:Derrida's Voice and Phenomenon:An
Edinburgh Philosophical Guide
ISBN 978-7-5689-3229-5

Ⅰ.①导… Ⅱ.①弗… ②孔… Ⅲ.①胡塞尔（
Husserl,Edmund 1859-1938）—现象学—研究 Ⅳ.
①B089②B516.52

中国版本图书馆 CIP 数据核字（2022）第 077347 号

导读德里达《声音与现象》

DAODU DELIDA SHENGYIN YU XIANXIANG

[美]弗农·W.西斯尼 著
孔锐才 译
策划编辑:贾 曼
特约策划:邹 荣 任绪军 特约编辑:林 杉
责任编辑:贾 曼 版式设计:邹 荣
责任校对:王 倩 责任印制:张 策

*

重庆大学出版社出版发行
出版人:饶帮华
社址:重庆市沙坪坝区大学城西路 21 号
邮编:401331
电话:（023）88617190 88617185（中小学）
传真:（023）88617186 88617166
网址:http://www.cqup.com.cn
邮箱:fxk@ cqup.com.cn（营销中心）
全国新华书店经销
重庆市正前方彩色印刷有限公司印刷

*

开本:890mm×1168mm 1/32 印张:10.125 字数:261 千 插页:32 开2 页
2022 年 6 月第 1 版 2022 年 6 月第 1 次印刷
ISBN 978-7-5689-3229-5 定价:59.00 元

Derrida's Voice and Phenomenon: An Edinburgh Philosophical Guide, by Vernon W. Cisney, ISBN: 9780748644209

© Vernon W. Cisney, 2014
Edinburgh University Press Ltd
22 George Square, Edinburgh

版贸核渝字(2015)第 245 号

gu⋏de

思想家和思想导读丛书

★表示已出版

思想家导读

导读齐泽克★   导读巴特★

导读德勒兹★   导读德里达★

导读尼采★   导读弗洛伊德(原书第2版)★

导读阿尔都塞★   导读鲍德里亚(原书第2版)★

导读利奥塔★   导读阿多诺★

导读拉康★   导读福柯★

导读波伏瓦★   导读萨义德(原书第2版)★

导读布朗肖★   导读阿伦特★

导读葛兰西★   导读巴特勒★

导读列维纳斯★   导读巴赫金★

导读德曼★   导读维利里奥★

导读萨特★

思想家著作导读

导读尼采《悲剧的诞生》★   导读德勒兹与加塔利《什么是哲学?》★

导读德里达《声音与现象》★   导读福柯《性史(第一卷):认知意志》★

导读德里达《论文字学》★   导读福柯《规训与惩罚》★

导读德勒兹与加塔利《千高原》★   导读萨特《存在与虚无》★

导读德勒兹《差异与重复》★   导读维特根斯坦《逻辑哲学论》★

(乔·休斯 著)   导读维特根斯坦《哲学研究》★

导读德勒兹《差异与重复》★

(亨利·萨默斯-霍尔 著)

思想家关键词

福柯思想辞典★   朗西埃:关键概念★

巴迪欧:关键概念★   布迪厄:关键概念(原书第2版)★

德勒兹:关键概念(原书第2版)★   福柯:关键概念★

阿多诺:关键概念★   阿伦特:关键概念★

哈贝马斯:关键概念★   维特根斯坦:关键概念★